ANDREA CLAUDIA HOFFMANN • DER IRAN

Andrea Claudia Hoffmann

DER
IRAN

Die verschleierte Hochkultur

Diederichs

Verlagsgruppe Random House FSC-DEU-0100
Das für dieses Buch verwendete FSC-zertifizierte Papier
Munken Premium liefert Arctic Paper Munkedals Ab, Schweden.

© 2009 Diederichs Verlag, München
in der Verlagsgruppe Random House GmbH
Umschlaggestaltung: Weiss/Zembsch/Partner, Werkstatt/München
unter Verwendung eines Motives von TH-Foto/zefa/Corbis und
picture-alliance/dpa
Druck und Bindung: GGP Media GmbH, Pößneck
Printed in Germany
ISBN 978-3-424-35001-2

www.diederichs-verlag.de

INHALT

Vorwort 7

1 »Ich bin ihr Sklave«
Wer sind die Iraner? Ein Vielvölkerstaat mit einer uralten Nationalkultur 12

2 Es spricht der König Dariush
Über die persischen Weltreiche der Achämeniden und Sassaniden 30

3 Araber – Eidechsenfresser
Die Konkurrenz zwischen Persern und Arabern um die kulturelle Vorherrschaft 56

4 Eine Träne für Hussein
Die Schia – der iranische Islam 74

5 Despot und Prophet
Westliche Ölgier und der Untergang der Pahlavi-Dynastie 93

6 Herrschaft des göttlichen Gesetzes

Chomeinis religiöse Staatstheorie wird in die Praxis übersetzt 117

7 Also sprach Zarathustra

Juden, Christen, Bahai und Zoroaster im islamischen Gottesstaat. 140

8 Das Geheimnis möge niemand lüften

Literatur und poetisches Kino im Iran 163

9 Die Revolution frisst ihre Schwestern

Frauen im Iran zwischen frommem Schein und gesellschaftlicher Wirklichkeit 191

10 Die Erben

Jugend in der Islamischen Republik 210

Zeittafel 227

Literatur 231

Namensregister. 233

VORWORT

Iran, Schurkenstaat, Mullah-Diktatur. Schlechter als der Ruf der Iraner kann das internationale Ansehen einer Nation wohl kaum sein. Aber nicht erst, seitdem George W. Bush das Land auf seiner berühmten »Achse des Bösen« verortete, steht der Name Irans in der internationalen Presse gleichbedeutend mit Mittelalter und klerikaler Despotie. Bereits seit drei Jahrzehnten hat die Weltöffentlichkeit den Eindruck, es mit einem völlig rückständigen und von religiösen Fanatikern gelenkten Staat zu tun zu haben. Mit der Revolution von 1979 verlor der Iran nicht nur den Monarchen, sondern auch sein internationales Ansehen.

Seitdem beherrschen Zerrbilder die Köpfe. Wenn ich Freunden oder Kollegen von meinen Reisen in den Iran berichte, lassen sich die Zuhörer in zwei Kategorien aufteilen. Da gibt es zum Einen die »Naiven«, also diejenigen, die glauben, der Iran sei von einer homogenen Masse aus muslimischen Selbstmordattentätern bevölkert. Sie kennen die Bilder von schwarz verhüllten Frauen, die eine menschliche Kette um die Atomanlagen des Landes bilden. Bilder vom Freitagsgebet in der Hauptstadt Teheran, von Demonstrationen gegen die Mohammed-Karikaturen. Und die immer wieder Aufsehen erregenden Sprüche von Präsident Ahmadinedschad, der von den Medien bereits als »gefährlichster Mann der Welt« tituliert wurde. Zu Recht?

Auf keinen Fall! meint die andere Fraktion meiner Gesprächspartner. Ich nenne sie die »Aufgeklärten«. Sie halten die markigen Sprüche des Staatspräsidenten für eine Randerscheinung, die nicht repräsentativ für die Überzeugung der Bevölkerung gelten könne. Die Aufgeklärten neigen dazu, die Iraner als ein von bösen Ajatollahs unterdrücktes Volk anzusehen. Kennt man nicht die Berichte über iranische Jugendliche, die die Mullahs an der Nase herum führen? Teenager, die in den Parks heimlich Händchen halten oder mitten im Gottesstaat wilde Partys feiern? Junge Frauen, die sich die Nase operieren, um trotz Schleier die Männer zu verführen? Die Schlussfolgerung liegt für sie auf der Hand: Eigentlich, so meinen sie, haben die Iraner mit Religion gar nichts im Sinn. Sie leben lediglich in einer religiösen Diktatur, die ihnen absurde Gesetze aufzwingt – im Prinzip aber von allen abgelehnt wird. Diese Sicht auf den Iran war im Westen besonders zu Zeiten des Reform-Präsidenten Chatami populär.

Beide Fraktionen irren. Denn jede verkürzte Sichtweise führt nur zu einem weiteren Zerrbild von dem Land, das wir aus der Ferne wie durch einen Schleier wahrnehmen. In Wirklichkeit ist der weder schwarz noch weiß, und seine Bevölkerung ist weder gut noch böse, weder unterdrückt noch demokratisch. In der Islamischen Republik gibt es immer beides, sowohl das Extrem und sein genaues Gegenteil: Religiöse Hardliner und Säkulare; Traditionalisten und Modernisierer, Regimetreue und Demokraten. Und vor allem viele, viele Menschen, die sich nicht mit einem Etikette dieser Art versehen lassen. Sie alle existieren im so genannten Gottesstaat nebeneinander und für jede Strömung lässt sich in nächster Nähe auch ihr Antagonist finden.

Wer auch immer versucht, dieses facettenreiche Land mit seiner uralten Kultur auf eine einfache Formel zu reduzieren, muss zwangsläufig scheitern. Denn die Faszination des Iran besteht in seiner Heterogenität, seiner Vielschichtigkeit, seiner kulturellen Tiefe. Das Land ist ein buntes Mosaik an Merkwürdigkeiten, die auf den ersten Blick paradox erscheinen mögen. Für jedes Phänomen gibt es mindestens zwei oder drei manchmal widersprüchliche Erklärungen.

Wer die Schleier, die das Land umgeben, lüften will, muss zunächst einen Blick auf die Geschichte Irans werfen: Jene 2500-jährige Geschichte, in denen die Perser zwei Mal ein ganzes Weltreich dominierten. Erst das der Achämeniden, den Gegenspielern der Römer, dann das der Sassaniden. Nach der Eroberung durch die Muslime prägte vor allem das Konkurrenzverhältnis zu den Arabern die Selbstdefinition der Perser. Dass die beiden Kulturkreise von den Europäern oft in einen Topf geworfen werden, ärgert die Iraner.

Erst im zwanzigsten Jahrhundert entstand der iranische Nationalstaat, der einen gemeinsamen politischen Überbau für die verschiedenen Volksgruppen des persischen Kulturkreises schuf, mit einem despotischen Herrscher an der Spitze. Der korrupte Monarch und öldurstige Industriestaaten lenkten die Geschicke des Iran mit dem Ziel, sich selbst zu bereichern. Das Resultat dieser Fehlentwicklung ist die iranische Revolution von 1979: die *Islamische* Revolution, die einen religiösen »Führer« an die Spitze des Staates katapultierte, der bis heute fast unumschränkte Machtbefugnisse genießt.

Wie konnte es dazu kommen? fragt man sich heute und gerät mit dem zweiten Eckpfeiler der persischen Kultur in Berührung: der Religion. Sowohl mit dem alten zoroastischen Glauben, der in Form von Überlieferungen, alten Traditionen, Riten und Denkweisen bis heute eine Rolle spielt, als auch mit dem Islam, den die arabischen Eroberer mit sich brachten. Bereits 500 Jahre vor Chomeini wurde der schiitische Islam unter den Safawiden zur Staatsreligion erhoben. Allerdings lebten im damaligen wie im heutigen »Gottesstaat« immer auch Angehörige anderer Religionen wie Juden und Christen.

Eine weitere Orientierungsgröße zum kulturellen Verständnis des Landes bildet seine literarische Tradition. Seit mehr als tausend Jahren bereichern die Perser die Weltliteratur mit zeitlosen Versen und Geschichten die auch heute noch jedermann im Iran geläufig sind. Es gibt wohl kaum einen persischen Haushalt, in dem das alte Nationalepos Schahnameh oder die Gedichte von Hafis nicht griffbereit stünden. Die Fähigkeit der alten Literaten, ihre eigentliche Botschaft in Bildern und Metaphern zu erzählen, haben sich die Kulturschaffenden Irans bis heute erhalten. Iranische Filmemacher gehören deshalb zu den künstlerisch anspruchsvollsten der Welt.

Ungewollt groß gemacht hat die Islamische Revolution ausgerechnet die Hälfte der iranischen Bevölkerung, die im stereotypen Bild des Westens als brutal unterdrückt gilt: die Frauen. Auch wenn die Gesetze des Landes diese neue, starke Stellung der Frau noch in keinster Weise widerspiegeln, so ist es doch bemerkenswert, dass im Iran eine riesige Anzahl junger Frauen einen akademischen Abschluss besitzt. So groß ist ihr Engagement in Sachen Bildung, dass die Universitäten sogar »Männerquoten« einführten, als sich der Anteil der Studentinnen langsam der Zwei-Drittel-Grenze näherte. Dieses Phänomen gehört zu den Nebeneffekten der strengen Verhüllungspflicht für Frauen, die im Ausland nur allzu oft übersehen werden.

Dieses Buch soll dazu beitragen, nicht im oberflächlichen Bestaunen der augenscheinlichen Merkwürdigkeiten Irans zu verharren. Der kurze Streifzug durch Geschichte und Gegenwart des Landes ist als Blickfelderweiterung gedacht: weg von der Fixierung auf den exotischen, schwarzen Tschador, hin zu einem tiefer gehenden Verständnis. Ich hoffe, dass ich zumindest einige der Schleier, die das Land umgeben, für den Leser lüften kann. In meiner zehnjährigen Reisetätigkeit in die Islamische Republik habe ich die unterschiedlichsten Menschen kennen gelernt: Historiker, Soziologen, Politiker, Oppositionelle, fromme und weniger fromme Jugendliche, Filmemacher, Frauenrechtler, Revolutionswächter, Schüler, Minister und Parlamentarier, konservative und liberale Kleriker, sogar Großajatollahs. Aber keinen einzige Schurken. Ganz im Gegenteil: Auch wenn es im Gottesstaat Menschen gibt, deren Ansichten mir auf den ersten Blick fremd erschienen und deren Meinungen ich vielleicht niemals teilen werde, habe ich es nie bereut, sie nach den Gründen für ihre Andersartigkeit zu fragen. Die Mühe hat sich gelohnt. Denn oft genug verbirgt sich ein kultureller Schatz hinter der schleierhaften Fassade dieses Landes.

1
»ICH BIN IHR SKLAVE«

Wer sind die Iraner?
Ein Vielvölkerstaat mit einer uralten Nationalkultur

Als die iranischen Revolutionsgarden im Frühjahr 2007 eine Gruppe britischer Marine-Soldaten im Schatt-el-Arab entführen, hält die Welt den Atem an: Die internationale Sorge um die Gefangenen ist groß. Schmoren die Briten jetzt in den Kerkern der Mullahs? Werden sie misshandelt, gar gefoltert? Tagelang weiß niemand, wo die Geiseln abgeblieben sind. Dann tauchen im iranischen Staatsfernsehen merkwürdige Videos auf: Eine britische Soldatin, die ihr blondes Haar unter einem schwarzen Kopftuch versteckt hat, überlegt, ob ihr Boot vielleicht aus Versehen in iranisches Gewässer eingedrungen sei. Weitere Aufnahmen zeigen die Soldaten beim Essen des iranischen Nationalgerichts Chelo-Kebab oder beim Tischtennis spielen...

Und während man im Westen noch rätselt, was das alles soll, bereiten die Machthaber im Gottesstaat hinter den Kulissen bereits die nächste Überraschung vor. Nach einer Pressekonferenz erklärt Präsident Mahmud Ahmadinedschad plötzlich, er würde die Seeleute »als Geschenk« an das britische Volk übergeben. Schon schwenken die Kameras auf die 15 »Gäste« der Islamischen Republik, denen man eigens für den Anlass fesche neue Anzüge verpasst hat. Der Staatschef schüttelt ihnen die Hand, erkundigt sich nach ihrer Gesundheit, scherzt noch ein wenig über ihren »Zwangsurlaub« und wünscht ihnen dann eine gute Heimreise. Ein Küsschen zum Abschied hätte gerade noch gefehlt.

Was soll dieses seltsame Gebaren? Was ist das für eine Nation, die sich so sonderbar gegenüber dem Westen verhält? Ein Land, das unberechenbar ist? Ein Volk von Irren gar? Nein. Aber ein Volk, das außerhalb der Zeit lebt, die auf dem Rest des Globus Gültigkeit besitzt.

Die Iraner leben in der Realität einer von ihnen selbst erfundenen Epoche. Nirgendwo sonst auf der Welt gilt das Teheraner Datum. Ihre Jahreszählung setzt beim Auszug des Propheten Mohammed aus Mekka an. Na gut, mag man einwenden, das ist auch in vielen arabischen Ländern der Fall. Aber die Iraner zählen die Jahre nicht, wie bei anderen Muslimen üblich, in Mondjahren, sondern legen das Sonnenjahr zugrunde. Es beginnt mit dem Frühling am 21. März. Und sie haben, um noch eine Eigenheit oben drauf zu setzen, ihre Monate nach den Engeln der Religion Zarathustras benannt. Fast scheint es, als wollten sie mit aller Gewalt ihre Originalität unter Beweis stellen.

Als ob es derer tatsächlich Beweise bedürfte! Seit drei Jahrzehnten schaut die Weltöffentlichkeit mit einer Mischung aus Faszination und Horror auf den islamischen Gottesstaat. Und noch immer können sich die Europäer nicht an den Gedanken gewöhnen, dass das einzigartige politisch-religiöse Staatssystem des Iran mitsamt all seinen Absurditäten und Absonderlichkeiten länger als ein Wimpernschlag der Geschichte Bestand hat.

Dabei ist die Islamische Revolution längst ihren Kinderschuhen entwachsen. Mittlerweile gehören zwei Drittel der iranischen Bevölkerung zu denjenigen, die nie eine andere Wirklichkeit als die des Gottesstaates kennengelernt haben. Und während die Europäer immer noch verständnislos den Kopf schütteln, vergessen sie oft, dass die Iraner auch schon vor der Revolution von 1979 ein eigenartiges und vor allem eigensinniges Volk waren. 2500 Jahre Geschichte haben ihre kulturelle, politische und religiöse Individualität geprägt.

Wer sind die Iraner? »Arier« sagen sie selbst, ohne mit der Wimper zu zucken. Denn nichts anderes als »Land der Arier« bedeutet der alte Name des Landes. Und auch wenn diese Selbstdefinition in deutschen Ohren sonderbar anmutet, ist die von Reza Schah 1935 angeordnete Umbenennung des Landes von »Persien« in »Iran« als eine integrative Geste zu verstehen. Denn während sich der kolonial-geprägte Landesname Persien explizit nur auf die Volksgruppe der Perser bezog, umfasst die uralte Bezeichnung »Iran« alle Volksgruppen. Auch die Kurden oder die arabischen Bewohner der Provinz Khusestan definieren sich als »Iraner«. Zwar pocht jede Volksgruppe auf ihre kulturellen Eigenheiten wie die lokale Sprache oder regionale Traditionen. Generell aber lässt sich sagen, dass die Iraner – trotz ihrer ethnischen Vielfalt – mehr verbindet als trennt. Allen Volksgruppen werden in der Verfassung zudem dieselben Rechte garantiert: »Alle Menschen des Iran, egal welcher ethnischen Gruppe oder welchem Stamm sie angehören, genießen dieselben Rechte«, heißt es in Artikel 19 unmissverständlich.

Die ethnischen Perser machen rund die Hälfte der Bevölkerung aus. Sie sind in den Provinzen Teheran, Fars, Isfahan und Khorasan beheimatet. Aserbaidschanische Azaris und Türken bilden die zweitstärkste Gruppe. Sie bevölkern den Norden des Landes und stellen rund ein Viertel der Einwohner Irans. Die Kurden haben einen Anteil von etwa acht Prozent an der Gesamtbevölkerung. Zu den zahlenmäßig schwächeren Gruppen gehören Belutschen, Luren, Gilaker, Mazandaraner, Turkmenen, Araber, Sistanis, Bakhtiaris, Brahuis, Armenier, Assyrer und Juden.

In gewisser Weise lässt sich der iranische Vielvölker-Mix mit der Situation in den Vereinigten Staaten vergleichen. Jeder Iraner kann sofort sagen, welcher Volksgruppe die eigenen Eltern oder Großeltern angehören. »Ich bin halb Kurde, halb Lure«, heißt es dann beispielsweise, denn Heiraten zwischen den verschiedenen Volksgruppen sind eine Selbstverständlichkeit. Auch ein gewisser Stolz mag aus den Worten heraus klingen. Aber selbst wenn zu Hause noch Kurdisch oder Lurisch gesprochen wird, stellt deswegen niemand seine Identität als »Iraner« in Zweifel. Viele iranische Staatsbürger beherrschen eine oder mehrere lokale Sprachen und natürlich »Farsi«, die lingua franca, die das gesamte öffentliche Leben beherrscht: In der Politik, allen Amtsstuben und den staatlichen Medien wird das Persische verwendet. Auch im Schulunterricht sowie in der universitären Ausbildung. Selbst in entlegenen Winkeln Irans versteht man diese gemeinsame Sprache. Allerdings senden die regionalen Rundfunkanstalten, beispielsweise in Kurdistan oder Aserbaidschan, auch tagtäglich mehrstündige Programme in den lokalen Sprachen Irans. »Der Gebrauch lokaler ethnischer Sprachen in der Presse und den Massenmedien ist gestattet«, heißt es in Artikel 15 der Verfassung. »Das Unterrichten von ethnischer Literatur im Zusammenhang mit dem Persisch-Unterricht ist ebenfalls erlaubt.«

Das Neben- und Miteinander der verschiedenen Volksgruppen hat eine lange Tradition im Iran. Nicht von ungefähr kommt der Monarchen-Titel »König der Könige«. Die Könige von Isfahan oder Persepolis regierten das Land mit Hilfe vieler regionaler Könige, die in den von ihnen verwalteten Regionen relativ autonom herrschten. Oft gab sich der Souverän damit zufrieden, Steuern von den Königen niederen Ranges einzusammeln, behielt aber keine längerfristige militärische Kontrolle über die entfernten Provinzen. De facto bestand das Perser-Reich bis zu Beginn des zwanzigsten Jahrhunderts aus einer Föderation vieler regionaler Imperien mit einem »Chef-Monarchen« an der Spitze.

Erst durch die Verfassung von 1906 wurde das Land zu einem »Nationalstaat« mit einer zentralisierten politischen Struktur. Die Pahlavi-Dynastie förderte den Nationalgedanken nach Kräften. Mittels Propaganda, aber auch mit Gewalt: Reza Schah verschloss die Augen vor der linguistischen Vielfalt Irans, indem er andere Sprachen als das Persische als »lokale Dialekte« abtat. Die nomadische Lebensweise vieler Stämme unterdrückte Reza Schah brutal. Jeden Widerstand ließ er militärisch niederschlagen. Auch Schulen und Massenmedien wurden in den Dienst der von ihm gewünschten »Iranisierung« gestellt. Parallel zu den drakonischen Maßnahmen trieb der lokale und ethnisch definierte Nationalismus in dieser Zeit erste Blüten, insbesondere in Aserbaidschan und in Kurdistan.

Vereinzelte Ressentiments gegen die Zentralregierung resultieren noch heute aus dieser Erfahrung. Und obwohl sich die Machthaber in Teheran ethnische Toleranz auf die Fahnen geschrieben haben, gibt es gelegentlich Konflikte zwischen der Hauptstadt und den Provinzen. Beispielsweise als die Teheraner Zeitung »Iran« im Frühjahr 2006 einen Witz veröffentlichte, in dem die Aserbaidschaner als Tölpel dargestellt wurden. Tausende von Provinz-Bewohnern fühlten sich dadurch düpiert. Empört gingen sie auf die Straßen, um gegen den »persischen Chauvinismus« zu demonstrieren. Die Staatsführung nimmt solche Warnungen allerdings sehr ernst. Nichts erscheint den Politikern in Teheran so gefährlich wie die Perspektive, das friedliche Miteinander der iranischen Volksgruppen aufs Spiel zu setzen. Kurzerhand verbot man die fragliche Zeitung.

Zu sporadischen Unruhen kommt es trotzdem. Etwa in den Provinzen Belutschistan und Khusestan, die Heimat der iranischen Araber. Allerdings liegt der Ursprung dieser Konflikte weniger in einer handfesten ethnischen Diskriminierung begründet als in dem generellen Verdacht der Provinzen, dass sie gegenüber dem Kernland das Nachsehen hätten. Hauptsächlich geht es dabei natürlich um die Verteilung finanzieller Ressourcen, die von der Zentralregierung verwaltet werden. So ärgern sich die Menschen im ölreichen Gebiet um Awaz darüber, dass zu wenig vom Profit aus der Ölförderung in die Region zurückfließe – etwa in Form von Infrastruktur-Projekten. Da der Iran jedoch die Hälfte seiner Staatsausgaben aus dem Ölgeschäft bestreitet, verwundert es nicht, dass vergleichsweise wenig Geld am Ort der Förderung bleibt.

Einen Spezialfall stellt das Verhältnis der islamischen Zentralregierung zur Provinz Kurdistan dar, die im vergangenen Jahrhundert zweimal kurzzeitig unabhängig war. Nachdem die Kurden Seite an Seite mit dem Rest der Bevölkerung Irans für die Beseitigung des Schah gekämpft hatten, traten kurz nach der Revolution Meinungsverschiedenheiten auf. Dabei ging es um Ideologie: Die Revolutionäre Kurdistans waren keine frommen Glaubenskrieger, sondern säkular gesinnte Marxisten. Die Idee einer »Islamischen Republik« missfiel ihnen zwar nicht grundlegend. Aber dass in dieser Republik die Zwölfer-Schia als Staatsreligion verankert werden sollte, ging den mehrheitlich sunnitischen Kurden zu weit. Anstatt sich an der Volksabstimmung über die Annahme oder Ablehnung jener »Islamischen Republik« zu beteiligen, setzten sie im April 1979 Wahlurnen in Brand. Es kam zu blutigen Unruhen. Unter der Führung Ajatollah Chomeinis marschierte im Sommer desselben Jahres iranisches Militär nach Kurdistan. Von dem Verfassungsreferendum im Dezember wurden die Kurden ausgeschlossen. Mehrere Jahre lang stand die Region mehr oder weniger unter der Besatzung des nationalen Militärs.

Deshalb ist die Loyalität der Kurden zum politischen System Irans noch heute nicht sonderlich groß. Der Slogan oppositioneller Kurden lautet: »Demokratie für Iran – Autonomie für Kurdistan«. Doch obwohl viele Kurden die Staatsdoktrin der Ajatollahs ablehnen, fühlt sich die Mehrheit von ihnen dem iranischen Volk »verwandtschaftlich« verbunden. Denn die Kurden halten sich für die Ur-Ahnen der Perser. Wie die Iraner glauben sie, von einem »arischen« Volk abzustammen: den Medern. Bevor die Perser vor über 2500 Jahren zum ersten Weltreich der Geschichte aufstiegen, lenkten die Meder die politischen Geschicke der Region. Erst später übernahmen ihre einstigen Vasallen in der alten Meder-Hauptstadt Ekbatana die Regie. »Wo die Kurden sind, da ist Iran«, behauptete schon Kurdenführer Barzani, der Großvater des kurdischen Politikers Masud Barzani, auf die nicht innerhalb des iranischen Staatsgebiets liegenden kurdischen Gebiete anspielend. Dass die iranische Regierung (im Gegensatz zur türkischen) den Kurden auf kultureller Ebene weitgehende Freiräume einräumt, müssen sogar hartgesottene Anhänger der Autonomiebewegung zugeben: »Iran hat nie versucht, die Identität der Kurden zu unterdrücken«, konstatiert der erste kurdische Präsident Iraks, Dschalal Talabani.

Dennoch haben die Spannungen zwischen der Zentralregierung und einzelnen Provinzen in den vergangen Jahren zugenommen. Die Tatsache, dass die irakischen Kurden unter der amerikanischen Besatzung des Landes weitgehende Autonomie-Rechte genießen, hat separatistische Tendenzen stärker werden lassen. Zum Teil wird die Unzufriedenheit vom amerikanischen Geheimdienst CIA wohl auch bewusst geschürt. Der Enthüllungsjournalist Seymour Hersh berichtete im April 2006 von amerikanischen »Spezialeinheiten«, die mit ethnischen Minderheiten im Iran »arbeiteten«. Darunter die Azaris im Norden, die Kurden im Nordosten und die Beludschen im Süden des Landes. Und der frühere UN-Waffeninspekteur Scott Ritter behauptet, dass die CIA im Norden Irans an der Infrastruktur für eine massive Militärpräsenz bastelte: Aserbaidschanische Zellen, die im Konfliktfall die Bevölkerungsgruppe der Azari mobilisieren sollten, seien für den Einsatz gegen die Teheraner Regierung trainiert worden.

Diese Idee ist nicht neu. Oft genug haben andere Länder versucht, die verschiedenen Volksgruppen Irans gegeneinander auszuspielen. Meistens die unmittelbaren Nachbarn. So streckte die Sowjetunion während der Zeit des Kalten Krieges ihren Arm in die nördlichen Provinzen Aserbaidschan und Kurdistan aus. Ebenso wie Saddam Hussein, als er kurz nach der islamischen Revolution die Provinz Khusestan überfiel – und erwartete, dass die ethnischen Araber zu ihm überlaufen würden. Die Annahme, iranische Araber, Aserbaidschaner oder Kurden würden eine andere Nationalität bevorzugen, stellte sich jedoch stets als Irrtum heraus.

Wer auch immer solche Gedanken hegt, sollte den iranischen Nationalstolz und das – trotz gelegentlicher Spannungen – sehr ausgeprägte Gefühl des kulturellen Zusammenhalts der Iraner nicht unterschätzen. Vor dem Hintergrund des Vielvölker-Staates hat dieser »Nationalismus« im Iran eine ganz andere Qualität als in Europa, denn er steht nicht für den Egoismus eines Volkes im Umgang mit anderen, sondern für das Zusammenleben verschiedener Volksgruppen unter einem gemeinsamen Dach. Insofern ist der iranische Nationalstolz als Bekenntnis zur gemeinsamen Geschichte, zum gemeinsamen Staatsgebilde und zu gemeinsamen kulturellen Werten zu verstehen. Diese Geisteshaltung ist sogar unter den Kurden die Regel.

Die »persische Kultur« ist eben nicht allein die Kultur der Perser, sondern eine in der gesamten Region verwurzelte. Viele Persönlichkeiten, die diese Kultur entscheidend geprägt haben, waren im ethnischen Sinne keine Perser: So stammt der Dichter Baba Taher Oriyan aus Hamadan, der Heimat der Loren, und verfasste auch seine Gedichte in dieser Regionalsprache. Schamseddin Täbrizi, der spirituelle Lehrer des berühmten Mystikers Dschelalladin Rumi, kommt aus Aserbaidschan. Der Dichter Nezami, einer der bedeutendsten Vertreter der mittelalterlichen Literatur Persiens, war ebenfalls Aserbaidschaner. Der Novellist Gholam Hussein Saedi, der unter anderem die Vorlage für Dariush Mehrjuis preisgekrönten Film »Die Kuh« lieferte, ist ein Azari. Der iranische Filmemacher Baham Ghobadi gehört – ethnisch gesehen – zum Volk der Kurden. Und auch viele der historischen Herrscher über das Gebiet des Iran gehörten anderen Volksgruppen als den Persern an. So waren alle Dynastien vor den Pahlavis türkischer Herkunft. In den iranischen Geschichtsbüchern werden Ghaznawiden, Samaniden, Buyyiden oder Kadscharen aber nicht ewa als »Fremdherrschaften« verbucht. Auch Monarchen, die nicht aus dem Kernland Fars stammen, gelten in der nationalen Selbstwahrnehmung als »Iraner«.

Was aber ist es genau, das die »iranische« Kultur auszeichnet? Zwei Elemente sind konstituierend: das vorislamische Erbe und die – überwiegend schiitisch geprägte – islamische Religiosität. Beide Säulen der nationalen Identität sind aus der Selbstdefinition der Iraner nicht wegzudenken. Und beide stehen in ständiger Konkurrenz zueinander! In den vergangenen hundert Jahren wurde beiden wechselweise politische Priorität zugesprochen: Die Monarchen der Pahlavi-Dynastie räumten den vorislamischen Elementen der National-Kultur einen höheren Stellenwert ein; unter der Herrschaft der Ajatollahs dagegen rückte der schiitische Islam in den Mittelpunkt. Beiden Herrschaftssystemen gelang es jedoch nicht, das jeweils unterrepräsentierte Element gänzlich zu unterdrücken. Weder die Jahrtausende alte Geschichte der Völker Irans noch die islamische Religiosität ließ sich dauerhaft aus der Psyche der Iraner verbannen. Die Identität Irans prägt ein ständiger Wettstreit dieser beiden Rivalen.

Eine solche Dualität ist in einem muslimischen Land einzigartig. Noch dazu in einem Land, dessen Islamisierung bereits 1400 Jahre zurück liegt. In allen anderen Ländern erwies sich der Islam als dominierend – im Iran jedoch bleibt auch die vorislamische Kultur seit Jahrhunderten unverändert einflussreich. Zum einen liegt dies daran, dass die Iraner zum Zeitpunkt ihrer Islamisierung bereits ein sehr komplexes religiöses System besaßen. Zum anderen liegt es in der Integration vorislamischer Elemente in die neue Religion. Denn nicht immer überlebte die alt-iranische Kultur in ihrem ursprünglichen Gewand. Viele Traditionen, Überlieferungen und philosophische Konzepte aus der alten Zeit überdauerten in »islamischer Verkleidung«. Sie wurden oft auf subtile Weise mit den Prämissen der neuen Zeit verwoben. Dies gilt vor allem für die Schia, einer eigenständigen Strömung innerhalb des Islam, die auch als »iranischer Islam« gilt (siehe Kapitel 4). Aber auch in den sunnitischen Mainstream-Islam Bagdads schmuggelten persische Gelehrte in den ersten islamischen Jahrhunderten viele alt-iranische Elemente.

Vollends verschmolz die islamische Religion mit der iranischen Kultur, als die Schia vor mehr als 500 Jahren zur Staatsreligion des safawidischen Perser-Reiches aufstieg. Nachdem Ismail, der Führer eines schiitischen Derwischordens, sich zum Monarchen krönen ließ, verbanden sich religiöse und weltliche Macht wie es schon zu Zeiten vor der Islamisierung in Persien üblich gewesen war. Seitdem ließen sich die iranischen Monarchen ihre Herrschaft vom schiitischen Klerus religiös legitimieren. Das Konzept des Gottkönigtums erlebte eine Neuauflage im islamischen Gewand.

Politische und religiöse Macht dividieren sich erst wieder zu Beginn des 20. Jahrhunderts auseinander. Der seit 1925 regierende Reza Schah betrachtete den starken Einfluss des Klerus als unzeitgemäß und beschnitt den Mullahs systematisch ihre Privilegien und Kompetenzen. Um einen Nationalstaat nach europäischem Vorbild zu schaffen, förderte er eine oft idealisierende Rückbesinnung auf die vorislamische Kultur und stärkte einen Patriotismus, der sich explizit gegen den Islam richtete. Er diffamierte die Religion sogar als »Verschmutzer« der nationalen Kultur mit arabischen Elementen. Diese Idee war den meisten Iranern suspekt, da sie ihren religiösen Gefühlen entgegenstand. Mit der Behauptung, dass vorislamische Werte den islamischen überlegen seien, konnte sich nur eine winzige Minderheit Königstreuer identifizieren.

Mit anderen Worten: Reza Schah wie auch sein Sohn Mohammed Reza Pahlavi unterschätzten den enormen

Einfluss der Schia auf die iranische Psyche. Auch wenn die von ihnen geforderte Rückbesinnung auf ur-iranische Traditionen vielen Iranern aus dem Herzen sprach, verschreckten sie die Leute mit ihrem übertrieben anti-religiösen Gebaren. Mit überzogenen Ideen wie die Einführung eines »königlichen Kalenders«, dessen Jahreszählung mit der Gründung der ersten iranischen Dynastie durch Kurosh dem Großen beginnen sollte, zogen sie den Spott der Bevölkerung auf sich. Zudem schadete es der nationalen Bewegung, dass ein despotischer Herrscher an ihrer Spitze stand. Die spätere Überbewertung der Religion lässt sich als Protest gegen diese Politik des Schahs verstehen. Viele Iraner schlossen sich vor allem aus Unzufriedenheit mit dem Schah-Regime oppositionellen religiösen Strömungen an – und nicht, weil ihnen der vom Schah geförderte Nationalismus nicht behagte.

Nach einer Phase der Entmachtung des Islam, folgte ab den 60er-Jahren die klerikale Revolte – und 1979 die Restauration. Mit dem Sturz des Schah annektierte die schiitische Geistlichkeit schließlich vollends die politische Macht. In der Präambel der Verfassung stellt sich die Islamische Republik als krönendes Ergebnis eines Jahrhunderte andauernden Kampfes gegen Despotie dar. Frühere Unabhängigkeitsbewegungen seien gescheitert, so heißt es, weil ihnen das islamische Fundament gefehlt habe.

Mit ihrer Überbetonung des Islam und dem damit einhergehenden Ausblenden der vorislamischen Kultur begingen die Mullahs anfangs denselben Fehler wie ihr Kontrahent, der Schah: Sie unterschätzten den kulturellen Rivalen. So versuchte die religiöse Staatsführung erfolglos, die zoroastischen Namen iranischer Monate zu ändern. Selbst Kinder sollten nicht mehr alt-iranische Namen wie Dariush oder Kurosh bekommen, sondern lieber islamische wie Ali oder Hussein. Religiöse Fanatiker zerstörten vorislamische Monumente und attackierten historische Denker wie Omar Khayyam, der sich in Gedichten kritisch über den Islam geäußert hatte. Sogar Abol-Ghassem Firdausi, der Schöpfer des Nationalepos Schahnameh, wurde diffamiert. Dieser übertriebene Anti-Nationalismus in der Anfangszeit der Islamischen Republik stieß beim Volk jedoch auf ebenso viel Ablehnung wie die anti-religiöse Hetze des Schah.

Gänzlich fehl schlug auch der Versuch, dem Volk die Feier des vorislamischen persischen Neujahrsfests »Norooz« auszureden: Ajatollah Chomeini äußerte nach der Revolution die Hoffnung, dass die Iraner künftig nur noch den Geburtstag des Propheten feiern würden. Wahrlich ein frommer Wunsch, denn die Tradition des Frühlingsfestes gibt es bereits seit 2500 Jahren! Schon auf den Reliefs von Persepolis, dem Regierungssitz des Archämeniden-Reiches, kann man die Neujahrsprozession bewundern. Durch ein Spalier der Gardetruppen schreiten da die Großen des Reiches; Abgesandte aller Volksgruppen erscheinen mit Präsenten, um sie dem König zu überreichen. Und noch heute beschenken sich die Iraner zum Neujahrsfest. Wie in der Antike sind die zweiwöchigen Norooz-Feierlichkeiten zum Frühlingsbeginn das wichtigste Fest im Iran. Der 1400 jährige Einfluss des Islam konnte diesen Kult eben so wenig vergessen machen wie drei Jahrzehnte islamische Regierung.

Wer auch immer den Iran auf Dauer regieren will, muss wohl beiden Seelen des Landes gerecht werden. Das haben die Mullahs inzwischen begriffen. Nach einem anfänglichen Fremdeln mit dem kulturellen Rivalen wurden nationale Gefühle bald wieder salonfähig. Auch der kurz nach der Revolution beginnende Krieg mit dem Nachbarland Irak führte dazu, dass sich die Religiösen dem zuvor stets verdammten Patriotismus öffneten. Allerdings versuchten, sie ihm einen islamischen Stempel aufzudrücken.

Das versuchen sie bis heute. Ein Meister dieser Disziplin ist Mahmud Ahmadinedschad. In äußerst geschickter Weise gelang es dem sechsten Präsidenten der Islamischen Republik, Fragen des »nationalen Prestiges« mit einer religiös-fundamentalistischen Rhetorik zu verknüpfen. Dazu zählen im Iran beispielsweise der Atomstreit mit dem Westen, aber auch Scharmützel um die Grenze im Schatt-el-Arab. Sein Motto lautet: Wir lassen uns nicht reinreden – weder in Sachen Religion noch in anderen nationalen Belangen. Mit diesem Brückenschlag reklamiert der Populist gleich beide Giganten der iranischen Kultur für sich – und lässt seinen politischen Gegnern wenig Raum. Denn wer ihm widerspricht, macht sich damit simultan zum Kritiker des Islam und zu einer Art »Vaterlandsverräter«. Ein Dilemma insbesondere für die national gesinnte Opposition.

Das Verhältnis der Religiösen zu den nicht-religiös definierten nationalen Symbolen bleibt angespannt. Schon das Singen des alten Iran-Liedes (einer Art inoffizieller Nationalhymne) oder ein Besuch in den Ruinen von Persepolis erwecken Misstrauen – sind sie doch in den allermeisten Fällen als ein subtiles politisches Statement gegen die islamische Regierung zu verstehen.

Alle politischen Umwälzungen der letzten Jahre und Jahrzehnte konnten indes das Wesen der Iraner nicht verändern. Die Art, wie die Menschen miteinander umgehen, ist seit Jahrhunderten durch einen komplizierten und für Außenstehende kaum durchschaubaren Verhaltenskodex geregelt. Dieser Kodex legt viel Wert auf Formalitäten. Normalerweise spricht man sich gegenseitig mit »Sie« an, auch Kinder ihre Eltern. Nur in sehr nahen Freundschaften oder zwischen Eheleuten ist das »Du« erlaubt. Man begegnet sich mit vielerlei Respektbekundungen. Insbesondere ältere Personen müssen mit großer Ehrfurcht behandelt werden. Die Begrüßungs- und Abschiedsformeln klingen wie Überbleibsel aus längst vergangenen Zeiten: »Es ist mir eine Ehre; ich bin Ihr Sklave; ich stehe Ihnen zu Diensten«, versichert man sich zum Beispiel. Und zum Dank heißt es: »Mögen Ihre Hände nie schmerzen« oder aufmunternd: »Werden Sie nicht müde!« Überreicht man ein Geschenk, so beteuert man: »Es ist viel zu gering für Sie; es ist Ihrer nicht würdig.« Das alles sind uralte Phrasen, die die Iraner seit Jahrhunderten benutzen.

Einige der Höflichkeitsbekundungen muten für europäische Ohren so übertrieben an, dass sie dem Westler wie Heuchelei oder gar Täuschung anmuten. Aber das sind zu harte Worte. Für die Iraner gehört es einfach zum guten Ton, die Realität ein wenig zu schönen. Und manchmal amüsieren sie sich selbst über das »virtuelle Element«, das sich auf diese Weise in viele Konversationen einschleicht.

Lustig macht man sich beispielsweise über die halb historische, halb fiktive Figur »Mullah Nassreddin«, über die alle möglichen Geschichten kursieren. Der kleine, dicke Dorfpriester mit dem weißen Turban auf dem Kopf und der viel zu weiten Tunika ist dafür bekannt, in jedes Fettnäpfchen zu treten, das man ihm in den Weg stellt. Er scheint völlig naiv. Vielleicht stellt er sich aber auch nur so, um seine Mitmenschen auf diese Weise mit unangenehmen Wahrheiten konfrontieren zu können. Unter anderem wird folgende Begebenheit kolportiert: Mullah Nassreddin trifft nicht weit von seinem Haus entfernt einen Bekannten, der auf seinem Esel reitet. »Guten Tag, der Herr, wohin des Weges?«, begrüßt er ihn und fügt dann in iranischer

Freundlichkeit hinzu: »Wollen Sie nicht zum Essen bleiben?« Wie selbstverständlich geht er davon aus, dass der Mann sein Angebot ebenso freundlich ablehnen werde. Der andere aber zeigt sich erfreut, und der Mullah gerät in Nöte. Der Grund: Er hat im Augenblick keinen einzigen Brotkrumen im Haus. Der Mann klettert von seinem Esel und schaut sich suchend um. »Wo kann ich das Tier befestigen? Gibt es einen besonders geeigneten Ort, um den Nagel des Halfters in den Boden zu rammen?«, fragt er. Der Mullah läuft unter seinem Turban purpurrot an und antwortet: »Ramm ihn am besten durch meine Zunge, damit sie nicht ständig Angebote ausspricht, die ich gar nicht einlösen kann.«

Der verbale »Defekt«, unter dem Mullah Nassreddin leidet, ist im Iran weit verbreitet. Er hat auch einen Namen: »Taroof«, das freundliche Unterbreiten von Angeboten, die in den seltensten Fällen für bare Münze genommen werden können. Taroof hat nicht nur bei Zusammenkünften in der Öffentlichkeit eine wichtige Bedeutung. Das Ritual ist auch bei der Kommunikation mit Bekannten und sogar bei langjährigen Freundschaften und familiären Beziehungen präsent. Je formeller der Anlass, desto übertriebener zelebrieren die Iraner Taroof. In geradezu grotesk anmutender Manier halten sie sich gegenseitig Türen auf, sprechen massenweise Einladungen aus und feuern ganze Salven von netten Höflichkeitsformeln aufeinander ab.

All diese Maßnahmen dienen dem Zweck, sich des gegenseitigen Wohlwollens zu versichern. Die Angebote, die bei diesen Gelegenheiten fast beiläufig geäußert werden, dürfen aber keinesfalls angenommen werden. Auch Einladungen und Geschenke nicht. Jedenfalls nicht, wenn sie nur einmal erwähnt werden. Eine Faustregel: Mindestens zwei Mal muss die Offerte ausgesprochen und in genügsamer Manier abgeschlagen werden, will man den Einladenden nicht wie Mullah Nassreddin in Verlegenheit bringen. Oder um bei dem Beispiel zu bleiben: Höflicherweise hätte der Mann auf dem Esel heucheln müssen: »Ach nein, ich habe gar keinen Hunger«, selbst wenn sein Magen noch so knurrte. Und dann wäre es an Mullah Nassreddin gewesen, sein Angebot zu wiederholen. Denn erst wenn der Anbieter mehrmals insistiert, darf sein Gegenüber vorsichtiges Interesse bekunden. So gilt die Andeutung »Ich will Ihnen keine Umstände machen« bereits als subtile Zustimmung. Um auf elegantem Weg zu seiner Mahlzeit zu kommen, muss sich der Eingeladene aber erst überreden lassen. Alles andere gilt als unhöflich. Und Vorsicht! Selbst die Beteuerung: »Ich mache kein Taroof« gehört zu den Floskeln.

Ausländer vertun sich regelmäßig mit den im Kontext von Taroof geäußerten Angeboten. Beispielsweise im Bazar, wenn ein Verkäufer suggeriert, er sei bereit, einen Artikel als Geschenk mitzugeben. Dieser Spruch ist lediglich als Auftakt für die Preisverhandlung zu verstehen. Oder im Taxi: Nach dem Preis gefragt, beteuern die iranischen Taxifahrer gerne: »Ach, das ist doch nicht der Rede Wert« und vertrauen darauf, dass der Fahrgast auf einer Bezahlung insistiert. Die freundliche Bemerkung hält sie keinesfalls davon ab, später auf einer vergleichsweise hohen Summe zu bestehen. Eventueller Widerspruch dagegen muss vom Kunden selbstverständlich ebenfalls in Watte gepackt werden. Wer hier einfach nur »nein, ich bin nicht einverstanden« sagt, riskiert mit seiner brüsken Stellungnahme, einen Streit vom Zaun zu brechen.

Völlig schockiert berichtete mir ein Iraner einmal von seinem Besuch bei einer im Iran lebenden deutschen Familie. Als er das Haus betrat, fragte ihn der Gastgeber, ob er durstig sei. Der Iraner verneinte, weil man das so tut.

»Gut«, sagte der Deutsche. »Falls du später Durst bekommst: Bedien' dich einfach; dort drüben steht der Kühlschrank.« Den ganzen Nachmittag lang habe er durstig auf dem Sofa gesessen, erzählte mir der Iraner immer noch empört. Nicht ein einziges Mal habe der Hausherr sein Angebot wiederholt und ihm erneut etwas zum Trinken angeboten. Offenbar habe er darauf vertraut, dass sich sein Gast tatsächlich selbst bemerkbar machen würde, falls er Durst bekäme. Für den Iraner freilich ein Ding der Unmöglichkeit.

Im Iran hat es sich inzwischen herum gesprochen, dass man von Ausländern keine allzu großen Gesten erwarten darf. Trotzdem sparen die Menschen nicht an ihnen, wenn sie Fremde in ihrem Land begrüßen. Für die Besucher ist es jedoch immer wieder faszinierend, die unglaubliche Wärme und Freundlichkeit der Einheimischen zu erfahren. Daran haben auch politische Animositäten mit dem Westen nicht rütteln können. Und selbst wenn nicht hundert Prozent der geäußerten Freundlichkeiten einem Realitätscheck standhalten würden, so helfen sie doch, eine Atmosphäre zu schaffen, in der sich jeder Ausländer wohl fühlt.

2

ES SPRICHT DER KÖNIG DARIUSH

Über die persischen Weltreiche der Achämeniden und Sassaniden

Es gibt Wachtel-Eier mit Kaviar aus dem kaspischen Meer, ein Mousse aus Langustenschwänzen und gerösteten Pfau, gefüllt mit Gänseleberpastete. Glasierte Feigen-Ringe an Himbeer-Champagner-Sorbet, dazu die edelsten Weiß- und Rotweine, die seine Majestät direkt aus Frankreich importieren lässt. Nein, er will sich nicht lumpen lassen, der Schah, der König von Iran. Hat er doch die Welt eingeladen, seine eigene Regentschaft und die früherer persischer Monarchen zu bejubeln.

Wir schreiben das Jahr 1971. Seine Majestät, Schah Mohammed Reza Pahlavi, und die Schabanou, Königin Farah, haben guten Grund für eine erlesene Party: Sie feiern das 2500-jährige Jubiläum der Monarchie im Iran, dem Land, das bis vor wenigen Jahrzehnten noch Persien hieß. Europäische Aristokratie und Staatsoberhäupter sind zu diesem Anlass in das Königreich aus tausendundeiner Nacht gereist. Noch ist die Welt dort aus europäischer Sicht in Ordnung. Es regiert ein europafreundlicher König, der es mit der Demokratie zwar nicht so ernst nimmt, aber immerhin keinen Ärger macht und das iranische Öl freimütig an den Westen verkauft. Der Ärger mit einem weißbärtigen Greis namens Chomeini sollte erst acht Jahre später beginnen – aber davon später.

Zurück zur Jubiläumsfeier. Sie steigt in der Ruinenstadt Persepolis, der ehemaligen Hauptstadt des antiken Perserreiches, das sich von Indien bis nach Ägypten erstreckte. Zwischen den historischen Säulen der Achämeniden-Herrscher hat der Schah eine Zeltstadt aufbauen lassen. Fünfzig klimatisierte Luxuszelte, in denen er seine Ehrengäste aus aller Welt beherbergt. Jedes von ihnen ist mit zwei Schlafräumen und einem Raum für die Dienerschaft ausgestattet. In der Mini-Bar erwartet die Ankömmlinge Whiskey und Champagner. Der Schah hat an alles gedacht. Sogar Blumen und Bäume hat er in die Ruinen pflanzen lassen, damit die antike Stadt wie eine Oase in der Wüste wirke; eine Autobahn wurde konstruiert, damit die Anreise für die Gäste in den Mercedes-Limousinen nicht zu beschwerlich sein würde. In Sachen Luxus und gutem Geschmack, so die Botschaft des Schahs, steht der moderne Iran seinen Vorfahren in nichts nach.

Darum geht es ihm eigentlich: um die Demonstration einer Kontinuität innerhalb der persischen Monarchie. Um den Beweis, dass seine eigene Herrschaft eine Fortsetzung jener alten Dynastie darstellt. Ein frommer Wunsch, denn Mohammed Reza Pahlavi stammt nicht etwa aus einer alten Adelsfamilie, sondern gelangte durch einen Staatsstreich seines Vaters im Jahr 1925 an die Macht. Aber das interessiert den Schah wenig. Spirituell fühlt er sich mit Kurosh dem Großen, dem Begründer des Achämeniden-Reiches, jedenfalls zutiefst verbunden.

Deshalb beginnen die Feierlichkeiten auch mit einer Militärparade vor dessen Grab in Pasargadae. Das Militär marschiert in Gala-Uniformen auf. Zivilisten sind dazu angehalten, weiße Krawatten zu tragen, die Damen lange

Kleider. Der Schah und seine Familie lassen sich per Hubschrauber einfliegen. Der Monarch trägt die Uniform, die ihn als Oberkommandierenden der iranischen Streitmacht ausweist. An seiner linken Seite der Kronprinz, ebenfalls in Uniform. Zu seiner Rechten die Schabanou in einem mit Gold und Silber bestickten Kleid, das den Gewändern der antiken Königsgemahlinnen nachempfunden sein soll, ebenfalls ein Beweis der Kontinuität der Regentschaft. Auf dem Kopf trägt die Königin ihre Tiada mit den sieben Smaragden. 101 Kanonenschläge donnern zur Eröffnung der Zeremonie.

»O Kurosh, großer König, König der Könige, Herrscher der Achämeniden, Monarch des Iran. Ich, König der Könige Irans, sende dir meine Grüße und die Grüße unserer Nation«, wendet sich Schah Mohammed Reza Pahlavi an den König, der zweieinhalb Jahrtausende vor ihm selbst das Zepter in der Hand hielt. Seine Worte demonstrieren, dass er seine eigene Regentschaft als eine Verlängerung derjenigen des toten Königs interpretiert wissen will. »Kurosh, wir sind heute an deinem Grab zusammengekommen, um dir Folgendes zu sagen: Ruhe in Frieden, denn wir sind hellwach, und wir sind jederzeit bereit, dein stolzes Erbe zu verteidigen«, gelobt er. »Wir versprechen, die Traditionen der Humanität und des Wohlwollens, mit denen du das persische Reich begründet hast, für immer zu bewahren.«

In der nachfolgenden Schweigeminute zu Ehren des Toten sei plötzlich ein Wind über die Ebene gefegt, berichten die Anwesenden. Fast so als habe Kurosh die Worte des Schah vernommen und ihm antworten wollen, wirbelte er Sand auf. Die internationale Regenbogenpresse ist begeistert. Was auch immer man von solch übersinnlichen Kommunikationsversuchen halten mag: Die von iranischen

Intellektuellen als äußerst peinlich empfundene Aktion des Schah zeigt doch, dass es im Iran ein tief verwurzeltes Gefühl der Verbundenheit mit der antiken Geschichte gibt. In jener vorislamischen Vergangenheit, in der Perser mehr als einmal Herrscher eines Weltreiches waren, werden die kulturellen Wurzeln des Landes verortet. Die Schulbücher der Schah-Zeit waren voll von Zeugnissen aus dieser glorreichen Vergangenheit. Aber selbst die Abschaffung der Monarchie konnte an dem historisch gewachsenen Nationalstolz der Iraner nicht viel rütteln. Auch heute, drei Jahrzehnte nach der Revolution, tauft man iranische Kinder wieder gerne Kurosh oder Dariush, um an die frühen Herrscher des ersten Perserreiches zu erinnern.

Wer aber war jener Kurosh, nach dem der Schah 2500 Jahre später solche Sehnsucht hatte? König Kurosh II. aus dem Geschlecht der Achämeniden, so behauptet Schah Mohammed Reza, habe damals die Welt verändert: »Er hat die grausame und inhumane Despotie jener Tage durch eine neue Art des Regierens ersetzt, die auf dem Respekt vor den Rechten und dem Glauben eines jeden Einzelnen beruhte. Diese Weitsicht eröffnete ein neues Kapitel in der Geschichte. Viele eiferten ihm nach, um auf diese Weise der Utopie einer perfekten Gesellschaft näher zu kommen...« Mag man die Schwärmerei des Monarchen noch als Selbstbeweihräucherung abtun, so muss die Schützenhilfe, die er drei Jahrzehnte später von der iranischen Friedensnobelpreisträgerin Shirin Ebadi erhält, doch nachdenklich stimmen. In Oslo hält die Bürgerrechtlerin eine regelrechte Hymne auf ihren Ahnherren. »Ich bin Iranerin, eine Nachkommin von Kurosh dem Großen«, erklärt sie am 10. Dezember 2003 vor der versammelten Weltpresse. »Dieser Herrscher entschied auf dem Höhepunkt seiner Macht, dass er nicht über die Menschen befehlen wollte, wenn diese dies nicht wünschten. Er versprach, niemanden dazu zu zwingen, seine Religion oder seinen Glauben zu ändern und garantierte Freiheit für alle.«

Große Stückte halten die Iraner auf »ihren Kurosh«, um dessen Aufstieg zur Macht sich Legenden ranken. Es ist unklar, ob er selbst königlicher Herkunft war. Kurosh behauptete zwar, dass er den Anspruch auf die Krone von Persien von seinem Vater, Großvater und Urgroßvater geerbt habe. Aber Volkserzählungen kennen ihn als Kind aus einfachen Verhältnissen. Ein Räuber und eine Schafshirtin sollen demnach seine Eltern gewesen sein. Der griechische Geschichtsschreiber Herodot ging hingegen davon aus, dass Kuroshs Vater, Kambysis I, aus einer persischen Adelsfamilie stammte. Von seiner Mutter Medane behauptete der Grieche, dass sie die Tochter des einflussreichen Meder-Königs Astyages gewesen sei. Die Meder hatten damals eine Vormachtstellung in der Region und verschiedene iranische Stämme, darunter auch die Perser, unterworfen. Großvater Astyages soll kurz nach Kuroshs Geburt einen Traum gehabt haben, demzufolge der Enkel ihm eines Tages den Thron rauben würde. Um das zu verhindern, beauftragte König Astyages seinen Getreuen Harpagus, das Baby zu töten. Der jedoch brachte die Tat nicht übers Herz und übergab den kleinen Kurosh stattdessen einem Hirten zur Obhut.

Ein Knabe königlichen Geblüts in einer Schäfer-Familie? Das musste früher oder später auffallen. Bereits im Alter von zehn Jahren merkten die Menschen dem kleinen Kurosh seine königliche Herkunft an. Die Legende erzählt, dass er sich durch seine edlen Umgangsformen und sein nobles Benehmen derart von den anderen Jungen im Dorf abgehoben habe, dass seine Gefährten ihn spielerisch zum König krönten. Als der Kinder-König einen Altersgenossen wegen dessen schlechten Benehmens auspeitschen ließ, flog seine Tarnung schließlich auf. Der Vater des ausgepeitschten Jungen, ein einflussreicher Meder, beschwerte sich beim König höchstpersönlich. Dadurch wurde auch Astyages auf den merkwürdigen Hirten-Spross aufmerksam. Als er ihm gegenüberstand, erkannte er sofort die Ähnlichkeit zwischen den beiden und wusste, dass Harpagus ihn hintergangen haben musste. Er befragte ihn, was er mit dem Baby damals getan habe. Und Harpagus gestand seinen Ungehorsam. Als Strafe ließ er Harpagus' eigenen Sohn töten und zwang ihn dann, sein Kind gebraten und zerhackt zu verspeisen. Nachdem Harpagus den letzten Bissen genommen hatte, wurde des Königs Herz plötzlich milde, und so gestattete er seinem verstoßenen Enkel die Rückkehr zu seinen leiblichen Eltern Kambysis und Medane.

Im Jahr 559 v. Chr. wurde Kurosh König des iranischen Volksstammes der Perser. Er herrschte über ein Gebiet, das der heutigen Provinz Fars im Südwesten des Iran entspricht. Korosh war jedoch kein unabhängiger Souverän, sondern musste sich der medischen Oberherrschaft beugen (wenn man der Version Herodots glauben mag), also seinem Großvater, dem Mann, der ihn als Kind verstoßen hatte. Ihm sollte der Provinzfürst nun gehorchen und Tributzahlungen leisten. Denn die Meder, ein den Persern verwandter Volksstamm, übte damals die Vorherrschaft über das Gebiet der iranischen Hochebene aus. Von der lydischen Grenze im Westen bis zu den Parthern und Persern im Osten sammelten medische Verwaltungsbeamte von ihren Vasallen Steuern ein. Sie hatten quasi die Stellung von Feudalherren inne.

Die von Kurosh angeführten Revolten begannen im Sommer des Jahres 553 v. Chr.. Ganz wie es Astyages in seinem Traum vorher gesehen hatte, bereitete ihm der Enkel nichts als Ärger. Ein Jahr später, 552 v. Chr., kam es zu ersten Kämpfen zwischen Medern und Persern. Im Jahr 549 v. Chr. schließlich eroberten die Perser die Hauptstadt des Meder-Reiches Ekbatana und unterwarfen damit de facto deren gesamtes Reich. Drei Jahre später ließ sich Kurosh zum König der Meder und sämtlicher Vasallenstaaten krönen. Der Halb-Perser nannte sich »König von Persien« und gründete damit jenes Imperium, das schon bald den gesamten Nahen Osten umspannen sollte.

Als Regent des vereinigten Perser-Meder-Reiches eroberte Kurosh zuerst Lydien. 539 v. Chr. unterwarf er Babylon und damit gleichzeitig sämtliche babylonisch kontrollierten Staaten. Er beanspruchte jetzt zusätzlich die Titel »König von Babylon, König von Sumer und Akkad, König der vier Seiten der Welt«. Zu den vom neubabylonischen Reich unterworfenen Gebieten gehörten auch Syrien und Judäa. Als Kurosh nach 29-jähriger Regierungszeit im August 529 v. Chr. bei einer Schlacht gegen die Skythen starb, beherrschten die Perser das größte Reich, das man bis zum damaligen Zeitpunkt gesehen hatte. Sein Sohn Kambysis II. vollendete in seiner nur sieben Jahre währenden Regentschaft die Expansion des Imperiums mit der Eroberung Ägyptens.

War er also ein Friedensfürst, dieser Kurosh, eine Ikone der Toleranz gar, wie uns seine Nachfahren heute glauben machen wollen? Kurosh hatte zwei Gesichter. In erster Linie war der Begründer des persischen Riesenreiches ein Soldat und Eroberer, der mit seinen Feinden nicht eben zimperlich umging. Allerdings gibt es auch zahlreiche Indizien dafür, dass dieser Eroberer ziemlich geschickt agierte, wenn es darum ging, die Sympathie und Loyalität der Eroberten zu gewinnen. Das gelang Kurosh mit einem Regierungsstil, den die berühmte Mischung aus Zuckerbrot und Peitsche auszeichnete. Auf der einen Seite verlangte er die unbedingte Unterwerfung der eroberten Gebiete, die sich vor allem in Form von Tribut-Zahlungen an die persischen Herren konkretisierte. Auf der anderen Seite jedoch gestand er den Menschen und dortigen lokalen Autoritäten ein erhebliches Maß an Autonomie zu, vor allem, was die Ausübung ihrer Religion, Sprache und sonstige lokale Gebräuche anging. Er oktrojierte niemandem den persischen Lebensstil; auf diese Weise schuf er ein Riesenreich mit erheblicher sprachlicher, religiöser und kultureller Vielfalt. Toleranz gegenüber Andersdenkenden und Andersgläubigen wurde nachgerade zu einem Markenzeichen der Perser, dessen sich auch viele Griechen erfreuten, die bei ihren Nachbarn Asyl suchten.

Das eindrucksvollste historische Zeugnis für die Strategie, mit der sich Kurosh die Menschen in den neu eroberten Gebieten gefügig machte, stellt der so genannte Kurosh-Zylinder aus Babylon dar. In dem in Keilschrift verfassten Text stellte sich der Eroberer als legitimer König von Babylon vor, der von dem babylonischen Gott Marduk geschätzt und gefördert werde. Er verpflichtete sich, seinen Aufgaben als Regent sowohl gegenüber Gott als auch gegenüber der Bevölkerung nachzukommen. Neben dem religiösen wird insbesondere der städtebauliche, bevölkerungspolitische Bereich der Herrscheraufgaben betont.

Diese Selbstverpflichtung diente dem Zweck, die babylonische Elite dazu zu bewegen, mit dem Fremdherrscher zu kooperieren. Eine Interpretation des Textes als eine antike »Charta der Menschenrechte« scheint zwar übertrieben, trotzdem landete der Zylinder 1971 – maßgeblich auf Betreiben des persischen Schahs, der Teile davon sogar absichtlich falsch übersetzen ließ – im UNO-Hauptquartier in New York und wurde als Zeichen des frühen Respekts für Menschenrechte und religiöse Toleranz gefeiert.

Historischer Fakt ist, dass Kurosh niemanden zwang, unter seiner Herrschaft die Religion zu ändern. Sogar in der Bibel wird er dafür lobend erwähnt, beendete er nach seiner Eroberung Babylons doch die Gefangenschaft der von Nebukadnezar deportierten Juden und ließ sie in ihre Heimat zurückkehren. Die Politik der Tolerierung der Religionen und religiösen Eliten in den Vasallenstaaten sollte sich auch unter Kuroshs Nachfolgern nicht ändern. So setzte Dariush, der die persische Regierungsgewalt in Ägypten festigen wollte, darauf, die Vorrechte und Privilegien der ägyptischen Priesterschaft zu bestätigen und sich auf diese Weise ihrer Loyalität zu vergewissern. Ob religiöse Toleranz oder politischer Pragmatismus diese Eingeständnisse motivierte, lässt sich heute nur erahnen.

Parallel zu seinen Eroberungen begann Kurosh II. auch mit dem Aufbau einer imposanten Infrastruktur für sein Reich. Zunächst ging es darum, die von den Medern übernommenen Gebiete zu verwalten. Aber als die Expansion immer weiter voranschritt, wurde es nötig, das neu entstandene Imperium zu reorganisieren. Zunächst schuf Kurosh in der alten Meder-Hauptstadt eine zentrale Verwaltung. Für eine komplette Neuorganisation des Riesenreiches sollte seine eigene Lebenszeit nicht ausreichen. Auch sein Sohn Kambysis II. schaffte das in seiner kurzen Regierungszeit nicht. Erst König Dariush I. reformierte die Infrastruktur und Verwaltung des antiken Superstaates von Grund auf.

Das Reich, das Kurosh gegründet hatte, umfasste 7,5 Millionen Quadratkilometer und erstreckte sich über mehrere Kontinente. Aber das reichte Dariush nicht aus. Unter seiner Herrschaft expandierten die Perser erneut. Im Osten bis zum Industal und im Westen bis nach Thrakien; damit betraten sie zum ersten Mal Europa. Zum Zeitpunkt seiner größten Ausdehnung erstreckte sich das Imperium vom heutigen Pakistan über Afghanistan, Zentralasien, Kleinasien bis zum Schwarzen Meer, dem Irak, Saudi Arabien, Jordanien, Israel, Libanon und Syrien, Ägypten bis nach West-Libyen. Stolz ließ der König im Zenit seiner Macht die gigantischen Ausmaße in den Felsen gravieren. »Es spricht der König Dariush«, wie zum Beweis für die staunende Nachwelt, »dies sind die Länder, die mir zuteil wurden: Persien, Elam, Babylon, Assyrien, Arabien, Ägypten, die des Meeres, Sardes, Jordanien, Medien, Armenien, Kappadokien, Parthien, Drangiana, Areia, Khorasmien, Baktrien, Sogdiana, Gandara, Saka, Sattagydien, Arachosien, Make: im ganzen 23 Länder.«

Dariush tat alles, um seine Macht über das Reich zu festigen und die persische Vorherrschaft über die unterworfenen Länder nachhaltig zu sichern. Dazu schuf er eine von der Zentralregierung geleitete, einheitliche Provinzverwaltung. Jeder Provinz stand ein Gouverneur, der Satrap, vor, der aus einer persischen Adelsfamilie stammte. Der Satrap war für das Militär und die Sicherheit zuständig; ihm zur Seite stand ein ebenfalls persischer Staatssekretär, der die zivile Administration leitete. Egal ob in der Steuerbehörde, bei Gericht oder im Bauministerium: Alle höheren Verwaltungsposten wurden vom König mit ihm loyalen Persern oder Medern besetzt. Sie leiteten die Amtsgeschäfte und fällten selbständig alle wichtigen, regionalen Entscheidungen, mussten dem Monarchen allerdings regelmäßig Bericht darüber erstatten, was im Reich gerade vor sich ging. Im Volksmund galten sie deshalb auch als die »Augen und Ohren« des Königs.

Zur einheitlichen Amtssprache erhob Dariush das Aramäische, die damals gängige Handelssprache in Vorderasien, die jeder Diplomat und Kaufmann jener Zeit beherrschte. Ein geschickter Schachzug, denn auf diese Weise mussten die unteren Beamten in den eroberten Gebieten nicht erst Persisch lernen. Sie konnten die Amtsgeschäfte für ihre neuen Dienstherren unverzüglich in einer ihnen bereits bekannten Sprache fortführen, was ebenfalls zur raschen Stabilisierung des Reiches beitrug.

Eine mehrere Tausend Kilometer lange Straße verband die einzelnen Provinzen miteinander. Wichtig für den Zusammenhalt war das ausgeklügelte Nachrichtensystem, das Dariush ersann. Berittene Kuriere konnten dank neuer Wege und regelmäßigen Rasthäusern, deren Benutzung den Trägern eines offiziell gesiegelten, königlichen Dokumentes vorbehalten war, innerhalb von zwei Wochen bis in die entlegensten Winkel seines Imperiums gelangen. So berichtete Herodot voller Bewunderung, dass ein Brief von der Ägäis bis in die 2700 Kilometer entfernte Hauptstadt Susa gerade einmal sieben Tage unterwegs war. Für Notfälle und Katastrophenmeldungen gab es ein noch schnelleres System: Auf Signaltürmen, die in Sichtabstand voneinander im gesamten Reich errichtet wurden, konnten Nachrichten mit Hilfe von Feuer-Blinkzeichen in Windeseile weitergegeben werden. Die Turmwärter deckten zu diesem Zweck eine Flamme in bestimmten Abständen auf und zu und verschlüsselten so die Mitteilungen nach der Art des modernen Morsealphabets.

Dariush führte auch ein einheitliches Rechtssystem ein. Es gab detaillierte Vorschriften für alle Lebensbereiche: für das Militär, für die Familie, für die Landwirtschaft und für den Handel. Ziel der Neuerungen war es, allen Bürgern dieselben Rechte und Pflichten vor dem Gesetzgeber aufzuerlegen. Damit die Richter keinen Unterschied zwischen Arm und Reich machten, wurde allen, die Bestechungsgelder annahmen, harte Strafen angedroht. Allerdings unterschied man zwischen den das Reich beherrschenden Persern und Medern und allen übrigen Untertanen, die weniger Rechte und Privilegien als jene »Arier« besaßen.

Die neue Rechtssicherheit kam auch den Kaufleuten und Handlungsreisenden zugute und förderte auf diese Weise den Provinz übergreifenden wirtschaftlichen Austausch. Vereinfacht wurde der Handel zwischen den Provinzen zudem dadurch, dass der König im ganzen Reich gültige Gold- und Silbermünzen einführen ließ. Ausgelöst durch diese Maßnahmen boomte die Wirtschaft bald.

Mit seinen stetig wachsenden Einnahmen finanzierte Dariush schließlich auch seine berühmte »Super-Baustelle«, deren Ruinen wir bis heute im Südwesten des Iran bestaunen können: Parsa, die neue Hauptstadt, deren Konstruktion Dariush 515 v. Chr. anordnete – und die Alexander der Große später als »verachtenswürdigste Stadt Asiens« bezeichnen und niederbrennen sollte. Der Grieche nannte sie »Persepolis«, Stadt der Perser. Im Iran ist sie heute unter ihrem sassanidischen Namen »Tacht-e Dschamschid«, Thron des Dschamschid, bekannt. Drei Generationen brauchte es, um diese Prunkanlage zu errichten.

Alles am Palast von Persepolis war darauf angelegt, die Macht des persischen Herrschers zu demonstrieren. Weit gereiste Besucher sollten beeindruckt und gleichzeitig eingeschüchtert werden. Im Falle der Griechen schien dies bestens gelungen zu sein. Sie fürchteten und hassten die Perser, gleichzeitig aber bewunderten sie den starken Gegner, allem voran für seinen Reichtum. Arrian schrieb: »Persepolis war die reichste Stadt unter der Sonne, und die Wohnhäuser waren mit jeder Annehmlichkeit ausgestattet. Obgleich meist Eigentum von Durchschnittsbürgern waren sie voll schöner Möbel und Ziergegenstände, Gold und Silber.«

Am üppigsten ging es im Palast des Großkönigs zu. Über eine breite Freitreppe erreichten die zahlreichen Besucher aus allen Ecken des Reiches, aber auch von außerhalb des Imperiums, die vierhundertfünfzig mal dreihundert Meter messende Felsenterrasse, auf welcher der Monarch residierte. Überall waren seine Soldaten postiert, die »Unsterblichen«, die Leibgarde des Königs. Alle Ankömmlinge mussten durch das »Tor aller Völker« gehen, dem eigentlichen Eingang zum Palast, der durch geflügelte, menschenköpfige Stiere geschützt wurde. Die königliche Audienzhalle, die Kommandozentrale des Riesenreiches, lag auf einer weiteren Plattform, zu der von Norden und Osten doppelläufige Treppen führten. Sie wurde von sechsunddreißig fast zwanzig Meter hohen Säulen getragen. Besucher mussten vor Ehrfurcht erblassen.

Aber bis in diese Audienzhalle schafften es nur wenige Besucher. Denn Dariush hatte ein strenges Hofzeremoniell eingeführt. Er pochte auf Abstand zwischen ihm und seinen Untertanen. Auch diese Maßnahme diente dazu, seine absolute Macht zu betonen. Dem König selbst durfte sich nur nähern, wem die Hofbeamten dies gestatteten; alle übrigen Besucher und Bittsteller mussten sich damit begnügen, ihr Anliegen einem Staatsbeamten oder Minister vorzutragen. Wer tatsächlich bis zum Thron des Herrschers vorgelassen wurde, musste sich ihm auf untertänigste Weise nähern. Rangniedrige Besucher warfen sich auf den Boden und küssten ihn. Angehörige der Aristrokratie verneigten sich tief und küssten ihre eigene Hand. Dann warteten sie auf die Zuteilung ihrer Redeerlaubnis durch einen Wink mit dem Zepter. Unaufgefordertes Sprechen in der Gegenwart des Königs konnte das Todesurteil bedeuten.

Zahlreiche Reliefs in Persepolis geben einen Einblick in das Palastleben. Sie zeigen den König und sein Gefolge, die zahlreichen Beamten und die 10.000 Mann starke königliche Elitetruppe. Die Soldaten des Innendienstes, die Soldaten des Außendienstes, deutlich unterscheidbar an ihren unterschiedlichen Uniformen. Mehrfach begegnet man auf den Abbildungen auch dem Monarchen selbst, wie er in der Halle steht, gefolgt von zwei Dienern, die schützend einen Schirm über das königliche Haupt halten und mit einem Wedel die Fliegen vertreiben. Oder er sitzt auf dem Thron, hinter ihm der Kronprinz. In der Palasthierarchie galt es als ein großes Privileg, sich in der Nähe des Königs zu befinden. Ja, der Abstand zum König war eine Art Währung, eine Messlatte für die eigene Stellung am Hof, die ihre Entsprechung innerhalb des Imperiums hatte. Ein paar Schritte in Richtung König bedeuteten auch in der Außenwelt einen enormen Zuwachs an Macht. Den meisten Einfluss hatten in diesem System die direkten Verwandten des Königs.

Sagenumwoben – besonders bei den Griechen – waren natürlich die Frauen des Königs. Sie befanden sich, von Eunuchen bewacht, in einem abgetrennten Teil des Palastes, dem »Harem«, der keine Erfindung der Araber oder des Islam ist. Niemandem außer dem König war das Betreten dieser Räume gestattet. Aber obwohl persische Adelige zumeist mehrere Ehefrauen und eine beträchtliche

Zahl an Konkubinen besaßen, ist die griechische Annahme, dass Frauen in der persischen Gesellschaft keine Autorität besaßen, historisch falsch. Trotz Polygamie verfügten adelige Perserinnen sowohl innerhalb als auch außerhalb der Palastmauern über beträchtliche Macht. Verwaltungstäfelchen weisen sie als Besitzerinnen großer Güter aus, auf denen Hunderte von Arbeitern tätig waren. Es verwundert nicht, dass mancher Grieche, der dem Ideal der zurückgezogen lebenden Ehefrau huldigte, die Frauen des persischen Königshauses ebenfalls im Haus verortete. Die Täfelchen zeigen jedoch, dass von Passivität und Zurückgezogenheit keine Rede sein konnte. Vielmehr übten die weiblichen Angehörigen der Aristokratie auch erheblichen politischen Einfluss aus.

Ein wichtiges Motiv auf den Reliefs sind die Tributzahlungen der Untertanen an den König und das Überbringen von Geschenken aus den Provinzen des Großreiches. Historiker vermuten, dass dieses Übergabe-Ritual die Hauptfunktion des repräsentativen Neubaus gewesen sein könnte. Durch den direkten Kontakt mit dem König versicherten sich die Provinz-Statthalter dessen Gunst und hatten Gelegenheit, auch Bitten vorzubringen Denn nur derjenige, der die Nähe des Königs suchte und ihn beschenkte, konnte in den Genuss seiner Großzügigkeit kommen. Auf diese Weise stärkte das Ritual den inneren Zusammenhalt des Reiches.

Oft begab sich der König auch selbst auf Reisen in die Satrapien, um sich vor Ort mit den spezifischen Problemen zu beschäftigen und ein gutes Verhältnis zwischen Zentralgewalt und Regionen zu schaffen. Die Untertanen wurden auf diese Weise an ihre Verpflichtung zur Loyalität und materiellen Unterstützung gegenüber dem König erinnert – und gleichzeitig an die Abhängigkeit ihres eigenen

Wohlergehens vom Wohlwollen des Herrschers. Bei diesen Ausflügen wohnte der König in einem Zelt, das aufgrund seiner gewaltigen Größe und luxuriösen Ausstattung auch »mobiler Palast« bezeichnet wurde. Es war das Herzstück des Großreiches. Wo auch immer sich der König aufhielt, befand sich die gebündelte Regierungsgewalt der Perser. Zu Recht hat Alexander der Große, der dem antiken Weltreich 330 v. Chr. ein abruptes Ende bereitete, die Perser für besiegt erklärt, nachdem er das Königszelt in seine Gewalt gebracht hatte.

Die Legitimation für ihre Herrschaft haben Dariush und alle Perserkönige, die ihm nachfolgten, dem eigenen Selbstverständnis zufolge von Gott erhalten. Gott hat Dariush sein Reich »anvertraut«. Die Inschriften wiederholen es mantragleich: »Es spricht der König Dariush. Nach dem Willen Ahura Mazdas bin ich König; Ahura Mazda übertrug mir die Herrschaft... Nach dem Willen Ahura Mazdas besitze ich diese Herrschaft...« Aber auch wenn das besondere Verhältnis des Königs zu Gott seine Befehlsgewalt über die Menschen rechtfertigte, wurden die Großkönige im Perserreich nicht als Götter verehrt. Auch wurde den »Auserwählten« keine göttliche Abkunft zugestanden, wie angesichts des Prunks, der am persischen Hof herrschte, immer wieder fälschlich geschlossen wurde. Der Großkönig der Achämeniden galt zwar als von Gott eingesetzt, niemals aber als dessen leibhaftiger Stellvertreter auf Erden.

Um welchen Gott handelte es sich? Dariush nannte ihn in seinen Inschriften oft namentlich: Er hieß Ahura Mazda. Es war derselbe Gott, von dem der Religionsstifter Zarathustra predigte. Eine Darstellung im Felsen von Naksch-e Rostam zeigt Dariush mit einer goldenen Krone; gegenüber ist Ahura Mazda in der geflügelten Sonnenscheibe zu sehen. Aber Ahura Mazda war nicht der einzige Dariush bekannte Gott, denn der König nannte ihn in einem Atemzug mit »allen anderen Göttern, die es gibt«. War der Monarch also ein Anhänger der Lehre Zarathustras, wie die Geschichtsschreiber immer wieder unterstellten?

Ja und nein. Denn der König verehrte zwar Ahura Mazda als »Größten der Götter«, erwähnte aber nicht explizit die zoroastische Religion oder gar deren Religionsstifter Zarathustra. Die Historiker deuten dies als Hinweis darauf, dass es sich bei den religiösen Vorstellungen der Achämeniden um eine frühe Form des zoroastischen Glaubens handelte. Die religiöse Praxis jener Zeit weist viele Unterschiede, aber auch Gemeinsamkeiten mit der späteren Religionslehre auf. So sind der strikte Monotheismus, die Bedeutung des Feuers in den religiösen Ritualen und die Bestattung von Toten in den berühmten Schweigetürmen wohl erst später hinzu gekommen. Allerdings orientierte man sich in der antiken Gesellschaft bereits an den wichtigsten ethischen Grundsätzen des Zoroastertums. So strebten die Perser das Ideal an, immer »die Wahrheit zu sagen«. Umgekehrt galt ihnen die »Lüge« als das »Verachtenswürdigste auf der Welt« – Prinzipien, die bereits an den Antagonismus von Wahrheit und Lüge in der Avesta erinnern, einer religiösen Textsammlung, die erst lange nach den Achämeniden entstanden ist. Auch die persischen Könige huldigten zoroastischen Idealen wie redliches Handeln, Sprechen und Denken. So beteuerte Dariush in seiner Inskription auf dem Behistun-Berg: »Ich war kein Mann, der der Lüge folgt. Ich war kein Mann, der Falsches tat. Ich verhielt mich immer rechtschaffen... Die Männer, die mit mir zusammenarbeiteten, habe ich gut entlohnt; die, die sich unloyal verhielten, habe ich gut bestraft.«

Kein Wunder also, dass Schah Mohammed Reza

Pahlavi feuchte Augen bekam, als er sich in Persepolis an das von Kurosh II. geschaffene Großreich seiner Vorfahren erinnerte. Vielen iranischen Herrschern ging es im Gedenken an die Achämeniden-Könige ebenso. Zu den berühmtesten Bewunderern des antiken Perserreiches gehört ein gewisser Ardeschir I.. Er war um das Jahr 250 n. Chr. Fürst der Provinz Fars. Gut 800 Jahre nach der Reichsgründung durch Kurosh II. – und ein halbes Jahrtausend nach dem Untergang der Achämeniden-Dynastie – machte sich dieser, von den Leistungen seiner Vorfahren faszinierte Regionalherrscher auf, um erneut ein großpersisches Reich zu gründen: die Dynastie der Sassaniden, auch neupersisches Reich genannt. Unter seiner Herrschaft dehnten die Perser ihre Herrschaft abermals weit über die heutigen Landesgrenzen des Iran aus.

Wie Kurosh II. war Fürst Ardeschir I. unzufrieden damit, dass die Perser den Status eines Vasallenstaates innehatten und an einen anderen Herrn Tribut zu entrichten hatten. Und wie Kurosh II. brach der Provinzfürst mit den Regionalherren, den Parthern, einen Streit vom Zaun. Ausdrücklich orientierte er sich dabei an seinen »ruhmreichen Vorfahren«, der Achämeniden. Ja, er gab sich sogar als ein Blutsverwandter des untergegangenen Königsgeschlechts aus. Den Persern gefiel die Idee, sehnten sie sich doch alle nach jenen »glorreichen Zeiten« zurück, die man nur noch aus Legenden kannte.

Rebell Ardeschir ging siegreich aus dem Aufstand gegen die Regionalmacht hervor. Nachdem er den letzten Partherkönig Artabankos IV. getötet hatte, nahm er 224 n. Chr. dessen Platz ein. Erneut waren die Perser Herrscher über ein Reich mit zahlreichen Provinzen. 226 eroberte Ardeschir die Parther-Hauptstadt Ktesiphon. Nach seinem Sieg führte ihn sein erster Weg nach Persepolis, das damals bereits in Ruinen lag. Wie seine Vorfahren ließ er dort, am Felsen von Naksch-e Rostam, ein Relief einmeißeln. Es zeigt ihn, wie er von Gott Ahura Mazda das Diadem der Königswürde entgegen nimmt. Denn wie schon die alten Könige verehrte auch Ardeschir die zoroastische Gottheit. Von nun an nannte er sich »schah-an-schah«, »König der Könige Irans«. Den Titel, den auch Reza Mohammed Palahvi in seinem »Gespräch« mit dem toten Kurosh II. nennt.

Ardeschirs Sohn erschien dieser Titel bereits zu bescheiden. Schapur I. nannte sich »König der Könige von Iran und Nicht-Iran« und meinte damit, dass zu seinem Herrschaftsbereich nicht nur die Länder der iranischen Hochebene, sondern auch andere Regionen gehören. Ein unerschrockener Feldherr wie sein Vater, nimmt es Schapur I. mit den ganz Großen seiner Zeit auf: mit den Römern. Im Lauf seiner Karriere sollte sich der Perserkönig zu einem wahrhaften Schreckgespenst des bis dahin immer siegreichen römischen Reiches mausern – wie seine Ahnherren vor einem halben Jahrtausend für die Griechen.

Über insgesamt drei römische Kaiser triumphierte Schapur I.. Eine Unvorstellbarkeit in der damaligen Zeit! In Naksch-e Rostam, dem berühmten Felsen, in den schon die Achämeniden und auch sein Vater die Zeugnisse seiner Siege ritzen ließen, meißelt auch der Sohn seinen Triumph, damit er für die Nachwelt erhalten bliebe. Und zwar dreisprachig, ganz nach dem Vorbild der Alten. Dank dieser Inschriften wissen wir, dass Schapur I. sowohl dem römischen Kaiser Gordian III. als auch seinen beiden Nachfolgern Phillipus Arabs und Valerian gefährlich wurde, was römische Quellen freilich zu beschönigen suchten.

Als ersten traf es den Römer Gordian III., der nach Osten zog, um sich den dort immer stärker und selbstbewusster werdenden Persern entgegenzustellen. Auf seinem Weg in Schapurs Hauptstadt Ktesiphon fiel er im Jahr 244 bei der Schlacht von Mesiche. Nach dem Tod des Kaisers sah sein Nachfolger Phillipus Arabs die Römer so geschwächt, dass er gezwungen war, einen für die Perser sehr günstigen Friedensvertrag mit Schapur I. zu schließen. Das Abkommen stand für die Niederlage Roms, denn Phillipus Arabs verpflichtete sich darin zu Zahlungen an Persien sowie an territoriale Zugeständnisse in Mesopotamien. Die Atempause, die sich die Römer dadurch verschafften, währte jedoch nicht lange. Rund acht Jahre später nahm Schapur I. seinen Kampf wieder auf. 253 drangen seine Truppen auf römisches Territorium vor. Bei Barbalissos vernichteten sie 60.000 Legionäre. Bis ins türkische Kapadokien rückten die Perser vor. Bald war die Lage in den römischen Ostprovinzen so ernst, dass Kaiser Valerian sich entschloss, höchstpersönlich das Schwert gegen Schapur I. zu führen. Eine folgenschwere Fehlentscheidung: Im Verlauf einer Schlacht bei Edessa, in der Valerians Heer 260 vernichtend geschlagen wurde, gelangte der Kaiser in die Hände des Feindes.

Ein römischer Kaiser in Gefangenschaft! Eine solche Demütigung hatte das Weltreich noch nicht erlebt. Schapur I. hingegen strotzte vor Stolz über seinen Fang. In einer monumentalen, dreisprachigen Inschrift vermerkte er: »Wir nahmen Kaiser Valerian mit eigenen Händen gefangen und die übrigen, den Prätorianerpräfekten und Senatoren und Offiziere, alle welche auch immer Führer jener Heeresmacht waren, alle diese ergriffen wir mit den Händen und deportierten sie nach Persien.«

Valerian sollte Zeit seines Lebens ein Gefangener der Perser bleiben. Legenden berichten, dass er dem Großkönig als Schemel dienen musste, wenn der Perser sein Pferd besteigen wollte. Jedenfalls hatte Schapur I. bewiesen, dass Rom im neu erblühten Perserreich einen ebenbürtigen Gegner gefunden hatte. In den folgenden Jahrhunderten sollten sich die beiden Mächte immer wieder messen.

Diese Beziehung trug im Verlauf der nachfolgenden Jahrhunderte bizarre Blüten. Mal gingen die beiden Kontrahenten kriegerisch aufeinander los, mal umschmeichelten sie sich gegenseitig, schlossen Friedensverträge und übermittelten sich gegenseitig Botschaften, die vor Nettigkeiten strotzten. »Ich, König der Könige, Sapor, Gefährte der Sterne, Bruder von Sonne und Mond, entbiete dem Kaiser Constantius, meinem Bruder, alles Gute«, süßholzraspelte da der persische König. Und der Römer antwortete nicht weniger respektvoll: »Ich, Sieger zu Wasser und zu Lande, Constantius, immer der erhabene Augustus, entbiete meinem Bruder, dem König Sapor, alles Gute.« Die Römer, das wird aus diesem Briefwechsel mehr als deutlich, empfanden die Perser nicht als Barbaren, sondern als zivilisierte und gleichstarke Macht. Sie hatten akzeptiert, dass das Perserreich neben ihrem eigenen Imperium existierte. Endgültig besiegt werden sollten die beiden Imperien später ohnehin von einer dritten, bis dato unbekannten Größe: den Arabern.

Aber vorerst saßen im Sassaniden-Reich die Priester jener Religion fest im Sattel, vor dessen Gott Ahura Mazda sich ein halbes Jahrtausend zuvor bereits die Achämeniden-Herrscher verneigten. Aus dem polytheistischen Sammelsurium, in dem Ahura Mazda seine Macht noch mit diversen anderen Göttern teilen musste, war inzwischen eine streng monotheistische Religion geworden. Mit der Avesta, dem heiligen Buch der Zoroaster, lag die Lehre Zarathustras ab dem fünften Jahrhundert auch in schriftlicher

Form vor. Die Priester, die zoroastischen Magi, nahmen im Perserreich einen hohen gesellschaftlichen Rang ein und wachten über einen komplexen Ritus sowie ein kompliziertes Vorschriftensystem, das für weite Teile des Volkes maßgeblich war und dem sich auch der jeweilige Herrscher unterwarf.

Die zoroastische Religion fungierte bei den Sassaniden als eine Art »Staatskirche«. Allerdings gab es neben ihr durchaus religiöse Minderheiten wie Christen, Juden oder Manichäer. Ja, sogar »Heiden« akzeptierten die Sassaniden und gewährten ihnen Zuflucht vor Verfolgung. Namhafte Philosophen aus Athen, für die im christianisierten Römerreich kein Platz mehr war, fanden im Perserreich eine neue Heimat. Ebenso wie die »heidnischen« Schriften Platons und Aristoteles, die die Asylanten mit sich brachten. Auf diese Weise wurden unzählige antike Werke vor der Zerstörung durch die römischen Frömmler gerettet. Zwar gab es auch bei den Persern zeitweise religiöse Verfolgung, vor allem von Christen. Aber der König behielt sich immer das letzte Wort gegenüber der zoroastischen Priesterschaft vor.

Unumstritten ist eine starke Allianz zwischen Thron und Altar, von der beide Seiten profitierten. Der Monarch stiftete den Priestern das Feuer und übernahm die finanzielle Verantwortung für die Pflege des Kultes. Im Gegenzug durfte er sich mit Billigung der Priester als Herrscher mit »göttlichen Qualitäten« präsentieren, als »Abkömmling und Werkzeug der Götter«, als »göttlicher Samen« oder auch als »König von Gottes Gnaden«. Wie seine Vorfahren legitimierte der König seinen Herrschaftsanspruch unter anderem durch einen göttlichen Glanz, der ihn mit der Krönung zum Herrscher überkam. Dieser »Glücksglanz« machte ihn zu einem Quasi-Heiligen. Götterverehrung und die Huldigung des Monarchen vermischten sich. So wurde das vom Regenten gestiftete Feuer bald »Königsfeuer« genannt und sollte dem Seelenheil von lebenden oder verstorbenen Mitgliedern des Königshauses zugute kommen. Zoroastische Priester galten auf das Wohl des Königs und des Staates bedacht. Immer stärker nahmen sie auch weltliche Machtbefugnisse wahr, kümmerten sich um Verwaltungs- und Rechtsangelegenheiten oder hatten als Richter in Streitfällen das letzte Wort.

Historiker haben versucht, diese Vermischung von Königtum und Religion mit dem Konzept des »Gottmenschen« in den indo-iranischen Göttermythen zu erklären, aus welchen die zoroastische Religion einst hervorging. In diesen Mythen war die Entwicklung des Menschen darauf angelegt, einen erlösenden »Weltkönig« hervorzubringen, eine Art Mischung aus Gott und Mensch, der als irdischer Machthaber dem »Guten« verpflichtet war. Im ewigen Ringen zwischen Gut und Böse, das in der jüngeren zoroastischen Lehre durch das antagonistische Götterpaar Ahura Mazda und Ahriman verkörpert wurde, müsse es den Priestern darum gehen, den jeweiligen Herrscher der Lichtgestalt Ahura Mazdas zu verpflichten. Durch gutes Handeln, gutes Sprechen und gutes Denken sollte sich der Monarch dem Ideal jener mythischen Figur nähern.

Pomp und Prunk des Großkönigs sollten sowohl nach innen als auch nach außen blenden. Seine Krone, so wird kolportiert, soll so schwer und kostbar gewesen sein, dass sie an vergoldeten Seilen über seinem Kopf aufgehängt werden musste, sonst wäre die Bürde gar nicht zu tragen gewesen. Und wenn der König reiste, mussten allein sieben Kamele seinen Thron tragen. Tausend weitere wurden für die Leibgarde benötigt.

Davon beeindruckt zeigten sich vor allem die weltpolitischen Hauptkonkurrenten, die Römer. Besonders Kaiser Justinian, einer der erbittertsten Gegner Persiens auf dem Schlachtfeld, wollte unbedingt so sein wie die feindlichen Monarchen. Auf Bildnissen ließ er sich mit einem Heiligenschein ums Haupt verewigen. Ein klares Signal: Auch der römische Kaiser begriff seine Herrschaft jetzt als etwas »Göttliches«. Bald würde er damit beginnen, sich selbst als »heilig« zu bezeichnen. Nach persischem Vorbild erwartete er von seinen Untertanen, ihm religiöse Verehrung entgegen zu bringen. Auf diese Weise entstand der berühmt-berüchtigte »byzantinische« Regierungsstil des spätrömischen Reiches. Eine persische Kopie.

Seine größte territoriale Ausdehnung erreichte das neupersische Reich kurz vor seinem Untergang unter Chosrau II.: Zu den seit Jahrhunderten besetzten Gebieten Armenien und Mesopotamien kamen 610 Syrien und neun Jahre später Ägypten hinzu. Die beiden Eroberungen wurden administrativ ins Reich eingegliedert, so wie es ein paar Jahrzehnte vorher bereits mit Jemen und Oman geschehen war. Im Süden drangen die Perser bis in den Sudan vor. Fast schien es, als sei das alte Achämeniden-Reich wieder auferstanden. Die Römer wurden unruhig.

Doch nach 620 ging diese territoriale Ausdehnung zu Ende. Durch die Überdehnung des Reiches waren die Truppen geschwächt und ausgedünnt. Im Dezember 627 fügte ihnen Herakleios bei Ninive auf dem Gebiet des heutigen Irak eine empfindliche Niederlage zu. König Chosrau II., der von dem römischen Vorstoß überrascht worden war, musste fliehen und verlor dadurch bei den Großen im Reich sein Ansehen. Bald darauf wurde er ermordet. Sein Nachfolger Kavadh II. ersuchte die Römer um Frieden. Er musste alle eroberten Gebiete und das Kreuz Christi an Rom zurückgeben.

Letztlich aber sollte es keinem der beiden spätantiken Superstaaten gelingen, den anderen vernichtend zu schlagen. Während der Regierungszeit von Chosraus Nachfolger Yazdegerd III. drangen die Heere der muslimischen Araber sowohl ins Sassaniden-Reich als auch in die römischen Ostprovinzen ein. 642 siegten die Araber im iranischen Kernland. Unter ihrer Herrschaft begann die Islamisierung Irans. Es sollte der größte und folgenschwerste Fremdeingriff werden, den die persische Kultur je zu verkraften hatte.

Gerade weil der Ruhm von Persepolis aus der Zeit vor der Islamisierung Persiens stammt, gilt der Ort heute vielen Iranern wieder als nationale Wallfahrtsstätte und als historischer Referenzpunkt. Hier erinnern sie sich an die vergangene Größe ihrer Kultur, die unter Kurosh II. zum ersten Weltreich der Geschichte wurde.

Einmal ist aus dieser Erinnerung erneut Großes hervor gegangen: König Ardaschir I. gelang es, ein neues Imperium errichten. Sollte Schah Mohammed Reza Pahlavi allerdings darauf spekuliert haben, dass ihm das Gedenken an den alten Perserkönig ebenso viel Erfolg bei der Lenkung der Regierungsgeschäfte bringen würde, so ist der Plan gründlich schief gegangen. Auch der Schah und seine pompöse Feier von 1971 sind mittlerweile längst Geschichte. Schon damals nahm ihn nicht einmal die eigene Bevölkerung mehr ernst, als er seine »spirituelle« Verbindung mit König Kurosh II. beschwor. Bis zu seinem Sturz und dem Ende der persischen Monarchie dauerte es nur noch acht Jahre.

Die Ruinen von Persepolis hingegen stehen groß und stumm im Sand. Dass sie nach der Revolution von 1979 ein paar Jahre lang von den neuen Machthabern vernachlässigt wurden, hat ihnen wenig anhaben können. Als sich der erste Eifer der islamischen Revolutionäre gelegt hatte, besuchte Präsident Rafsandschani als erster hochrangiger Vertreter der Islamischen Republik im Jahr 1991 die Stätte und bekannte sich öffentlich zum »großen nationalen Erbe« der Iraner, dem *vor*islamischen Erbe wohlgemerkt. Auch für die Mullahs ist das kein Tabu mehr. Nach Jahrzehnten staatlich verordneter Frömmigkeit besinnen sich die Iraner wieder auf ihre kulturellen Wurzeln, die tiefer als der Islam liegen.

3

ARABER - EIDECHSENFRESSER

Die Konkurrenz zwischen Persern und Arabern um die kulturelle Vorherrschaft

Der Dichter reibt sich die Hände; bald schon wird er ein reicher Mann sein. Gerade hat er die Verse auf seinem Manuskript gezählt. Mehr als 50.000 sind es, doppelt so viele wie in Homers Odyssee. Eine Goldmünze hat ihm Sultan Mahmud von Ghazni für jeden Vers versprochen – ein Vermögen! Freudig eilt er zum Hof, um den Lohn für sein Lebenswerk zu kassieren.

Doch als er seine Schriftrollen im Palast ausbreitet, zeigt sich der Sultan alles andere als erfreut. Mit einem derart riesigen Epos hat der Gönner nicht gerechnet. Er konsultiert seinen Schatzmeister. Und plötzlich meint er, sich nicht recht an die Abmachung erinnern zu können. Er zahlt dem Poeten lediglich eine Silbermünze pro Vers. Wutentbrannt verlässt dieser daraufhin den Palast, die Silbermünzen als Trinkgeld an die Dienerschaft verteilend. Bevor er die Tür hinter sich zuschlägt, schmiert er noch einen Schmähvers für seinen geizigen Herrn an die Wand. Er endet mit der Zeile: »Des Himmels Rache wird nicht vergessen. Schrumpfe vor meinen feurigen Worten und zittere vor des Poeten Zorn, du Tyrann.«

Der wackere Schriftsteller hatte allen Grund, überzeugt von seinem Werk zu sein und auf eine angemessene Bezahlung zu dringen. Denn der Betrogene war niemand Geringeres als der iranische Dichter Firdausi, der im Jahr 1010 die »Schahname«, sein »Buch der Könige«, vorlegte, das wichtigste Werk der neupersischen Literatur. Für die kommenden tausend Jahre sollte die lyrische Erzählung *das* persische Nationalepos und Lieblingsbuch aller Iraner sein. Noch heute bekommt jedes Kind die Geschichten vom mythischen Helden Rostam und den persischen Ur-Königen vor der Eroberung des Landes durch die Araber vorgelesen.

Als dem Sultan nach einiger Zeit bewusst wird, welchen Schatz Firdausi ihm überreicht hat, bereut er seine schäbige Entlohnung. Er lässt den Dichter suchen und schickt einen Elefanten in sein Heimatdorf, der mit Gold und allerlei wertvollen Schätzen beladen ist. Doch es ist bereits zu spät. Als der Elefant vorne ins Dorf hinein reitet, wird aus dem hinteren Tor der Sarg des Dichters herausgetragen. Firdausi ist, arm und verbittert über die ungerechte Behandlung, verstorben.

Sein Werk bleibt bis zum heutigen Tag lebendig. Das Besondere an der Mammut-Saga: Darin wird so gut wie keine arabische Vokabel verwendet. Die Mythen und halbfiktiven Geschichten waren teilweise bereits zur Sassaniden-Zeit gesammelt worden. Ähnlich wie hierzulande Volksmärchen von den Brüdern Grimm zusammengetragen und aufgeschrieben wurden, überarbeitete Firdausi diese Vorlagen und vollendete sie literarisch. Damit bewies er, dass das Persische, das unter der Herrschaft der Araber über Persien zur minderwertigen Sprache der Besiegten degradiert worden war, eigenständige literarische Qualitäten besaß und konservierte diese für die kommenden

Generationen. Und darüber hinaus erinnerte er knapp drei Jahrhunderte nach dem Siegeszug der Araber und des Islam seine Landsleute daran, dass es eine vor-arabische, vor-islamische persische Kultur gab.

Aus dem Einfall der Araber im Jahr 624 und der darauf folgenden Islamisierung resultierte ein Trauma, das die Iraner bis zum heutigen Tag prägt. Denn die Muslime waren nicht als friedfertige Missionare gekommen, sondern verbreiteten ihre Religion mit »Feuer und Schwert«. Nachdem sie die persische Armee auf dem Schlachtfeld vernichtet hatten, zogen sie brandschatzend und mordend ins iranische Kernland. Bibliotheken und Tempel wurden verwüstet; zoroastische Priester getötet; die Statuen der alten Könige von Persepolis in zwei Hälften geschlagen. Fromme, nachrevolutionäre Schulbücher behaupten zwar, das Volk habe die »überlegene Religion« schnell und freudig angenommen. Tatsache ist aber, dass es erhebliche Widerstände gegen den Glauben der Invasoren gab. Denn die Iraner verfügten ja bereits über ein eigenständiges und bis dahin intaktes Religionssystem. Es sollte daher Jahrhunderte dauern, bis die muslimischen Konvertiten gegenüber den Anhängern der alten Religion in der Überzahl waren. Die Islamisierung des Landes unter arabischer Fremdherrschaft war also kein schneller und freudiger – und vor allem kein freiwilliger Prozess.

Die Annahme der neuen Religion dürfte in den meisten Fällen zunächst ein Lippenbekenntnis gewesen sein, das dazu diente, das eigene Leben unter der Besatzungsmacht angenehmer zu gestalten. Darf man den Historikern glauben, so hat die Oberschicht bei diesem Prozess den Anfang gemacht. Ihr ging es darum, ihren Grundbesitz und ihre soziale Stellung zu bewahren. Es galt zu retten, was zu retten war. Außerdem hoffte man wohl, sich auf diese Weise besser mit der neuen muslimischen Elite arrangieren zu können. Handfeste finanzielle Vorteile brachte das Gelöbnis allemal, denn Muslime waren automatisch von der ansonsten zu entrichtenden Kopfsteuer befreit. Pragmatischen Erwägungen folgend, ahmten viele Perser der Oberschicht den Glauben der Besatzer also erst einmal nach, ohne den Koran oder die religiösen Pflichten der Muslime wirklich zu kennen. Trotz ihres missionarischen Eifers ging den Besatzern diese übereifrige Imitation wohl selbst auf die Nerven, so dass sie den Konvertiten eines Tages das Tragen arabischer Kleidung verboten.

Die Landbevölkerung hingegen zeigte sich der Religion und anderen Gepflogenheiten der arabischen Besatzer gegenüber weniger aufgeschlossen. An ihnen verübten die Arber nicht selten Gewalt, um ein Bekenntnis zum neuen Glauben zu erzwingen. So gibt es Belege dafür, dass zoroastische Priester in bestimmten Gegenden systematisch verfolgt wurden. Auch Massaker sind dokumentiert. Dennoch konnten sich die persischen Feuertempel mancherorts bis ins 13. Jahrhundert hinein behaupten.

Im arabischen Umayyaden-Reich entstand durch dieses Nebeneinander von Neu und Alt eine Drei-Klassen-Gesellschaft. Den höchsten gesellschaftlichen Rang hatten die Araber inne. Ihnen folgten die zum Islam konvertierten »mawali«, die ethnisch keine Araber waren, aber bereits deren Religion angenommen hatten. Auf der untersten Stufe schließlich standen alle Nicht-Araber, die darauf beharrten, ihre ursprünglichen Religionen zu behalten: Zoroaster, Juden, Christen und Mandäer.

Aber unabhängig davon, ob zum Islam konvertiert oder nicht, die arabischen Herren blickten auf die Perser herab. Sie fühlten sich überlegen. Kulturell, politisch, ethisch, aber vor allem religiös, schließlich war Mohammed ein Araber. Hatte Gott damit nicht bereits deutlich genug gezeigt, welchem Volk er am ehesten zutraute, seine Lehre auf Erden umzusetzen? »Mit dem Schwert haben wir euch erlöst und an den Ketten unserer Religion in den Himmel gezerrt. Das müsste schon genügen, damit ihr versteht, dass wir euch überlegen sind«, heißt es in einem Schriftstück.

Der arabische Stammesadel achtete penibel darauf, sich ethnisch nicht mit den Persern zu vermischen, damit das arabische Blut nicht »verunreint« würde. Was natürlich nicht bedeutete, dass ein Araber sich nicht auch eine Perserin zur Frau nehmen konnte, wenn sie ihm gefiel. »Hab Acht vor den persischen Muslimen. Behandele sie niemals gleichwertig wie Araber«, heißt es in einem Brief an Ziad ibn Abih, den Gouverneur des Irak. »Araber haben das Recht, persische Frauen zu heiraten aber nicht umgekehrt.«

Die Überheblichkeit, die aus diesen Worten spricht, bestand ebenso auf der anderen Seite. Denn im Grunde genommen hielten sich die Iraner für das kultiviertere und zivilisiertere der beiden Völker und tun dies bis heute. Sich mit Griechen oder Römern zu messen, mochte noch ihrem Niveau entsprochen haben. Aber mit den Arabern? Einem einfachen Nomaden-Volk, das dem damaligen persischen Riesenreichs kulturell nichts entgegenzusetzen hatte? Das war unter ihrer Würde.

Was die Besiegten besonders nachhaltig traf: Die Araber machten ihre eigene Sprache und Schrift zum allgemein verbindlichen Verständigungsmittel in Regierung und Verwaltung. Das Persische wurde von ihnen gewaltsam unterdrückt und verschwand für einige Zeit vollständig als Sprache des literarischen Diskurses. Die Folge waren die so genannten »Jahrhunderte des Schweigens«. In einem regelrechten Feldzug gegen die einheimische Kultur verbrannten die neuen Herren Irans Bücher, die in persischer Sprache verfasst worden waren und töteten Menschen, die des Lesens und Schreibens mächtig waren. Auf diese Weise sollte die Erinnerung an die alte, vorislamische Zeit ausgelöscht werden. Um die Demütigung komplett zu machen, nannten sie die Perser »stammelnde Barbaren«. Noch heute werden die Iraner im Arabischen mit der Bezeichnung »ajam« diffamiert, was wörtlich so viel wie »nuscheln« bedeutet.

Zumindest auf kultureller Ebene gelang es den Persern nach einiger Zeit, den Spieß umzudrehen. Aus den Unterdrückten wurden Manipulatoren. Nach dem Sturz der Umayyaden-Dynastie durch die Abbasiden anno 750, bei dem auch der iranische Konvertit Abu Muslim seine Finger im Spiel hatte, wurden die Privilegien für die arabische Bevölkerung endlich abgeschafft. Eine subtile Iranisierung der Besatzer begann. Tatsächlich gelang es den Persern, immer mehr Einfluss auf die Araber und die islamische Religion auszuüben.

In Bagdad, einem bislang unbedeutenden Städtchen am Ufer des Euphrat, das der Abbasiden-Kalif al-Mansur zur neuen Hauptstadt des Reiches kürte, lehrten schon bald vornehmlich persische Denker. Sie stammten vor allem aus jener entmachteten Elite der Kanzleisekretäre, Schreiber und Administratoren des untergegangenen Perserreiches. Zu frommen Muslimen bekehrt, versuchte die alte Intelligenzija die vorislamische Vergangenheit Persiens mit dem Islam in Einklang zu bringen. Mittlerweile beherrschte sie auch die neue Sprache, das Arabische, recht gut. Ab dem achten Jahrhundert begann eine rege Übersetzung der noch erhaltenen Werke persischer Hofliteratur. Und da die Araber als altes Nomadenvolk keine vergleichbaren Konzepte von Politik und Staat entgegenzusetzen vermochten, wurde das untergegangene Sassaniden-Reich zur maßgeblichen Vorgabe für die arabisch-muslimischen Aristokraten. Und nach einer gewissen Zeit der subtilen kulturellen »Unterwanderung« prägte die vorislamische, persische Tradition plötzlich das Geschichtsbild aller Muslime.

Vermittelt durch die zum Islam übergetretenen Nicht-Araber verschmolz die alte Kultur des Vorderen Orients mit der islamischen Religion. Das Ergebnis: Die islamische Zivilisation des Mittelalters, wie sie sich unter den Abbasiden entfaltete, mag uns zwar vordergründig aufgrund der Dominanz der arabischen Schrift und Sprache als eine arabische Kultur erscheinen. Tatsächlich aber handelt es sich um eine Mogelpackung, deren Inhalt weitgehend iranischen Ursprungs ist. So zum Beispiel die berühmten Erzählungen aus 1001 Nacht, die einst aus Indien in den persischen Sprachraum eingedrungen waren. Ali Baba und die vierzig Räuber, Sindbad der Seefahrer oder Aladin und die Wunderlampe sind keine arabischen Erfindungen. Die persischen Dichter am Hof von Bagdad übertrugen sie auf Geheiß des Kalifen lediglich in die neue Herrensprache. Oder die später von den Kreuzfahrern für eine arabische Tradition gehaltenen, orientalischen Kampfspiele, die in ihrer Adaptation als Ritterspiele bis nach Europa drangen. Auch sie stammten aus Persien, ebenso wie die königlichen Zeitvertreibe Schach oder Polo.

Was die arabischen Kalifen besonders schätzten, war die altpersische Herrschaftstradition, jenes Konzept der Gottkönige, das dem Souverän unendliche Macht zugestand: Das geradezu groteske Hofzeremoniell, welches den Monarchen mit Prunk und Pomp wie einen Gott zelebrierte. In Bagdad, das nur 40 Kilometer von der alten sassanidischen Hauptstadt Ktesiphon entfernt liegt, ließen sich die muslimischen Herrscher schon bald wie die alten Perser-Könige hofieren. Nur noch selten zeigte sich die königliche Familie einem größeren Kreis von Menschen. Und wenn doch, dann mit allem nur erdenklichen Pomp. Kalif Mansur befahl seinen Kindern, sich nur noch reich parfümiert und in kostbarste Gewänder gehüllt den Höflingen zu zeigen. Bei Ausritten schirmte eine schwer bewaffnete Leibwache die Mitglieder der Königsfamilie vor den Blicken des Fußvolkes ab, welches sich vor der Entourage tief zu verneigen hatte. Ein Gebaren, das stark an die Gepflogenheiten am achämenidischen und am sassanidischen Königshof erinnert, den Arabern aber bislang völlig fremd war.

Dem Kalifen von Bagdad eine Bitte vorzutragen, entwickelte sich allmählich zu einem ähnlich komplizierten Unterfangen wie am sassanidischen Hof – und noch dazu zu einem riskanten. Denn persische Verwaltungsbeamte führten ein strenges Hofzeremoniell ein und erfanden vielerlei Hürden, um Bittsteller vom Souverän fernzuhalten. Je niedriger dessen Rang, desto eher wurde er bereits in einem der Vorzimmer von den Handlangern des Königs abgefangen und vertröstet. Nur besonders hochrangige Funktionsträger schafften es bis in den Thronsaal, in dem neben dem Sitz des Herrschers der Henker wartete. Ein falsches Wort in diesem Raum konnte jedem den Kopf kosten. Wenn der Bittsteller Glück hatte, antwortete ein Minister auf seine Frage, nicht jedoch der Monarch selbst. Der blieb – ganz nach dem Vorbild der persischen Großkönige – hinter einem Vorhang verborgen. Kein muslimischer Fürst hatte sich je so benommen.

Übernommen wurde am Hof von Bagdad auch die Lehre vom »Glücksglanz«, der den König vor allen anderen Menschen auszeichnete und ihn in seiner Funktion als

Monarchen legitimierte. Nach alt-persischer Vorstellung wurde der König von Gott mit der Gabe der Weisheit beschenkt, die ihn befähigt, Gutes zu tun. Wenn er die irdische Herrschaft ausübt, handelt er damit in göttlichem Auftrag. Die Araber fassten dieses Element aus der Religion der Zoroaster als eine Art Strahlung, wir sagen heute: Charisma, auf. Sie übersetzten es daher mit dem Wort »Licht« (nur) ins Arabische. Einen Widerspruch zum Islam vermochten die Abbasinen in der Vergötterung des Herrschers die aus der Perspektive muslimischer Theologen natürlich unzulässig ist, nicht zu entdecken. Die Aristokratie profitierte zu sehr vom Nebeneinander von Gottkönig und Prophet. Aus dem alten Perserreich importierte, nicht-islamische Elemente wurden von ihnen daher nicht nur toleriert, sondern geradezu gefördert, wenn sie der Festigung des eigenen Herrschaftsanspruchs förderlich erschienen. Sogar alt-iranische Feste wie das Frühlingsfest Norooz, feierten die arabischen Muslime jener Zeit. Auf diese Weise überdauerten viele persische Traditionen teilweise bis heute.

Die Kontroverse zwischen Arabern und Persern um die kulturelle Vorherrschaft sollte in den darauffolgenden Jahrhunderten nicht abebben. So regierten im neunten und zehnten Jahrhundert wieder iranisch-stämmige Herrscherfamilien im Kernland Irans. Da sie aber mittlerweile fromme Muslime waren, ließen sowohl die iranischen Samaniden als auch die Buyyiden ihre Herrschaft vom Kalifen in Bagdad religiös legitimieren, das bedeutete: sie ließen sich von diesem geistlichen Oberhaupt der sunnitischen Muslime zum König krönen, bevor sie sich nach guter iranischer Tradition wieder »schah-an-schah«, »König der Könige«, nannten. Ab dem elften Jahrhundert mussten dann sowohl die Perser als auch die Araber den herannahenden Türken und später den Mongolen weichen.

»Dieses unser Land hat schon unter etlichen feindlichen Einfällen gelitten; viele kamen, um zu brandschatzen und diese Nation in die Knie zu zwingen«, erinnerte Schah Mohammed Reza Pahlavi am Grab von Kurosh II. in Persepolis, »aber letztlich sind sie alle wieder verschwunden, und der Iran ist intakt geblieben.« So pathetisch die Worte des letzten Schah auch klingen mögen: Wahr ist, dass es den Iranern trotz wechselnder Besatzungen immer gelang, sich ihre kulturelle und sprachliche Eigenheit zu erhalten. Im Falle der Mongolen schafften sie es sogar, die fremden Herrscher zum Islam zu bekehren. Im Verlauf der Jahrhunderte entwickelte das Volk ein ausgeprägtes Misstrauen gegenüber allen Fremdeinflüssen. Dies galt gegen Mongolen, Osmanen und Russen ebenso wie heute gegenüber dem Westen. Einzige Ausnahme ist interessanterweise die Religion des Islam, die die Perser, zumindest in ihrer schiitischen Variante, als ihren eigenen Glauben definieren.

Dennoch – oder vielleicht gerade deshalb – bleibt das Konkurrenzverhältnis zwischen Arabern und Persern von besonderer Qualität. Aufgrund der räumlichen Nähe und der eng miteinander verwobenen Geschichte konkurrieren die beiden Volksgruppen bis zum heutigen Tag miteinander. Von arabischer Seite wird in diesem Kräftemessen oft versucht, den iranischen Einfluss auf die gemeinsame islamische Kultur herunterzuspielen oder ganz zu leugnen. Viele Araber sind sich gar nicht mehr bewusst, dass »arabische« Gelehrte wie Omar Khayyam oder Avicenna gebürtige Iraner und persische Muttersprachler waren und ordnen sie fälschlicherweise ihrer eigenen Volksgruppe zu. Nach wie vor halten sie sich für die besseren Muslime, denn immerhin können sie die Offenbarungen des Propheten im Original lesen, während die Iraner schon Mühe haben, die Gebetsformeln zu verstehen, welche laut religiöser Doktrin auf Arabisch gesprochen werden müssen. In den arabischen Medien werden Perser äußerst negativ dargestellt. Die Iraner ihrerseits beschimpfen die ungeliebten Nachbarn als »Eidechsenfresser« und »ungehobelte Araber«, denen sie Primitivität und Einfältigkeit unterstellen. Dass sie von Westlern oft mit ihnen in einen Topf geworfen, ja sogar selbst als »Araber« bezeichnet werden, empört die Iraner zutiefst. Denn das Gefühl der eigenen Überlegenheit ist auf beiden Seiten tief verwurzelt.

Ein Zankapfel der vergangenen Jahrzehnte ist die internationale Bezeichnung für den »Persischen Golf«, den viele Araber lieber als »Arabischen Golf« tituliert wissen möchten. Die Idee, den Namen des Gewässers zu ändern, wurde den Arabern in den 50er-Jahren des vergangenen Jahrhunderts von den Briten nahe gelegt. Nach dem Prinzip »Teile und herrsche« verfolgten sie das Ziel, den Zwist zwischen den beiden Volksgruppen erneut zu entfachen, um auf diese Weise effektiver Öl ausbeuten zu können. Obwohl die Vereinten Nationen seitdem zwei Mal die Legitimität des Namens »Persischer Golf« festgestellt haben, wurden die Araber die fixe Idee nicht mehr los. Immerhin, so argumentieren sie, grenzen acht arabische Staaten an den Golf, aber nur ein persischer. Ein mehr als sinnloses Argument, führt man sich vor Augen, wie andere Ortsbezeichnungen der Region zustande gekommen sind. So ist der Name für das Land »Irak« ebenfalls mittelpersischen Ursprungs und bedeutet so viel wie »das niedere Land«. Ebenso wie Bagdad, das auf Persisch »von Gott gegeben« heißt. Wollte dagegen heute noch jemand ernsthaft protestieren? Wenn sich die Araber tatsächlich von sämtlichen iranischen Elementen auf dem von ihnen bewohnten Gebiet befreien wollten, käme dies wohl einer weitgehenden Auslöschung der eigenen Kultur und Geschichte gleich.

Doch logische Argumente zählen bei den Hetzern auf beiden Seiten wenig. Einen negativen Höhepunkt erreichten die persisch-arabischen Beziehungen im Jahr 1980, als ein blutiger Krieg zwischen dem Iran und dem Irak begann. Bevor es zum bewaffneten Konflikt kam, wurden in beiden Lagern uralte Ängste und historische Vorurteile reaktiviert. Auf persischer Seite hatte gerade eine Revolution stattgefunden, die so genannte »islamische Revolution« von Ajatollah Chomeini. Allerdings unterschied sich der iranische Islam, die Schia, seit Jahrhunderten stark vom arabisch-geprägten Mainstream-Islam der Sunniten (siehe Kapitel 4). Noch im Taumel ihres Sieges über den Schah verschreckten die schiitischen Revolutionäre ihre arabischen Nachbarn mit einer aggressiven Rhetorik, die eine groß-muslimische Gemeinschaft jenseits der eigenen Landesgrenzen propagierte.

Die Iraner sahen sich selbst als Initiatoren und potentielle Speerspitze dieser islamisch revolutionären Bewegung. Revolutionsführer Ajatollah Chomeini nannte sich fortan »Führer der Muslime weltweit«; sein Nachfolger Chamenei tut dies im iranischen Staatsfernsehen bis heute. Von einem »Export« der Revolution in andere Länder war die Rede. In der nachrevolutionären Verfassung Irans heißt es dazu in Artikel 154, die Islamische Republik werde sich zwar nicht in die Angelegenheiten anderer Länder einmischen, aber »alle gerechten Kämpfe von Unterdrückten gegen Unterdrücker« unterstützen. »Insbesondere den Kampf der Muslime gegen ihre Unterdrücker in jedem Winkel der Erde«, wie eine Doktrin des Außenministeriums präzisiert. Eine Idee, die den autoritär regierenden Politikern in den arabischen Nachbarländern überhaupt nicht gefiel. Die Utopie eines Exports der schiitischen Frömmigkeit, von dem die Iraner tönten, war für die sunnitische Welt schon aus religiöser Sicht inakzeptabel. Schließlich hielten sie sich selbst für die einzig wahren Muslime und die Schiiten für eine abtrünnige Sekte. Die arabischen Länder in unmittelbarer Nachbarschaft des Iran ließen diese Sprüche daher erschaudern, insbesondere den Irak Saddam Husseins, in dem eine laizistisch orientierte, sunnitische Minderheit zu diesem Zeitpunkt die schiitische Mehrheit des Landes unterdrückte.

Die Rhetorik auf der anderen Seite erschien den Iranern indes nicht weniger bedrohlich. So genannte »Pan-Arabisten« um Saddam Hussein verfolgten im Irak seit geraumer Zeit die Idee eines großarabischen Reiches. Der diktatorische Präsident sah sich bereits an der Spitze eines arabischen Riesenreiches, in dem die von Kolonialmächten gezogenen Grenzen zwischen den Einzelstaaten nicht mehr existierten. Als vermeintlicher Erzfeind der pan-arabischen Idee und der Araber an sich wurde der Iran dämonisiert. Karikaturisten portraitierten Ajatollah Chomeini als »Ungläubigen«, der sich als Schiit anmaßte, den »arabischen« Islam zu verbreiten. Anti-Arabische Verschwörungen wurden den Iranern unterstellt. Irakische Medien beschrieben die Perser als von einer destruktiven Mentalität besessen, welche sie seit den Tagen der Sassaniden-Könige beherrsche. Saddam Husseins Onkel Khairallah Tulfah verfasste Hetzschriften, die im ganzen Land Verbreitung fanden. Eines seiner Pamphlete titulierte er: »Drei Dinge, die Gott nicht hätte erschaffen sollen: Perser, Juden und Fliegen.« Saddams faschistoide Propaganda ging sogar so weit, dass er jedem »reinen Araber« für die Scheidung von einem Ehepartner mit »iranischem Blutanteil« 2500 Dollar Belohnung in Aussicht stellte. Die Nürnberger Rassengesetze lassen grüßen!

Zum groß-arabischen Reich ihrer Träume gehörte aus Sicht der Pan-Islamisten selbstverständlich auch der von

Arabern bewohnte Teil Irans, also die Provinz Khuhesten, in der seit der Antike vornehmlich Araber leben. Sie machen insgesamt acht Prozent der iranischen Gesamtbevölkerung aus. Mit einem Überfall Saddams auf diese Provinz begannen 1980 die Kampfhandlungen, die in den folgenden Jahren über eine Million Soldaten auf beiden Seiten das Leben kosten sollten. Freiwillige aus der gesamten arabischen Welt eilten den Irakern bei ihrem Feldzug gegen die »feueranbetenden Perser«, wie Saddam sie nannte, zu Hilfe. Sudanesen, Ägypter, Marokkaner, Syrer, Jordanier, Jemeniten, Algerier, Libanesen, Palästinenser wollten die iranischen Araber »befreien«. Die Tatsache, dass sich die Khuhestaner allen Befreiungsversuchen ihrer »arabischen Brüder« erbittert widersetzten, irritierte sie nicht.

Erst im Kriegszustand realisierten die nachrevolutionären Machthaber des Iran, dass sie mit ihrem »Pan-Islamismus« in eine außenpolitische Sackgasse geraten waren. Die Ideologie, die zunächst als Gegensatz zum Nationalismus des Schah konzipiert worden war, taugte nicht viel. Denn augenscheinlich wollte kaum ein Muslim der arabischen Welt, abgesehen von den schiitischen Enklaven im Irak, Kuwait und im Libanon, etwas von einer religiösen Führung seitens der Iraner wissen. Und selbst nach innen bereitete das Konzept zunehmend Probleme, war doch in Zeiten des Krieges wieder der gute alte Patriotismus von Nöten, um die Iraner zum Einsatz ihres Lebens für die Nation zu motivieren – und nicht eine Leugnung desselben.

In dieser Situation vollführten die Ajatollahs einen bizarren ideologischen Spagat. »Es gibt keinen Nationalismus im Islam«, dozierte Ajatollah Chomeini in Abgrenzung zum gerade erst gestürzten Schah-Regime. »Nationalismus ist eine präislamische Legende: Der Islam ist gekommen, um den nationalen Fanatismus zu beenden.« Wohl aber, so behauptet der Ajatollah unter Berufung auf den Koran (Sure 49:13), fordere der Islam von den Gläubigen »Liebe zum Vaterland«. Obwohl der Nationalismus offiziell abgelehnt wurde, schafften die frommen Machthaber mit ihrem Appell an die »Vaterlandsliebe« also eine Formel, die den Patriotismus wieder salonfähig machte.

Außerhalb des Iran ließ sich man sich von den Beteuerungen, nach denen die iranische Revolution und der angestrebte Export derselben nichts mit Nationalismus zu tun habe, freilich nicht überzeugen. Auch nach dem Ende des Krieges blieben in der arabischen Welt starke Vorbehalte gegenüber der Islamischen Republik und ihren außenpolitischen Zielen. Chomeini hatte den Waffenstillstand von 1988 nur unter Protest akzeptiert und ihn sogar mit dem Trinken eines Giftbechers verglichen. Was hatte man von einem solchen Land langfristig zu erwarten?

Als sich Saddam Hussein ein paar Jahre nach Kriegsende im Zuge seiner pan-arabischen Bemühungen an Kuwait vergriff, mischten sich die Iraner nicht ein, obwohl es in Kuwait einen großen schiitischen und zum Teil sogar persisch-stämmigen Bevölkerungsanteil gibt. Man überließ den Stopp des Aggressors seinem ehemaligen Verbündeten, den USA. »Frieden« herrscht zwischen den Iranern und ihren arabischen Nachbarn allerdings auch heute noch nicht, da sich die Iranische Republik weiterhin das Recht heraus nimmt, sich in die inneren Angelegenheiten einiger Länder einzumischen. Vor allem in Länder mit einem schiitischen Bevölkerungsanteil. Das berühmteste Beispiel dafür ist der Libanon, in dem der Iran die schiitische Amal und Hisbollah-Miliz unterstützt. Weitere »Klienten« der Islamischen Republik sind die Hesb-e Wahat in Afghanistan, die Tehrik-e Jafaria in Pakistan, die al-Wifaq in Bahrain und die Hisbollah sowie die al-Harakat al-Islamia in Saudi-Arabien.

Einen unschätzbaren Dienst leisteten die Amerikaner den Iranern, indem sie 2003 ihren Erzfeind Saddam Hussein stürzten. Mit ihm wurde einer der schärfsten Gegner der regionalen Vormachtstellung des Iran aus dem Weg geräumt. Gleichzeitig eröffnete sich die Gelegenheit für eine verstärkte iranische Einflussnahme auf irakischem Boden. Schon vor dem Sturz Saddams hat der Iran systematisch die schiitisch-oppositionellen Kräfte in dem Land aufgebaut. Sowohl die Dawa-Partei als auch der »Siic«, der sich früher »Sciri« nannte (»höchster Rat für die Islamische Revolution im Irak«), residierten bis zum Sturz Saddams in Teheran. Auch die Geldgeber dieser beiden Parteien sitzen dort. Dass man auch den radikalen Schiiten-Führer Moktada al-Sadr unterstützt, wird zwar offiziell bestritten. Allerdings hält sich al-Sadr regelmäßig in der iranischen Hauptstadt auf und soll sogar von Staatsoberhaupt Ali Chamenei persönlich empfangen worden sein. Eine größere Ehre kann einem ausländischen Gast im Iran kaum zuteil werden.

Von Seiten der USA werden zudem immer wieder Vorwürfe laut, die iranischen Revolutionsgarden engagierten sich mit Waffenlieferungen für die Aufständischen im Irak sowie neuerdings auch in Afghanistan. »Wir wissen, dass sowohl im Irak als auch in Afghanistan Munition aufgetaucht ist, die im Iran hergestellt wurde«, erklärte der Oberbefehlshaber der US-Streitkräfte, General Peter Pace, im Frühjahr 2007. Allerdings sei man sich nicht sicher, ob diese Aktivitäten mit Wissen der iranischen Regierung durchgeführt worden seien.

Solche Behauptungen sind mit Vorsicht zu genießen, da die Vereinigten Staaten in der Region immer auch ihre eigenen Propagandaziele verfolgen und einen Schuldigen für die militärischen Schwierigkeiten in beiden Ländern suchen. Das Verhältnis Teherans zu sunnitischen Extremisten wie al-Qaida und den Taliban ist äußerst problematisch. Es erscheint daher kaum plausibel, dass die iranische Regierung ein Interesse daran hat, ausgerechnet den religiösen Erzfeind aufzurüsten. Wohl aber könnte es autonom arbeitende Kreise innerhalb der Revolutionsgarde geben wie beispielsweise die ideologisch verblendete al-Quds-Brigade, die solche Machenschaften unterstützen.

Sehr offen und aggressiv dagegen verfolgt der Iran seine Interessen im Persischen Golf. Insbesondere die Kontrolle der Straße von Hormus, einer Meerenge, durch die mindestens ein Fünftel der weltweiten Öllieferungen per Schiff abgewickelt wird, ist für das Land von größter, strategischer Bedeutung. Das maritime Nadelöhr stellt für die Iraner eine Art Faustpfand im Atomstreit dar, da sie dem Westen durch seine Blockade jederzeit den Ölhahn zudrehen können. Im August 2008 versuchte Teheran deshalb, eine ganze Inselgruppe zu annektieren: die Kleine Tunb, die Große Tunb und Abu Musa, deren territoriale Zugehörigkeit seit Anfang der 70er-Jahre umstritten ist. Um seinen Besitzanspruch auf die Inseln zu unterstreichen, verkündete der Iran, dort mehrere staatliche Schifffahrtbüros eröffnen zu wollen. Der Golfkooperationsrat, ein sicherheitspolitischer Zusammenschluss Saudi-Arabiens, Bahrains, Katars, Kuwaits und der Vereinigten Arabischen Emirate, bezeichnete die Inseln daraufhin als de facto »iranisch okkupiert«.

All diese Aktivitäten lassen darauf schließen, dass die Iraner nach wie vor eine Hegemonialstellung in der Region für sich beanspruchen. Die »verlängerten Arme« Teherans nehmen auf subtile, aber sehr gezielte Weise Einfluss und festigen Irans ohnehin starke Stellung in der Region. Die arabischen Staaten beobachten das stetig steigende Selbstbewusstsein Teherans mit Argwohn. Immer wieder kommt es in den irakischen Pilgerorten Kerbala und Nadschaf, aber auch im saudi-arabischen Mekka zur offenen Aggression gegenüber Besuchern aus dem Iran. Sogar Bomben explodierten bereits inmitten schiitischer Pilger. Die sunnitische Terrororganisation al-Qaida hat den Iranern ganz offiziell den Krieg erklärt, ebenso wie den vermeintlich mit den Iranern verbündeten irakischen Schiiten.

Die historischen Streitigkeiten zwischen Arabern und Persern um Macht und kulturellen Einfluss werden aktuell also nur unter anderen Vorzeichen fortgesetzt. An die Stelle von Pan-Islamisten wie Saddam Hussein sind sunnitische Extremisten getreten, die im Gewand der Terrororganisation al-Qaida für ein großmuslimisches Reich unter arabischer Führung kämpfen.

Von der Idee, sich zu den Führern einer die gesamte muslimische Welt erfassenden islamischen Revolution aufzuschwingen, haben sich hingegen selbst die glühendsten Revolutionäre im Iran verabschiedet. Längst mussten sie einsehen, dass sie als Schiiten keine Chance haben, sunnitische Araber in religiösen Dingen zu überzeugen. Nach dem Tod Chomeinis wurde das Ziel eines »Exports« der Revolution im internen Diskurs der Ajatollahs daher immer seltener erwähnt und schließlich stillschweigend zu Grabe getragen. Der persische Nationalismus hingegen kommt langsam aber sicher wieder in Mode.

4

EINE TRÄNE
FÜR HUSSEIN

Die Schia –
der iranische Islam

Als Mahmud Ahmadinedschad, der sechste Präsident der Islamischen Republik Iran, von seiner ersten Reise zu den Vereinten Nationen in New York zurückkehrt, ist in Teheran die Aufregung groß. Wieder und wieder wird das Band mit seiner Rede vor den Vertretern der Weltgemeinschaft abgespielt und bis ins kleinste Detail analysiert. Gibt es da etwa Auffälligkeiten? Farbveränderungen oder Ähnliches? Spuren der Einwirkung einer übernatürlichen Kraft?

Der Präsident zieht die Geistlichkeit zu Rate, um die Erlebnisse, die er während seiner Reise gehabt hat, deuten zu lassen. »Ein Licht« habe er beim Betreten des Sitzungssaals der Vereinten Nationen plötzlich gespürt, vertraut er seinem religiösen Mentor, Ajatollah Mohammed Taqi Mesbah Yasdi aus der heiligen Stadt Qom an. »Plötzlich änderte sich die Atmosphäre und für 27 bis 28 Minuten konnten die Anwesenden nicht mit der Wimper zucken. Es war, als ob eine Hand die Staatschefs an ihren Sitzen festhielt und ihre Augen und Ohren für die Nachricht öffnete, die ihnen die Islamische Republik überbrachte.« Auch die Begleiter des Präsidenten in New York wollen jenes »Licht« wahrgenommen haben. »Als Sie mit den Worten ›Im Namen Gottes‹ begannen, sah ich dieses Licht, das Sie umgab und Sie bis zum Ende Ihrer Rede beschützte«, bestätigte ein Mitglied seiner Entourage.

Für den Ajatollah ist die Sache eindeutig. Auch ohne langwieriges Bänderanalysieren weiß er, dass hier nur eine Kraft am Werk gewesen sein kann: Mahdi, der verschwundene Nachkomme des Propheten Mohammed. Der Verborgene Imam, auf dessen Rückkehr die Gläubigen im Iran warten, muss bei Ahmadinedschads Vortrag in New York präsent gewesen sein, um den frommen Präsidenten zu unterstützen.

Mahdi ist eine Art schiitischer Jesus. Er war der letzte Spross aus der Familie des Propheten, der – gemäß der Auffassung der Schiiten – nach dem Tod Mohammeds eigentlich die Führung der muslimischen Gemeinschaft zugestanden hätte. Die Legende behauptet, dass der letzte leibliche Mohammed-Nachfolger im Alter von fünf Jahren der Welt »entrückt« sei und dereinst wiederkehren werde, um ein Reich der Gerechtigkeit und himmlischer Verhältnisse auf Erden zu errichten.

Im Iran, wo sich rund neunzig Prozent der Bevölkerung zum schiitischen Glauben bekennt, macht eine Unterstützung des Staatspräsidenten durch den Erlöser höchstpersönlich großen Eindruck. Und unter Ahmadinedschads frommer Regie häufen sich die Zeichen, dass Mahdis Rückkehr bald bevorsteht. Die Erscheinung in New York ist nur eines von vielen Signalen, die Politiker des Schiitenstaates immer wieder wahrzunehmen glauben.

Sunnitischen Muslimen hingegen sträuben sich angesichts solcher Visionen die Nackenhaare. Die Verehrung der schiitischen Imame als Quasi-Heilige betrachten sie als Ketzerei. Denn für die Sunniten war die Geschichte der Religionsstiftung mit dem Tod des Propheten beendet. Der Zorn gegen die religiöse Vorstellungswelt der Schiiten sitzt bei der Gegenseite so tief, dass sunnitische Hardliner immer wieder die religiösen Prozessionen der »Sektierer« angreifen. Insbesondere die sunnitische al-Qaida im Irak fühlt sich berufen, diesen Streit immer wieder aufs Neue zu entfachen.

Dass sunnitische und schiitische Muslime unterschiedliche Wege nahmen, hängt mit einem historischen Streit um die Nachfolge Mohammeds als Führer der muslimischen Gemeinschaft zusammen. Als der Prophet im Sommer 632 in Medina starb, hatte er keine klaren Anweisungen gegeben, wie in dieser Frage verfahren werden sollte. Mohammed selbst besaß keine männlichen Nachkommen, welche die Führung hätten übernehmen können. Es galt also, aus dem Kreis seiner Getreuen einen Nachfolger zu wählen.

Dabei spielten zwei Kriterien eine Rolle: Einerseits waren die Verdienste um die Verbreitung des neuen Glaubens wichtig, andererseits die verwandtschaftliche Nähe zum Verstorbenen. Die »Schia Ali«, die »ParteiAlis«, wollte deshalb die Leitung Mohammeds Schwiegersohn Ali übertragen. War er doch mit Mohammeds Tochter Fatima verheiratet und zugleich ein Cousin des Propheten. Als Hauptargument für seinen Führungsanspruch wurde jedoch eine Äußerung angeführt, die Mohammed kurz vor seinem Tod am Teich von Chum, auf halbem Weg zwischen Mekka und Medina, gemacht hatte: »Der, dessen Herr ich bin, dessen Herr ist auch Ali.« Auch die Sunniten bezeugen diesen Ausspruch, interpretieren ihn jedoch anders.

Trotz dieser Argumente konnten sich die Anhänger Alis nicht durchsetzen. Jedenfalls vorerst nicht. Zum ersten Mohammed-Nachfolger wählte die Gemeinde von Medina dessen Schwiegervater Abu Bakr. Nach zwei Jahren folgte ihm ein weiterer Schwiegervater Mohammeds: Umar. Er sollte das Amt des »Kalifen«, des »Nachfolgers«, zehn Jahre lang innehaben. Der dritte Kalif war ein Schwiegersohn Mohammeds: Uthman. Auch er wurde durch ein Wahlgremium gekürt. Erst nach Uthmans Ermordung durch revoltierende Truppen wurde schließlich doch noch Ali Kalif.

Nach Ansicht der »Schia Ali« war damit endlich der rechtmäßige Nachfolger Mohammeds, dem die Leitung schon von Anfang an zugestanden hätte, im Amt. Die Angehörigen Uthmans jedoch erkannten das neue Oberhaupt nicht an. Der Umayya-Clan verließ Medina und zog nach Damaskus. Ali sammelte seine Anhänger in der Garnisonsstadt Kufa. Während der fünf Jahre, in denen Ali das Kalifat innehatte, kam es zu heftigen Kämpfen zwischen seinen Gefolgsleuten und denen des Umayya-Clans. Zum ersten Mal richteten muslimische Glaubensbrüder die Schwerter gegeneinander. Und fast kam es zum Bürgerkrieg zwischen rivalisierenden Clans. Schließlich einigte man sich darauf, die Angelegenheit einem Schiedsgericht zu übertragen, das gemäß den Vorgaben des Koran eine Entscheidung fällen sollte. Kalif Ali kostete dieser Kompromiss den Kopf. Beim Gebet in der Moschee von Kufa wurde er erdolcht, wahrscheinlich von seinen eigenen Parteigängern, die erbost darüber waren, dass er seine göttliche Mission zur Disposition gestellt hatte

Ali hatte seine Anhänger vor allem unter der Bevölkerung Mekkas und Medinas, die den Propheten persönlich gekannt hatte. Außerdem genoss er bei der iranischen Bevölkerung des unterworfenen Sassaniden-Reiches Sympathien, da sie ihn als Alternative zu den verhassten Besatzern aus Damaskus wahrnahmen. Nach Alis Tod stilisierten die Iraner ihn immer mehr zu ihrem Schutzpatron. Angesichts des arabischen Rassismus (siehe Kapitel 3) habe sich Ali immer auf die Seite der Perser geschlagen, heißt es im Iran. Er habe sich vehement dagegen gewandt, die Besiegten als

»Muslime zweiter Klasse« zu betraten. Und sie kennen zahlreiche Aussprüche von Mohammeds Schwiegersohn, die das angeblich belegen.

Überliefert ist beispielsweise folgende Anekdote: Beim Streit zwischen einer iranischen und einer arabischen Frau, sprach Ali beiden die gleichen Rechte zu. Die Araberin beschwerte sich daraufhin, weil sie glaubte, aufgrund ihrer ethnischen Zugehörigkeit eine bevorzugte Behandlung verdient zu haben. Ali aber korrigierte sie: »Im Koran steht nicht, dass die Araber höhergestellt seien als die Perser.«

Dieselbe Ansicht soll Ali auch gegenüber hochrangigen Militärs vertreten haben. Etwa gegenüber dem Kommandeur der arabischen Armee in Kufa, der sich bei ihm beschwerte: »Diese Iraner übertrumpfen die Araber direkt vor deinen Augen, und du tust nichts dagegen. Ich werde ihnen schon zeigen, wer die Araber sind!« Ali entgegnete: »Diese fetten Araber liegen in weichen Betten, während die Perser selbst an den heißesten Tagen hart arbeiten, damit Gott an ihren Errungenschaften gefallen finde. Was wollen diese Araber von mir? Dass ich die Perser unterdrücke? Ich habe mit eigenen Ohren gehört, wie der Prophet einst sagte: Ebenso wie ihr die Iraner mit euren Schwertern im Namen des Islam schlagt, werden sie euch eines Tages im Namen des Islam zurückschlagen.«

Obwohl der historische Wert solcher Überlieferungen fraglich ist, zeigen sie doch, wie die Iraner Ali gesehen haben: als Gegenspieler der Damaszener Umayyaden. Allein dies dürfte Grund genug gewesen sein, sich auf seine Seite zu schlagen oder ihm zumindest Sympathien entgegen zu bringen. Und nachdem sich der schiitische Islam auf dem Gebiet des Iran ausgebreitet hatte, erfanden die Mullahs wohl noch den ein oder anderen perserfreundlichen Ausspruch Alis hinzu, um auf diese Weise die Identifikation ihrer Landsleute mit dem muslimischen Glauben zu fördern. Anstatt als bloße Besatzer-Religion wahrgenommen zu werden, beinhaltete der Islam in seiner schiitischen Variante nun sogar ein oppositionelles und patriotisches Element.

Nach dem Tod von Ali sahen die Schiiten dessen Nachkommen aus der Ehe mit Propheten-Tochter Fatima als »Imame«, als legitime Oberhäupter der muslimischen Gemeinschaft an. Zunächst Hasan, Alis ältester Sohn. Der ist am Herrschen nicht sonderlich interessiert und verzichtet offiziell auf das Kalifat. Dafür lässt er sich von der Gegenseite reichlich entlohnen. Er erhält größere Summen Geld und die Anwartschaft auf Steuereinkünfte aus der iranischen Provinz. Bis zum Ende seines Lebens mischt er sich nicht weiter in die Politik ein. Muawiya hingegen baut die Macht seines Clans im expandierenden islamisch-arabischen Reich aus.

Nach Muawiyas Tod steht die Nachfolge erneut zur Debatte. Aber die Umayyaden denken mittlerweile nicht mehr daran, das Kalifat – und damit die Vorherrschaft über das gesamte muslimische Reich – einer anderen Familie zu überlassen. Die Parteigänger Alis hingegen sehen ihre letzte Chance gekommen, den Rivalen die Macht zu entreißen. Hussein, der jüngere Bruder des mittlerweile verstorbenen Hasan, wird von Aktivisten in Kufa dazu angestachelt, einen Aufstand gegen die Herrscher aus Damaskus zu organisieren. Tausende von Männern, so versichert man ihm, stünden dort bereit, sich einer Erhebung gegen die Umayyaden unter seiner Führung anzuschließen. Der Prophetenenkel folgt dem Ruf und macht sich mit einer kleinen Truppe von Gefolgsleuten auf den Weg von Medina nach Kufa.

Die Reise wird zu einem Himmelfahrtskommando. Denn als Hussein aufbricht, hat der neue Umayyaden-Kalif Yazid längst Wind von den Verschwörungsplänen bekommen. Er schickt Soldaten, die Hussein und seine Leute nach Norden abdrängen, damit er die Stadt nicht erreicht. Kurz vor den Ufern des Euphrat wird Hussein gewahr, dass er geradewegs in die Falle tappt. Trotzdem kehrt er nicht um. Yazid schickt unterdessen weitere Soldaten. 4000 Mann sollen es insgesamt gewesen sein. Gegen diese Übermacht hat Husseins kleiner Trupp keine Chance.

Showdown am Euphrat. Yazids Soldaten schneiden Hussein den Weg zum Fluss ab und belagern seine Karawane. Zahlreiche Legenden ranken sich um die Tage der Belagerung und um jenen Fleck Erde, der später Kerbala heißen und zum wichtigsten Wallfahrtsort der Schiiten avancieren wird. Zuerst, so wird erzählt, versuchten die Soldaten, Husseins Lager mit einem Sturmangriff zu überrennen. Hussein, der die Zelte am Fuße eines Hügels aufgestellt hatte, ließ jedoch einen Graben rings um das Lager ausheben und ihn mit Holz füllen, welches er beim Ansturm der Reiter in Brand setzte. Er sammelte seine Gefolgsleute in der Mitte des Feuerkreises und befahl ihnen, mit gezückten Lanzen niederzuknien und betend den Ansturm der Feinde zu erwarten. Wie durch ein Wunder soll es ihm auf diese Weise gelungen sein, der Übermacht sechs Tage lang stand zu halten. Dann aber gehen im Lager langsam die Trinkwasservorräte zuneige.

Unter den Verdursteten ist auch Husseins ältester Sohn Ali Akbar und sein vierzehnjähriger Neffe Qasim. Alljährlich erinnern sich die Schiiten an den qualvollen Tod dieser Märtyrer. Auf provisorischen Bühnen, die in jeder Stadt, in jedem Dorf im Iran zu Beginn des Trauermonats Moharram zu finden sind, wird das Leiden der Belagerung jener Tage dargestellt. Hussein selbst, seine Verwandten und Gefolgsleute, aber auch die Widersacher des Prophetenenkels, werden von Laienschauspielern verkörpert, für die es eine Ehre und gleichzeitig eine religiöse Pflicht bedeutet, an den Passionsspielen (»taziyeh«) teilnehmen zu dürfen.

Der tragische Held Hussein erscheint ganz und gar in prophetisches Grün gehüllt. Er erklärt den Zuschauern, dass es für ihn und seine Kameraden die Möglichkeit gäbe, dem Tod zu entkommen, wenn er dem Kalifen Yazid die Treue schwören würde. Aber das sei nichts anderes als eine Missachtung des göttlichen Willens – und komme deshalb natürlich nicht in Frage. Hussein betet: »Wir sind für Gott bestimmt, und zu Gott werden wir zurückkehren.«

Wenig später betritt sein Gegenspieler die Bühne: General Schemr, den Kalif Yazid aus Damaskus geschickt hat, ein unsympathischer Zeitgenosse. Seine Soldaten stürmen das Lager und treiben die Überlebenden hinaus, hauptsächlich Frauen und Kinder. Obwohl Hussein weiß, dass er gegen die Übermacht der Soldaten keine Chance hat, stellt er sich ihnen mutig entgegen.

Tragischer Höhepunkt des Spiels: der Tod des Imam, den eine Lanze vom Pferd gerissen hat. Blutüberströmt taumelt Hussein über die Bühne und stürzt zu Boden. Laute Trommelschläge ertönen, erschrecken die galoppierenden, feindlichen Pferde. Hussein schlägt die Arme über den Kopf, um sich vor ihren Hufen zu schützen. Dann kommt der General, das hämische Grinsen eines Siegers auf den Lippen. Er stellt seinen Fuß auf Hussein und sagt: »Bedenke deine Sünden, denn ich werde dir gleich die Kehle durchschneiden.« Hussein sieht ihm ins Gesicht. Mit letzter Kraft röchelt er: »Oh Gott, vergib dem Volk meines Großvaters seine Sünden.« Doch noch bevor der Prophetenenkel sein Gebet beendet hat, hebt Schemr sein Schwert, um seinen Kopf vom Leib zu trennen.

Schluchzen im Publikum. Die männlichen Zuschauer schlagen sich im Rhythmus der Trommeln mit der Hand gegen die Brust. Schwarz verhüllte Frauen schwanken wehklagend hin und her. Die Trauer der Gläubigen wirkt so real, als sei Hussein nicht vor 1300 Jahren, sondern tatsächlich gerade eben erst auf der Bühne ermordet worden. So geht das jedes Jahr, mehrere Tage lang.

Aber bleiben wir noch im Jahr 680. Auch in Kufa ist die Bestürzung groß, als die Überlebenden der Katastrophe als Gefangene durch die Straßen der Garnisonsstadt geführt werden. Husseins Kopf haben die Soldaten auf eine Lanze gespießt, um sie so dem Damaszener Kalifen Yazid darzubieten. Die Frauen und Kinder, darunter auch Husseins jüngster Sohn Ali Zain Abidin, werden eingekerkert. Die Bevölkerung kann das Massaker an der Prophetenfamilie nicht fassen. Vor allem aber sind die Kufaner schockiert über sich selbst. Was für eine Schande, dass keiner von ihnen den in Bedrängnis Geratenen zu Hilfe eilte. Die Parteigänger Alis machen sich bittere Vorwürfe, ihren eigenen Hoffnungsträger so schmählich im Stich gelassen zu haben.

Ein paar Jahre später versammelt sich am Ort des Massakers ein Grüppchen von Männern mit schwarz getünchten Gesichtern und zerrissenen Kleidern. Eine Nacht lang bekunden sie laut klagend ihr Versagen und beweinen die Ermordeten. Es sind die kufischen »Büßer«, Parteigänger Alis, die ihre Selbstvorwürfe nicht länger ertragen konnten. Sie haben das Bedürfnis, ihre Schande durch den Tod zu sühnen. Da der Koran den Selbstmord jedoch untersagt, wollen die Unglücklichen sich im Kampf töten lassen. Nach ihrem Stopp in Kerbala ziehen sie weiter nach Norden, treffen auf syrische Truppen und werden von ihnen – wie erwartet und auch erhofft – niedergemetzelt. Sie haben ihr Gelübde erfüllt, ein kollektives Selbstopfer, vollzogen durch das Schwert des Feindes. Diese Praxis sollte identitätsstiftend für die gesamte schiitische Gemeinschaft werden.

Heute sind kollektive Trauer und Selbstkasteiung in Gedenken an das historische Gemetzel von Kerbala Kernstück der religiösen Praxis der Schiiten. Am zehnten Tag des Trauermonats Moharram wird alljährlich »Ashura« gefeiert. Millionen iranischer Schiiten strömen zu diesem Anlass auf die Straßen. Zum Zeichen der Trauer tragen sie schwarze Kleidung. Selbst kleine Mädchen sind bereits in den Tschador gehüllt. Die Gesichter der Menschen zeigen Gram und Verstörung. Manche von ihnen weinen, als sei Hussein ein naher Verwandter von ihnen und soeben verstorben. Für den westlichen Beobachter ist es nicht leicht, diese Gefühle nachzuvollziehen. Und allzu schnell wird geschlossen, die Trauer sei nur aufgesetzt oder gespielt. Aber die Schiiten trauern tatsächlich. Auch wenn es nur für die halbe Stunde ist, in der sie vom Straßenrand aus die vorbeiziehenden Prozessionen betrachten: den Mast mit den grünen Schleifen vielfarbiger Federbüsche, blinkender Speerspitzen, der wie das Kreuz Christi durch die Stadt getragen wird; dann die Reihen der Männer, die sich im Rhythmus der Basstrommeln mit der flachen Hand auf die Brust schlagen. Weitere Männer, die Ketten und Peitschen bei sich führen, an deren Enden sie Rasierklingen und kleine Messer befestigt haben. Mit ihnen peitschen sie sich auf den nackten Rücken. Ein Hieb bei jedem Trommelschlag. Je fester, desto besser. Die Selbstkasteiung soll reinigend wirken, heißt es doch: »Eine für Hussein vergossene Träne wäscht hundert Sünden fort.«

Hinter sich ziehen die Männer einen grün getünchten Kindersarg für den Sohn Husseins, der ebenfalls beim

Kampf ums Leben gekommen ist, her. Es herrscht eine düstere und doch zufriedene Stimmung. Die Schiiten trauern und genießen gleichzeitig ihre Trauer, dokumentiert sie doch ihre Liebe zu Imam Hussein. Wer am lautesten klagt, betont damit auch seine eigene Frömmigkeit. Aber die öffentliche Trauer und Selbstgeißelung ist mehr als nur eine individuelle Glaubensbekundung: Sie ist auch ein Zeichen des schiitischen Trotzes gegenüber dem sunnitischen Mainstream-Islam. Liefert der Massenansturm auf den Straßen doch den Beweis dafür, dass das Verbrechen an der Familie des Propheten durch den sunnitischen Kalifen und der Verrat an Gottes moralischen Prinzipien auch nach 1300 Jahren nicht vergessen sind. Weltweit mögen die Schiiten zwar in der Minderheit sein, aber hier in Teheran, in Qom, Mashad, Shiraz oder Isfahan demonstrieren sie am Tag der Ashura eindrucksvoll ihre zahlenmäßige Stärke.

Für iranische Politiker ist das Bad in den trauernden Massen ein Muss. Selbst Präsident Ahmadinedschad hilft in den improvisierten Garküchen aus, in denen überall am Straßenrand, gestiftet von frommen Spendern, warme Mahlzeiten für die Gläubigen zubereitet werden. Auch das Geschirr spült der wichtigste Mann im Staat, denn das Bedienen der »Büßer« gilt als Dienst am Imam persönlich. Die demonstrative Teilnahme der Machthaber an den Prozessionen ist übrigens kein Novum: Schon der als Mullah-Hasser verschriene Reza Schah nahm 1924 an den Prozessionen teil, das königliche Haupt mit Stroh bedeckt, gefolgt von seiner Militärkapelle, die den Trauermarsch von Chopin spielte.

Das Paradoxe am Erinnerungskult um die Ereignisse von Kerbala: Der historische Ritus entwickelte im Lauf der Jahre eine religionsstiftende Eigendynamik. Religionswissenschaftler gehen heute davon aus, dass nicht etwa abweichende religiöse Ansichten, sondern eben jene ritualisierte Erinnerung an das Massaker eine eigenständige Religiosität der Schia überhaupt erst hervorgebracht hat. Ging es zuvor allein um die Frage, wer die muslimische Gemeinschaft anführt, so begann sich nach der Katastrophe am Euphrat eine eigene religiöse Praxis bei den Schiiten herauszubilden, in deren Mittelpunkt die Buße stand.

Diese Sehnsucht nach Buße für die historische Schuld bildet bis heute einen zentralen Bestandteil der schiitischen Religiosität. So schickte Ajatollah Chomeini in den 80er Jahren seine Kindersoldaten mit der Aufforderung in die Mienenfelder, sich selbst nach dem Vorbild Husseins zu opfern. Auf diese Weise würden die Jungen von allen Sünden, vor allem aber von der großen Erbsünde der Schiiten, dem Verrat am Prophetenenkel, reingewaschen und geradewegs ins Paradies gelangen. Um die Illusion, in die Fußstapfen der Märtyrer zu treten, für die Kinder perfekt zu machen, zog man ihnen Stirnbänder mit der Aufschrift »Kerbala« an und hängte ihnen außerdem noch einen Schlüssel um den Hals, der ihnen unmittelbar nach ihrem Tod die Tür zum Paradies öffnen sollte.

Mit Kerbala sind die historischen Ereignisse, auf die sich die schiitische Religiosität bezieht, allerdings noch nicht abgeschlossen. Weitere Imame sollten Hussein nachfolgen und gewaltsame Tode sterben. Zuerst sein Sohn Ali Zain Abidin, der vierte Imam, der das Massaker von Kerbala überlebt hatte. Wie sein Sohn Mohammed Bakir sollte er später von den Umayyaden vergiftet werden. Aber auch unter der Abbasiden-Dynastie, die die Umayyaden in Damaskus ablöste, erging es den Oberhäuptern der schiitischen Gemeinde nicht besser. Da die neuen Herrscher sie ebenfalls als Rivalen um den Thron betrachteten, hielten sie sie zum Teil als »Ehren-Gefangene« an ihrem Hof. Der

Überlieferung zufolge haben die Abbasiden-Kalifen die Imame Nummer sechs, sieben, acht, neun, zehn und elf auf dem Gewissen. Alle wurden entweder offen oder heimlich vergiftet.

Als der elfte Imam, Hasan Askari, Anfang des Jahres 874 im Alter von nicht einmal dreißig Jahren starb, hieß es zunächst, er habe keine männlichen Nachkommen hinterlassen. Doch dann hörte man von einem kleinen Sohn namens Mohammed, der aus Sicherheitsgründen vor der Welt versteckt gehalten wurde. Der Streit darum, ob es diesen Jungen tatsächlich gab oder nicht, spaltete die Gemeinde. Zunächst glaubte nur eine Splittergruppe der Schiiten an seine Existenz. Aber nach und nach sollte sich die Überzeugung durchsetzen, dass er im Keller des Wohnhauses seiner Familie versteckt oder, einer anderen Version zufolge, in einem Brunnenschacht auf wundersame Weise der irdischen Welt entrückt sei. Seitdem halte er sich irgendwo unsichtbar im Verborgenen. Eines Tages aber, so die Erwartung der Gläubigen, werde der Imam als Erlöser wiederkehren und den Auftrag des Propheten vollenden. Er werde ein Reich der Gerechtigkeit errichten, das sich über den gesamten Erball ausdehnen wird. Deshalb verlieh man ihm auch den Beinahmen »Mahdi«, was auf Arabisch so viel wie »der von Gott Rechtgeleitete« bedeutet.

Obwohl der Ort von Mahdis Wiederkehr nicht bekannt ist, meinen die Gläubigen, dass er sich zuerst im Kreis seiner Gemeinde zu erkennen geben wird. Wo, wenn nicht in dem Land, in dem weltweit die meisten Schiiten leben, sollte Mahdi damit beginnen, sein paradiesisches Reich zu errichten?

Die Erwartung der Wiederkehr des Erlösers ist heute im Gottesstaat keine Utopie, sondern Grundlage allen politischen Handelns. Die Kommentare von Präsident Ahmadinedschad sind nur *ein* Beleg dafür, wie präsent Mahdi in den Köpfen der Realpolitiker ist. Überall bereitet man sich intensiv auf die Wiederkehr des Verborgenen Imams vor. Beispielsweise, indem man die Straßen der Hauptstadt in einer bestimmten Mindestbreite anlegt, damit Mahdi mitsamt seinem himmlischen Hofstaat auf ihnen einziehen kann. Ganz offiziell werden Straßenbauvorhaben in Teheran mehr als tausend Jahre nach dem »Verschwinden« Mahdis mit diesem Argument begründet.

Einige Geistliche vertreten die Ansicht, dass sich der Erlöser in der Moschee Dschamkaran, die sich ein paar Kilometer außerhalb der heiligen Stadt Qom in der iranischen Wüste befindet, zeigen wird. Der mit zahlreichen Minaretten verzierte Prunkbau wird daher ständig erweitert und dank üppig fließender Staatsgelder noch prachtvoller gestaltet. Auf dem weitläufigen Gelände gibt es auch einen Brunnenschacht. Vor diesem Schacht versammeln sich jeden Donnerstagabend die Gläubigen und beschwören Mahdi, doch wieder hervor zu kommen. Manchmal soll sich auch der Staatspräsident höchstpersönlich unter ihnen befinden.

Uneinig sind sich die schiitischen Geistlichen in der Frage, ob Mahdis Wiederkehr durch irdisches Tun beschleunigt werden kann. Einige Ajatollahs meinen, dass der Rückkehr Mahdis eine Zeit der Kriege und der Tyrannei, der Wirren und der Hungersnöte vorausgehe. Dass die Welt erst ins Chaos stürzen werde, bevor man den Erlöser erwarten dürfe. Ein berühmter Vertreter dieser Schule ist Ahmadinedschads spiritueller Mentor Ajatollah Mesbah Yasdi.

Andere behaupten das Gegenteil: Nicht eine schlechte, sondern eine besonders gute, tugendhafte Welt werde Mahdi zu einer schnellen Rückkehr bewegen. So vertrat

Revolutionsführer Chomeini die Auffassung, dass man den islamischen Idealstaat Mahdis bereits im Vorfeld seiner Rückkehr nach Kräften vorbereiten müsse. »Seit dem Verschwinden von Mahdi bis heute sind inzwischen mehr als tausend Jahre vergangen, möglicherweise werden noch weitere tausend Jahre bis zu seinem Wiedererscheinen folgen«, argumentierte er. »Sollten bis zu diesem Zeitpunkt all die Gebote des Islam zwar gegeben sein, jedoch in der Praxis unter den Tisch fallen und ein jeder tun können, was er will und ihm beliebt?! Chaotische Zustände?! Sollten die göttlichen Gesetze, um deren Verkündung, Verbreitung und Durchführung sich der verehrte Prophet dreiundzwanzig Jahre lang bemühte und abplagte, nur für eine kurz bemessene Zeit gewesen sein? Hat Gott denn wohl Seine Gebote nur für einen begrenzten Zeitraum von 200 Jahren hinab gesandt? Derlei Ansichten zu vertreten, ist gar noch schlimmer, als den Islam abzuschaffen!«

Mit dieser Meinung begab sich Chomeini in Widerspruch zu der etablierten Vorstellung, die Schia könne nur von Mahdi selbst nach dessen Rückkehr geleitet werden. Interessanterweise lehnen auch heute noch viele iranische Ajatollahs den Ansatz Chomeinis unter religiösen Gesichtspunkten ab. Obwohl sein Denken inzwischen längst im Staatsrecht verankert ist, glauben die meisten Kleriker nicht, dass es ihre Aufgabe sei, die messianische Ära des Mahdi selbst einzuleiten. Um die Differenzen mit den anderen Ajatollahs nicht allzu groß werden zu lassen, hat Chomeini stets die Vorläufigkeit seiner von Klerikern geführten Regierung unterstrichen. So wird das Amt des religiösen Staatsoberhauptes laut seiner Theorie nur »vorläufig« von einem hochrangigen Kleriker besetzt, der Mahdis Führungsaufgabe übernimmt, bis der entrückte Imam persönlich dafür bereit steht. Das gesamte politische System

Irans ist auf der Vorstellung gegründet, dass die von Menschen gelenkte Islamische Republik lediglich ein Konstrukt für die Übergangszeit darstellt, in der die gesamte Nation auf den Erlöser wartet (siehe Kapitel 6).

Diese kollektive Illusion ist ein Ausdruck für das Verhältnis der schiitischen Geistlichkeit zur irdischen Macht, das seit jeher gespalten war. Historisch hat dies folgenden Grund: Nach dem Jahr 874, in dem der zwölfte Imam verschwand, waren die Gläubigen offiziell führerlos. Jeder, der sich an die Spitze der Gemeinschaft stellen wollte, konnte dies nur übergangsweise tun, indem er für sich beanspruchte, »stellvertretend« für den verschwundenen Imam während dessen Abwesenheit zu agieren. Einen legitimen Führer jedoch konnte es gemäß der eigenen religiösen Doktrin nicht geben.

Die schiitischen Kleriker nahmen also zunächst eine quietistische Haltung an. Sie distanzierten sich von eigenen Herrschaftsambitionen mit dem Verweis, dass jede Herrschaft in der Abwesenheit Mahdis als illegitim zu betrachten sei. Als verfolgte Minderheit in einem sunnitischen Umfeld wäre jede anders lautende Bekundung wohl auch dem Selbstmord der Gruppe gleich gekommen. In den folgenden Jahrhunderten beschränkten sich die Geistlichen auf eine stillschweigende Duldung der jeweils Herrschenden und verzichteten darauf, sich aktiv in die Politik einzumischen. Das Streben nach gottergebener Frömmigkeit und Gemütsruhe wurde zum geistigen Ideal erhoben, was sie zu wohlgelittenen Untertanen machte. Zudem entwickelten sie – nach dem Vorbild des sich aus »Vorsicht« verbergenden Imams – einen religiös legitimierten Verhaltenskodex der Verstellung, der die Gemeinschaft als Ganzes, aber auch die immer wieder bedrohten Individuen vor Verfolgung schützen sollte. So ist es den Schiiten erlaubt, ihre

Zugehörigkeit zur Partei Alis zu leugnen, wenn daraus Gefahren oder Nachteile resultieren sollten.

Vom Südirak aus begann sich die oppositionelle Glaubensgemeinschaft auf diese Weise fast unbemerkt über das iranische Hochland auszubreiten. Unter den wechselnden Fremdherrschaften, die die Iraner in jener Zeit erdulden mussten, mauserte sich der schiitische Glauben zur idealen Religion für Menschen, die ihre wahre Überzeugung vor den Besatzern zu verbergen suchten.

Allerdings profitierten die Schiiten gerne auch von Allianzen mit ihnen freundlich gesinnten Herrschern. Die erste Gelegenheit dieser Art gab es unter der Herrschaft der iranischstämmigen Buyyiden zwischen 945 und 1055. Obwohl sich die Buyyiden-Könige zum Islam bekannten, begriffen sie sich als die Nachkommen altiranischer Dynastien. Daher waren sie bemüht, die iranischen Elemente im Islam zu stärken. Sie unterstützen die schiitische Gemeinschaft im Südirak sowie im nördlichen und westlichen Iran mit großzügigen Schenkungen und Bauten. Die Schia prosperierte unter ihrer Herrschaft, nicht nur finanziell, sondern auch intellektuell, weil religiöse Debatten endlich frei und offen geführt werden konnten. Die Aussprüche der zwölf Imame wurden gesammelt und kanonisiert. Das überlieferte Material sollte zur Argumentationsgrundlage einer eigenständigen schiitischen Rechtswissenschaft werden. Außerdem erklärten die Buyyiden die Ashura-Prozessionen zum offiziellen Feiertag. Auf diese Weise begannen sich die schiitische Variante des Islam und der persische Patriotismus erstmals miteinander zu vermischen.

Ihren zweiten, heftigen Flirt mit der Macht erlebte die Schia unter der Herrschaft der Safawiden im Iran. Als Ismail, der Anführer eines militanten Derwisch-Ordens, 1501 die Macht errang, erhob er den schiitischen Islam zur offiziellen Staatsreligion. Ismail behauptete von sich, Nachfolger des siebten Imam Musa Kazim zu sein, also direkt vom Propheten abzustammen, was ihm nach der Logik der Schia ein hohes religiöses Prestige verlieh. Und er scheute sich auch nicht, als Stellvertreter des verschwundenen Mahdi aufzutreten.

Der schiitische Klerus spielte das Spiel mit. Anstatt sich gegen die Vereinnahmung der Religion durch das Königshaus aufzulehnen, erschlossen sich die oftmals aus dem Südlibanon, dem Irak oder von der Golfküste eingereisten Schia-Gelehrten neue Einflussmöglichkeiten und profitierten von der großzügigen staatlichen Unterstützung. Sie bauten Moscheen, gründeten einflussreiche Stiftungen und schiitische Hochschulen. Im Gegenzug legitimierten sie die Herrschaft des Schah, und schon bald waren weite Teile der iranischen Bevölkerung davon überzeugt, dass der König tatsächlich das Recht besaß, sich als Stellvertreter des entrückten Imam zu bezeichnen und damit implizit die höchste religiöse Autorität, die im schiitischen Islam überhaupt vorstellbar ist, für sich zu beanspruchen. Religiöse und politische Macht vermischten sich, nicht zum letzten Mal in der Geschichte des Landes.

Durch die üppigen Zuwendungen des Schahs, die – in zahlreiche schiitische Stiftungen investiert – enorme finanzielle Gewinne abwarfen, errang der Klerus mit der Zeit eine gewisse Unabhängigkeit vom safawidischen Herrscherhaus. Der Autonomiegewinn wiederum machte die Geistlichen selbstbewusster gegenüber den weltlichen Herrschern. Nach dem Untergang der »göttlich« legitimierten Safawiden stiegen die Schia-Kleriker schließlich zu einem gänzlich unabhängigen Machtfaktor auf, an dem kein iranischer Herrscher mehr vorbei regieren konnte.

Für die nachfolgenden Dynastien stellte die Schia eine ernstzunehmende Herausforderung dar. Im Kampf um die Macht sollten ihnen aber erst die Pahlavis endgültig unterliegen (siehe Kapitel 5).

Die Schia ist eine Variante des muslimischen Glaubens, dem vor allem die Geschichte Irans seine unverkennbaren Konturen verliehen hat. »Es gibt keinen Gott außer Gott, und Mohammed ist der Gesandte Gottes«, schallt das muslimische Glaubensbekenntnis von den Minaretten in aller Welt. »Und Ali ist sein Sachwalter«, fügen Rufer zwischen Persischem Golf und Kaspischem Meer trotzig hinzu. Der Iran, ein Land mit rund 70 Millionen Gläubigen, ist das einzige auf der Welt, das von einer nach schiitischen Prinzipien ausgerichteten Staatsführung gelenkt wird. Das haben die iranischen Schiiten maßgeblich einem bärtigen Greis aus der iranischen Kleriker-Schmiede Qom zu verdanken. Dieser Mann machte sich Anfang der 60er-Jahre auf, um den Machthabern in Teheran das Fürchten zu lehren. Sein Name: Ruhollah Chomeini. Seine Vision war eine schiitische Revolution in seinem Heimatland. Sein Staatsmodell: die Islamische Republik.

5

DESPOT UND PROPHET

Westliche Ölgier und der Untergang der Pahlevi-Dynastie

Aufruhr in Qom. Vor dem Schrein der Fatima hält eine gepanzerte Luxuskarosse, aus dem seine kaiserliche Majestät, Reza Schah, höchstpersönlich steigt. Der Souverän schäumt vor Wut. Tags zuvor hatte man eine seiner vier Gattinnen der Moschee verwiesen. Die kaiserliche Gemahlin hatte dort ihren Schleier gelüftet – wohl, um ihn durch ein leichteres Tuch zu ersetzen. Daraufhin verloren einige Mullahs die Fassung und setzten sie kurzerhand vor die Tür. Jene Tür, vor der nun der erzürnte Kaiser steht. Mit seinem Panzerauto hat er sich direkt aus Teheran in die Kleriker-Enklave chauffieren lassen. In seiner Gefolgschaft befinden sich rund 400 Elitesoldaten.

Polternd betritt seine Majestät das Heiligtum. Er trägt Stiefel. Normalerweise müssen sich alle Gläubigen vor dem Betreten der Moschee als Zeichen des Respekts die Schuhe ausziehen. Aber das ist Reza Schah egal. Er stampft ins Innere und verlangt lauthals nach dem Mullah, der seine Frau beleidigt hat. Dann geschieht das Unfassbare: Reza Schah drischt mit seiner Reitpeitsche auf den Betreffenden ein. Er zieht den Mullah am Bart und verprügelt ihn vor den Augen aller Versammelten. Danach verlässt er die Moschee, Türen schlagend. Seine Soldaten nehmen noch drei Männer mit, denen die Mullahs Schutz vor Verfolgung in ihren Mauern gewährt hatten. Der Kaiser pfeift auf das religiöse Asylrecht. Seine Botschaft ist klar: »Ich bin der Herr im Haus!«, sagt Reza Schah den Männern mit den langen Bärten.

Die Kleriker sind wie erstarrt vor Schreck. Eine solche Demütigung hat Qom noch nicht erlebt. Die Heilige Stadt befindet sich im Ausnahmezustand. Selbst nachdem die kaiserliche Eskorte wieder abgezogen ist, will keine Ruhe einkehren. Wild gestikulierend stehen die Turbanträger auf dem Vorplatz zur Moschee und diskutieren die Ereignisse. Unter ihnen auch ein junger Kleriker mit dichtem, schwarzem Bart, einem schwarzen Turban und durchdringenden Augen, die kaum je zu lächeln scheinen.

Selbst ein halbes Jahrhundert später wird sich dieser Mullah noch an die Szene erinnern. Und obwohl sein Bart in der Zwischenzeit grau geworden ist, brennt die Wut noch genauso stark in ihm wie damals im Frühjahr 1928. Mittlerweile ist der Schah längst tot und die Monarchie im Iran abgeschafft. Nun sieht der gealterte Geistliche die Gelegenheit zur Rache gekommen. 1980 erteilt er den Befehl, das Grab des Frevlers zu sprengen. Auf Geheiß von Revolutionsführer Chomeini fliegt das Mausoleum von Reza Schah in die Luft.

Chomeini hat den Schah Zeit seines Lebens gehasst. Jenen Emporkömmling, Sohn eines Schafhirten, der 1921 aus dem Nichts auftauchte und sich an die Spitze des Staates aufschwang. Der spätere Revolutionsführer hatte als junger Mann selbst miterlebt, wie damals die Nachricht die Runde machte, die iranische »Kosaken-Brigade«, eine berittene Einheit, die früher von den Russen befehligt wurde, habe Teheran besetzt. Im Laufe der russischen Revolution waren dieser Truppe, die noch vom zaristischen Militär ausgebildet worden war, die Führer abhanden gekommen. Jeder fragte sich, auf wessen Befehl die Männer mit Karakulmützen und den langen, mit Patronenreihen besetzen Waffenröcken eigentlich hörten. Bis ein Plakat in den Städten die Antwort lieferte: »Ich befehle«, stand darauf zu lesen. Unterschrieben hatte ein gewisser »Reza, Führer der Kosaken-Brigade Seiner Kaiserlichen Majestät und Oberster Befehlshaber.«

Dieser Reza war von seiner verwitweten Mutter bereits im Alter von 14 Jahren zum Militär geschickt worden. Als Analphabet. Denn für eine Schulausbildung gab es kein Geld in der bitterarmen Familie. Genauso wenig wie für regelmäßiges Essen. Und beim Militär, so hoffte Rezas Mutter, würde der Junge wenigstens eine warme Mahlzeit am Tag bekommen. Schnell machte sich der wackere Hirtensohn aus dem Gebirgsdorf Savad Kuh dort einen Namen. Dank seiner Brutalität und seines Draufgängertums stieg er in die höchste Offiziersriege auf. Im Kosaken-Regiment war er bekannt dafür, sich auch solchen Herausforderungen zu stellen, die andere für reine Selbstmordkommandos hielten – und zu reüssieren. Vita Sackville-West beschrieb ihn so: »Vom Äußeren hatte Reza etwas Furchteinflößendes; er maß sechs Fuß drei Zoll, hatte eine ungeheure Nase und einen brutalen Unterkiefer. Sein Aussehen entsprach wirklich dem, was er war: ein Kosakenführer.«

Mit seinen Mannen im Schlepptau zwang Reza den damals regierenden Achmed Schah, den letzten Herrscher der Kadscharen-Dynastie, ihn zum Kriegsminister zu ernennen. Bereits zwei Jahre später übernahm er das Amt des Premierministers. Weitere drei Jahre später krönte er sich zum Kaiser Irans, nachdem Achmed Schah aus Furcht vor ihm von einem »Badeurlaub« in Europa nicht zurückkehrte. Die Krone, die er aus der Hand eines Mullahs entgegennahm, setzte Reza sich selbst auf den Kopf. Von nun an nannte er sich »Reza Schah«. Um seine angebliche Verbundenheit mit alt-persischen Dynastien zu betonen, erfand er noch den für ein Herrschergeschlecht angemessen klingenden Namen »Pahlavi« dazu, was auf mittelpersisch so viel wie »heroisch« bedeutet. Für die Iraner war es unbegreiflich, wie der Hirtensohn es in so kurzer Zeit geschafft hatte, die Macht an sich zu reißen. Und viele fürchteten sich vor ihm.

Zu Recht, denn Reza Schah regierte mit eiserner Hand. Er war ein Autokrat, der keinen Widerspruch duldete. Von den Mullahs schon gar nicht. Hatten diese anfangs noch darauf spekuliert, der neue Machthaber würde als »einfacher Mann des Volkes« Frömmigkeit demonstrieren wollen, so sahen sie sich bald in ihren Hoffnungen enttäuscht. Reza Schah war es ziemlich egal, was die Geistlichen von ihm hielten. Er verfügte über eine starke Armee, mit der er es jederzeit auf einen Konflikt ankommen lassen konnte. Zügig leitete er nach seiner Inthronisierung eine Reihe von Reformen ein, die darauf abzielten, den Klerus zu entmachten.

Sein erklärtes Ziel war eine Modernisierung des Iran. Ähnlich wie Kemal Atatürk die Türkei, wollte er den Iran zu einem fortschrittlichen, säkularen Staat machen. Aus diesem Grund trieb er zuallererst die Bildung voran. Er, der als Kind nicht zur Schule gehen konnte, schaffte ein Netz staatlicher Grundschulen und gründete 1935 in Teheran die erste Universität auf iranischem Boden. Außerdem verbesserte er die Infrastruktur: Der Monarch ließ die Straßen zwischen den iranischen Städten ausbauen und schaffte damit die Voraussetzung dafür, dass Kraftfahrzeuge zum neuen Hauptverkehrsmittel werden konnten.

Mit einer Eisenbahnlinie verband er den Persischen Golf im Süden mit Teheran und dem Norden des Landes. In der Hauptstadt baute er einen Flughafen.

Aber auch das Erscheinungsbild der Menschen sollte zu dem Staat passen, den Reza Schah sich vorstellte. Deshalb schrieb er allen iranischen Männern vor, westliche Kleidung zu tragen. Turbane und Pumphosen sollten aus dem Straßenbild verschwinden, vorzugsweise zugunsten westlicher Anzüge und Krawatten. Allein den Klerikern war es erlaubt, weiterhin ihre traditionelle Kluft zu tragen. Damit hoben sie sich jetzt auch rein äußerlich vom Rest der Bevölkerung ab und wurden als Berufsstand erkennbar. Noch heute sind die Kleriker im Iran die einzigen, die mit Kaftan und einem Turban durch die Moderne wandeln.

Kurz nach den Männern verbot Reza Schah auch den Frauen das Tragen ihrer traditionellen Kleidung, also den Gesichtsschleier. Damit provozierte er massiven Widerstand. Vor allem die Frauen aus dem religiös-konservativen Milieu bestanden darauf, sich weiterhin komplett zu verschleiern. Seine Majestät erteilte daraufhin den Befehl, den verschleierten Frauen ihre Hüllen öffentlich herunter zu reißen – eine Schande für die Betroffenen. Viele wollten die Schmach nicht über sich und ihre Familien ergehen lassen und verließen in der Konsequenz gar nicht mehr ihre Häuser. Die Frauen befanden sich in einer Zwickmühle, verlangte die Staatsgewalt doch in vielen Fällen von ihnen, die Anweisungen von Vätern, Ehemännern und dem örtlichen Mullah zu missachten.

Was die religiösen Würdenträger besonders empfindlich traf, war die von Reza Schah initiierte Säkularisierung des Rechtssystems, das sich bis dahin in der Hand der Mullahs befunden hatte. Die Geistlichen hatten gewissermaßen ihre Existenzberechtigung davon abgeleitet, die

Vorgaben aus dem Koran und anderen religiösen Texten in konkrete Regeln für das weltliche Miteinander zu übersetzen, sie immer wieder neu zu diskutieren, zu interpretieren und Recht zu sprechen. Nicht zuletzt aus diesem Grund nannten sie sich seit ungefähr einem Jahrtausend auch »Rechtsgelehrte«. Zudem stellte die notarielle Beurkundung von Rechtsdokumenten eine lukrative Einkommensquelle dar. Wer immer im Iran ein Haus kaufte, heiratete oder seine Erbschaft regelte, nahm dazu einen Mullah in Anspruch. Nun aber führte Reza Schah allgemein gültige Gesetzeswerke nach europäischem Muster ein. Im Abstand weniger Jahre schuf er ein von der Religion unabhängiges Handels-, Straf- und Zivilrecht, das sowohl den Iranern als auch ausländischen Investoren im Land mehr Sicherheit gab, die Dienste der Mullahs hingegen weitgehend überflüssig machte. Weltliche Rechtsanwälte, Richter und Notare übernahmen deren traditionelle Aufgabe und auch den damit verbundenen finanziellen Gewinn.

Sowohl Reza Schah als auch sein Sohn Mohammed Reza vermieden es jedoch, völlig mit dem Klerus zu brechen. Trotz gelegentlicher Entgleisungen und Konfrontationen gab es lange Zeit auch ein stillschweigendes Bündnis zwischen dem Monarchen und den obersten Ajatollahs. Zumindest bis zum Ende der Amtszeit von Ajatollah Borudscheri als oberstem schiitischem »Vorbild« in Qom im Jahr 1961 kamen die iranischen Mullahs auf diese Weise dem Modell einer unpolitischen Geistlichkeit im westlichen Sinne recht nahe. So wenig Macht wie in jenen Jahrzehnten hatten sie selten in ihrer vierzehnhundertjährigen Geschichte.

Das eigentliche Problem Reza Schahs lag aber nicht innerhalb, sondern außerhalb der iranischen Landesgrenzen. Es waren die verschiedenen ausländischen Mächte, die »Persien«, wie die Europäer das Land damals nannten, als ihre Einflusssphäre betrachteten, beziehungsweise als ihre »Tankstelle«. Denn das Land besaß etwas, das schon damals alle haben wollten: Öl. Zunächst gab es nur den Verdacht, dass die Iraner es besitzen könnten. Zuerst hegten ihn die Briten, die um die Jahrhundertwende neben den Russen Teile des Iran militärisch kontrollierten. Ein britischer Geschäftsmann, William Knox D'Arcay, offerierte dem iranischen Schah, dem Vorvorgänger Reza Schahs, deshalb einen Exklusivvertrag. Er bot 20.000 Pfund, denselben Betrag in Aktien in D'Arays Unternehmen und 16 Prozent künftiger Einnahmen für das alleinige Recht, sechzig Jahre lang mögliche iranische Ölquellen auszubeuten, sollte es solche denn geben. Um ihn zu überzeugen, soll D'Arcay dem Monarchen eine Flasche Rohöl geschickt haben: »Eure Majestät, die Engländer sind so verrückt, für dieses stinkende, schwarze Zeug auch noch Geld zu zahlen!«

In den Ohren des Schahs hörte sich das Angebot gut an, zumal die Briten für etwas bezahlen wollten, von dem man noch nicht einmal wusste, ob es überhaupt vorhanden war. Er unterschrieb. Und tatsächlich sah es einige Jahre lang danach aus, als hätte D'Arcay eine Menge Geld im Iran versenkt. Aber dann, 1908, sieben Jahre nach dem Vertragsschluss, stießen seine Bohrleute tatsächlich auf Öl. Und zwar in ungeahnten Mengen. Bereits ein Jahr später ging in London die »Anglo-Persian Oil Company« an die Börse. Die Iraner mussten erkennen, dass das »stinkende, schwarze Zeug« viel Geld brachte – und dass sie sich über den Tisch ziehen ließen. Das Öl sprudelte, aber sie bekamen nur 16 Prozent der Einkünfte. In Abadan, nahe der Grenze zum Irak, wurde die größte Raffinerie der Welt errichtet. Aber die Bauherren waren Briten.

Als Reza Schah die Macht übernahm, kündigte er Widerstand gegen diese Missstände an. Mit dem Argument, dass die Regierung, die den Konzessionen zugestimmt hatte, nicht mehr existierte, forderte der energiegeladene Monarch, den Prozentanteil des Iran an der Erdölförderung neu zu verhandeln. Aber die Briten wollten nichts davon wissen. Nachdem sie die russische Konkurrenz um die Vormacht in der Region im Zuge der Oktoberrevolution vorerst losgeworden waren, führten sie sich wie echte Kolonialherren auf. 1919 hatten sie sogar versucht, den Iran zu einer Art britischem Protektorat zu machen. Persische Politiker waren in ihren Augen habgierige und leicht zu manipulierende Marionetten. Mit mäßigem Erfolg versuchte Reza Schah die britischen Interessen in der Region gegen die expansionshungrigen Sowjets auszuspielen. Immerhin gelang es ihm 1933, die Gewinnbeteiligung der Iraner an der einheimischen Erdölförderung auf 20 Prozent zu erhöhen. Dass der sonst so starrköpfige Schah sich nach einer »privaten« Unterredung mit dem britischen Verhandlungsführer auf diesen eher bescheidenen Kompromiss einließ, enttäuschte allerdings viele Iraner. Sie vermuteten, dass Korruption im Spiel war.

Erbost war auch ein Mann, den der Schah einige Jahre zuvor bereits aus der Regierung verbannt hatte: Mohammed Mossadegh, im Iran als »Doktor Mossadegh« bekannt. Mossadegh war ein Abkömmling der alten Kadscharen-Dynastie. Der Aristokrat hatte vor der Machtübernahme Reza Schahs bereits viele hohe Ämter bekleidet: Er war Justizminister, Finanzminister, Außenminister und Gouverneur zweier wichtiger Provinzen gewesen. Mit der Inthronisierung Rezas endete seine politische Karriere – vorerst. Der alte Adelige und der Emporkömmling mochten sich nicht. Gerade frisch gekrönt ließ Rezah Schah Mossadegh ins Gefängnis werfen. Anschließend verordnete er ihm Hausarrest auf seinem Landgut. In Ahmadabad besaß Mossadegh ein Dorf mit 100 Einwohnern. Und während Reza Schah sich mit den Briten stritt, bohrte er Brunnen, pflanzte Mandelbäume und baute Umzäunungen für die Weidegründe. Er mischte sich nicht in die Politik ein. Innerlich aber kochte der nationalistisch gesinnte Politiker vor Wut, dass sich seine Landsleute weiterhin ohne Not von den Briten ausbeuten ließen.

Reza Schahs Außenpolitik scheiterte, als sich Engländer und Russen im Zuge des Zweiten Weltkrieges miteinander verbündeten. Anstatt um die Vorherrschaft zu wetteifern, wie sie es bisher getan hatten, griffen die beiden Kontrahenten gemeinsam den Iran an, um einen Versorgungskorridor für die Hilfe in die Sowjetunion zu schaffen. Den Alliierten erschien die Gefahr zu groß, der Iran könnte sich mit Hitler-Deutschland verbünden. Allzu offen hatte Reza Schah mit dem deutschen Diktator und seiner Rassenideologie geliebäugelt. Nachdem sich das Land gerade erst seinen alten Namen »Iran«, »Land der Arier«, zurückgegeben hatte, fühlten sich die Perser den selbsternannten deutschen Herrenmenschen quasi verwandtschaftlich verbunden. Auch im Iran wurde damals eine »Reinigung von allen Fremdeinflüssen« propagiert, womit vor allem die Araber, aber auch die Briten gemeint waren. Die deutsche Judenverfolgung kam in diesem Kontext bei ihnen gut an.

Unter dem Druck britischer und sowjetischer Besatzer musste Reza Schah abdanken. Nach nur 16 Jahren auf dem persischen Thron legte er die Verantwortung in die Hände seines Sohnes, Mohammed Reza Pahlavi, der zu diesem Zeitpunkt 22 Jahre alt war. Die Besatzer hielten ihn für gefügiger als seinen Vater, womit sie Recht behalten sollten. Insbesondere im ersten Jahrzehnt seiner Herrschaft, machte sich Mohammed Reza vor allem als Playboy einen Ruf. Mit wem sie allerdings nicht rechneten, war der alte

Gegner des Schahs, Mohammed Mossadegh, der unmittelbar nach dem Abdanken des Monarchen aus seinem Hausarrest an die Öffentlichkeit trat – als Volksheld. Mit Parolen wie: »Das Öl gehört uns!« und »Die Briten ins Meer!« sprach der gewiefte Politprofi vielen seiner Landsleute aus der Seele. Der Nationalist sollte den Ausländern noch viel mehr Ärger bereiten als irgendein Schah vor oder nach ihm. Gleichzeitig aber brachte er sein Land so nah wie nie wieder an eine säkulare Demokratie. Dass der demokratische Versuch Mossadeghs scheiterte, haben die Iraner ausländischen Geschäftsinteressen zu verdanken.

Aber der Reihe nach. Dass Mossadegh als alter Aristokrat Vorstellungen über eine Staatsführung entwickelte, die dem europäischen Demokratieverständnis recht ähnlich waren, mag mit seiner juristischen Ausbildung in der Schweiz zusammen hängen. Bereits in seiner Dissertation mit dem Titel »Das Testament im muslimischen Recht (Schia-Sekte), mit einer Einleitung über die Quellen des muslimischen Rechts« beschäftigte er sich mit dem Verhältnis von Religion und weltlicher Gesetzgebung. Mossadegh argumentierte, dass die »Vernunft« allen religiösen Quellen der Rechtsprechung übergeordnet sein müsse. Um diese These seinen muslimischen Landsleuten zu erklären, führte Mossadegh gerne das Beispiel vom Wein an, der im Islam bekanntlich verboten ist. Im Notfall aber gesteht das islamische Gesetz Kranken die Einnahme von Alkohol in medikamentöser Form zu, weil der Schutz des Lebens Vorrang habe. Der göttliche Gesetzgeber, so argumentierte Mossadegh, gebe also eine übergeordnete Anweisung, verlange von den Menschen jedoch nicht, sich sklavisch an diese zu halten. Er gestatte ihnen vielmehr, Einzelheiten gemäß der »Vernunft« selbst festzulegen. Folglich dürfe die schiitische Religion im Iran auch nicht automatisch allen anderen Erwägungen übergeordnet werden. Iranische Gesetzgeber sollten zwar versuchen, den schiitischen Glauben als Teil des kulturellen Erbes zu berücksichtigen. Im Zweifelsfalle aber müsse sich die Religion den nationalen Bedürfnissen des Landes unterordnen. Von den schiitischen Geistlichen forderte er Anpassungsfähigkeit an den Zeitgeist.

Rein äußerlich wirkte er nicht gerade wie der Mann, der den Ausländern das Fürchten lehren würde. Als Mossadegh 1951 zum Premierminister gewählt wurde, war er bereits alt, ging gebeugt und klagte unaufhörlich über seinen schlechten Gesundheitszustand. Politische Verhandlungen führte er vorzugsweise im wollenen Pyjama neben seinem Bett, da ihm seine schwache Kondition angeblich keinen anderen Aufenthaltsort erlaube. Trotzdem wurde er in den nur zwei Jahren seiner Amtszeit zum Alptraum der Westmächte. Denn Mossadegh tat genau das, was er zeitlebens gefordert hatte. Er verstaatlichte das iranische Erdöl. Im ganzen Land brachen daraufhin Jubelstürme aus.

Was die Iraner zum Jubeln brachte, versetzte den Rest der Welt in eine Art Schockzustand. Das iranische Öl sollte fortan den Iranern gehören? Jeder Tropfen? Die Engländer waren bestürzt, die Amerikaner perplex. Keiner wollte so recht glauben, was Mossadegh ohne die Zustimmung seiner Vertragspartner zu beschließen gewagt hatte. Iran wurde vor den internationalen Gerichtshof in Den Haag zitiert. Aber der Vergleichsvorschlag, den das Gericht unterbreitete, interessierte den iranischen Premier nicht. Als Den Haag den Engländern schließlich teilweise Recht gab, trat der Iran einfach aus dem Gremium aus. Die Briten riefen daraufhin den Weltsicherheitsrat an, aber ein russisches Veto verhinderte, dass der Fall tatsächlich in New York verhandelt wurde.

Dann schickten die Briten Kriegsschiffe in den Persischen Golf. Sie kündigten an, keine Ölexporte aus dem Iran mehr zuzulassen: ein Desaster für die iranische Wirtschaft! Denn trotz schlechter Verträge hing das Land schon damals weitgehend vom Ölgeschäft ab; rund die Hälfte der iranischen Staatsausgaben wurde aus den Öleinnahmen bestritten. Die Blockade zeigte schnell Wirkung. Erste Unruhen brachen aus. Mossadegh forderte vom Schah Vollmachten, um die Krise in den Griff zu bekommen. Der junge Mohammed Reza Pahlevi aber fiel ihm in den Rücken und verweigerte seine Unterstützung. Mossadegh reichte seinen Rücktritt ein. Das war im Sinne Mohammed Rezas, der heimlich mit den Westmächten kooperierte.

Im Sommer 1952 ernannte der Schah Ahmad Qavam zum neuen Premier; dieser bot den Briten sofort Verhandlungen an. Daraufhin brachen im Iran Unruhen aus. Die Menschen forderten die Absetzung des Briten-Freundes und die Wiedereinsetzung ihres Nationalhelden. Schließlich musste der Schah nachgeben. Mossadegh bekam sowohl sein Amt zurück als auch die von ihm geforderten Vollmachten. Die Stellung des Monarchen, ja der Monarchie wurde dadurch erheblich geschwächt.

Ab dem 2. August 1953 war Mohammed Reza quasi ein Gefangener seines Premiers. Mossadegh hatte die Kontrolle über den Palast übernommen. Ohne seine Erlaubnis war es dem Regenten nicht erlaubt, Besuch in den königlichen Gemächern zu empfangen. Als ein Referendum die Popularität, die Mossadegh im Volk genoss, mit einer überwältigenden Mehrheit demonstrierte, floh der Schah, wie bereits seine Vorgänger, auf eine »Urlaubsreise«. Zuerst ans Kaspische Meer, dann nach Bagdad, schließlich nach Rom. Und wie bereits frühere persische Monarchen, wäre er wohl nie mehr aus den »Ferien« zurückgekehrt, wenn nicht ausländische Mächte dabei mitgeholfen hätten. Die Vereinigten Staaten besorgten dem Schah das Ticket zum Rückflug in die Heimat; als Reiseveranstalter betätigte sich der amerikanische Geheimdienst CIA.

Auch die Amerikaner hatten großes Interesse am iranischen Öl. Und sie waren gewillt, dafür mehr auszugeben als die britische Konkurrenz. Gerade hatten sie mit Saudi-Arabien einen Vertrag geschlossen, der den einheimischen Ölförderern fünfzig Prozent der Einnahmen garantierte. Das waren Konditionen, nach denen sich die Iraner nur die Finger lecken konnten. Der Schah witterte ein gutes Geschäft, und das wussten die Amerikaner. Sie wussten auch, dass sie mit Mohammed Reza Pahlavi einen korrupten und in ihrem Sinne biegsamen Geschäftspartner an der Spitze des Öl-Staates haben würden. Grund genug, ihm zu helfen, fand US-Präsident Eisenhower.

Der Coup, der den nützlichen Monarchen zurück auf den Thron bringen sollte, wurde hauptsächlich von Kermit Roosevelt, dem Enkel des früheren US-Präsidenten Theodore Roosevelt, organisiert. Es handelte sich um einen vergleichsweise simpel angelegten und kostengünstigen Staatsstreich gegen Premier Mossadegh, der aber funktionierte. Dabei machten sich die Amerikaner bei ihren Plänen die schlechte Stimmung, die in der königlichen Armee seit der Flucht des Schahs herrschte, zunutze. Die Soldaten befürchteten, dass die Kommunisten im Iran die Oberhand gewinnen könnten, war der Premier doch ein Bündnis mit ihnen eingegangen. Ständig gab es Demonstrationen, in denen sich die Kommunisten als Wortführer aufspielten. Die Armee schlug diese Versammlungen mit harter Hand nieder – und mit lauten Sympathiebekundungen für den Schah. Bezahlt wurden die Sympathisanten vom Geheimdienst.

Bestellt und bezahlt hatten die Agenten Amerikas auch jene Demonstranten, die am 19. August 1953 zu den Diensträumen Mossadeghs in der Teheraner Innenstadt zogen. 100.000 Dollar kostete die erboste Meute aus dem Süden der Stadt, die aus professionellen Schlägern, Bazar-Verkäufern, Prostituierten und einer Handvoll aufrichtiger Königstreuer bestand. Als der kränkelnde Ministerpräsident die Menschenmenge anrücken sah, flüchtete er sich in seinen Garten, kletterte über die Mauer und tauchte unter. Zwei Tage lang soll er mit seinen engsten Mitarbeitern in einem Keller ausgeharrt haben; noch heute fragen sich die Iraner, warum er nicht um Hilfe rief. Plötzlich jedenfalls sah man überall in Teheran Plakate und Banner mit schahfreundlichen und proamerikanischen Slogans. Wenige Tage später gaben die Amerikaner »Entwicklungshilfen« in Höhe von 45 Millionen Dollar für den Iran bekannt und versprachen weitere Zuwendungen, falls sich in Sachen Öl alles »zum Guten« wenden sollte.

Und das tat es. Drei Tage nach dem Putsch kehrte der Schah in den Iran zurück. Er ließ Mossadegh vernehmen und ins Gefängnis werfen; später wurde er erneut auf sein Gut in Ahmadabad verbannt, wo er für den Rest seines Lebens blieb. Zurück auf seinem Thron zeigte sich der Monarch dankbar und stellte sicher, dass auch sein »Reiseveranstalter« künftig etwas vom iranischen Ölkuchen abbekam. Man gründete ein Konsortium aus internationalen Ölgesellschaften, bei dem sich die Amerikaner gegenüber den Briten die Mehrheitsanteile gesichert hatten. Die Gewinne, die dieses Konsortium erwirtschaftete, sollten zur Hälfte in den Iran fließen. Für diese scheinbar verbesserten Konditionen zahlten die Iraner jedoch einen hohen Preis: Produktion und Marketing des Öls befanden sich gänzlich unter der Kontrolle von Fremdaktionären. Die Iraner selbst hatten kaum mehr etwas zu melden. Sie saßen weder im Aufsichtsrat des Konsortiums, noch hatten sie Einblicke in die Kontrollbücher des Ölriesen. Nach dem Willen der Ausländer sollten sie reine Rohstofflieferanten bleiben und keine eigenständige industrielle Weiterverarbeitung des Öls aufbauen. Noch heute hat der Iran die Versäumnisse, die in jener Zeit gemacht wurden, nicht aufgeholt. So importiert das Land einen Großteil seines Benzins mangels eigener Raffinerien.

Ein weiteres Mal befand sich das Land also wieder fest im Griff der Ausländer. Und das mit tatkräftiger Unterstützung des Monarchen, der noch dazu kühne Reden gegen den Kolonialismus schwang: »Iran ist stolz darauf, dass er zu den aktivsten Fürsprechern zur Abschaffung des Kolonialismus gehört«, verkündete er vor Studenten der Harvard Universität. »Es gab eine Zeit, in der das System des Kolonialismus als natürliche Entwicklung betrachtet wurde. Heute jedoch wird diese Art von Ausbeutung nicht nur von den schwachen Nationen als unnatürlich und untragbar angesehen, sondern auch die ehemaligen Kolonialmächte sind zu der Einsicht gekommen, dass eine Fortsetzung dieser Politik unmöglich geworden ist; demzufolge haben sie sie für immer aufgegeben.« Das Vorgaukeln einer heilen Welt lag sowohl im Interesse der ausländischen Ausbeuter als auch ihrer einheimischen Kollaborateure.

Es gilt festzuhalten: Vor dem Coup der CIA befand sich der Iran auf dem besten Weg, eine Demokratie im westlichen Sinne zu werden. Die schiitische Priesterschaft war weitgehend entmachtet, und das Land praktizierte de facto die auch im Westen übliche Trennung von Staat und Religion. Das Öl war verstaatlicht worden, um den daraus resultierenden Reichtum den iranischen Staatsbürgern zugute kommen zu lassen. Und dann hatte das Volk auch noch den Monarchen zugunsten eines demokratisch gewählten Premiers vertrieben.

Die Reinstallation des autokratischen Schah-Regimes versetzte der demokratischen Idee jedoch einen schweren Rückschlag. Und es entging den Iranern auch nicht, dass die Unterstützung für den Autokraten allein im machtpolitischen und ökonomischen Eigeninteresse Amerikas begründet lag. Daraus resultierte ein generelles Misstrauen gegenüber dem Westen, das bis heute anhält. Während in den USA heute wohl kaum ein Schüler mehr von jenen Zusammenhängen weiß, ist die Erinnerung im Iran wach geblieben. Jedes iranische Kind lernt im Schulunterricht, dass die Amerikaner einen despotischen Herrscher unterstützten. Was die Iraner dabei gerne vergessen, ist die Tatsache, dass die Kooperation immer zweiseitig war: Die »Ausländer«, ganz gleich ob Russen, Briten oder zuletzt Amerikaner, konnten ihren Einfluss auf den Iran nur solange aufrecht erhalten, wie es dort eine korrupte Elite gab, die ihre Machenschaften unterstützte.

Seine neuen »Freunde« wurde der Schah nicht mehr los. Fortan betrachteten die Vereinigten Staaten den Iran als ihren Vorgarten. Das Land war für sie nicht nur ein verlässlicher Energielieferant, sondern auch ein strategisch wichtiger Stützpunkt im Kampf gegen den Sowjet-Kommunismus. Mit großzügigen Militärhilfen unterstützten sie den Schah bei der Modernisierung seiner Armee, die von 80.000 Mann bei seinem Amtsantritt auf die mehr als vierfache Größe im letzten Regierungsjahr anwuchs. Außerdem halfen sie ihm beim Aufbau des Geheimdienstes SAVAK, dem die innere Kontrolle und Überwachung des Staates oblag. Sämtliche demokratischen Strukturen, die der Iran in den vergangenen Jahrzehnten entwickelt hatte, wurden beseitigt. Und die Amerikaner applaudierten.

Hatte der Schah, nachdem er als Jugendlicher den Thron bestieg, zunächst kaum Interesse am Regieren gezeigt, so änderte sich dies nach seiner Beinahe-Vertreibung grundlegend. Mohammed Reza entwickelte sich zu einem kaiserlichen Despoten, der in der Unbedingtheit seines Machtanspruchs den nicht gerade sanftmütigen Vater sogar noch übertraf. Aufgrund seiner fehlenden Popularität wurden die Armee und der Geheimdienst zu seinen wichtigsten Machtinstrumenten. Der SAVAK entwickelte sich zu einer effizienten Überwachungsmaschinerie. Die rund 50.000 Agenten des Schah spähten das gesamte Land für ihn aus. Sie arbeiteten mit den modernsten, aus den USA importierten Spionagetechniken gegen die eigene Bevölkerung. Oppositionellen drohten lange Haftstrafen, Folter und sogar Hinrichtung. Die Iraner lebten in ständiger Angst vor diesem Instrument königlicher Willkür.

Darüber hinaus begann der Monarch, sein Volk systematisch auszurauben. Er gründete die sogenannte »Pahlavi-Stiftung«, eine scheinbar gemeinnützige Organisation, die dem »Wohl des Volkes« dienen sollte. In Wirklichkeit verschwanden in dieser Stiftung Milliardeneinnahmen aus dem Ölgeschäft, aus staatlich geleiteten Firmen und Steuergelder, die der Schah für sich abzwackte. Die immensen Summen wurden direkt auf Konten Mohammed Rezas im Ausland überwiesen. Offenbar rechnete der Schah damit, jederzeit wieder aus seinem Palast vertrieben zu werden. Aber er wusste auch, dass er sein Land diesmal als einer der reichsten Männer der Welt verlassen würde. Skrupel schien er nicht zu kennen.

Und auch wenig Verständnis für die Not der iranischen Bevölkerung. Denn der ging es, trotz stetig steigender Öleinnahmen miserabel. Obwohl die Wirtschaft boomte, blieb ein Großteil der Iraner bitterarm. Besonders auf dem

Land und in den Vorstädten der Metropolen herrschten so kärgliche Verhältnisse, dass die USA Sorge bekamen, »ihr« Schah könne aufgrund seiner offenkundigen Gleichgültigkeit gegenüber dem Elend gestürzt werden. US-Beobachter vor Ort warnten ihn; der US-Botschafter in Teheran gab seinem Schützling höchstpersönlich Privatunterricht in Sachen administrative Korruption. Aber die beste Nachhilfestunde musste wirkungslos bleiben, da ja der korrupteste aller Staatsbeamten selbst an der Spitze des Apparats saß.

Als John F. Kennedy 1961 ins Weiße Haus einzog, beschloss er, das »iranische Problem« energischer anzupacken. Er knüpfte die Auszahlung von Hilfsgeldern an die Bedingung, dass der Schah einige sozioökonomische Reformen einleitete. Diese sollten die Lage entschärfen – und den Bauern ihr gefürchtetes revolutionäres Potenzial rauben. Der Schah propagierte seine Reformen als »Weiße Revolution«, womit er bewusst einen Gegenpunkt zur kommunistischen »Roten Revolution« setzen wollte. Denn die galt es zu verhindern.

Die Reformen setzten vor allem auf dem Land an. Dort war die Lage am dramatischsten. Irans Landbevölkerung lebte Anfang der 60er-Jahre immer noch in einer Art Feudalsystem. Komplette Dörfer – und oft mehrere davon – befanden sich im Eigentum von Großgrundbesitzern. Die Reformen sahen nun vor, den die Felder bewirtschaftenden Kleinbauern eine Parzelle zu übereignen. Allerdings waren diese Parzellen meist zu klein, um davon leben zu können. Zudem fehlte es den Bauern an der dazu notwendigen Gerätschaft, die bislang der Herr des Dorfes gestellt hatte. Daher waren viele von ihnen gezwungen, sich auch nach der Landreform bei ihren früheren Herren zu verdingen, oft unter schlechteren Voraussetzungen als vorher, weil sich dieser nicht mehr für das ganze Dorf als seinem »Eigentum« verantwortlich fühlte. Komplett durch das Wahrnehmungsraster des königlichen Reformers waren zudem die zahlreichen Tagelöhner Irans gefallen. Ihnen stand kein Landbesitz zu.

In einer Art demokratischem Gestus wurde das Paket dem Volk zur Abstimmung vorgelegt. Eine offene Diskussion darüber war indes nicht erlaubt. Oppositionelle, die Debatten in einem frei gewählten Parlament forderten, wanderten hinter Gitter.

Es kam, wie es kommen musste: Die Maßnahmen, die eigentlich das Schah-Regime stützen sollten, gingen nach hinten los. Anstatt auszugleichen, vergrößerten sie das soziale Ungleichgewicht im Land. Die Reichen wurden reicher, die Armen noch ärmer. Es kam zu einer massiven Landflucht, die das städtische Proletariat sprunghaft ansteigen ließ. Die Zahl der Unzufriedenen wuchs und mit ihnen das revolutionäre Potenzial in dem armen, reichen Ölstaat.

Hinzu kam eine ideologische Komponente. Und zwar aus Qom, der religiösen Hauptstadt des Landes, in der die Mullahs und einflussreiche Ajatollahs residierten. Warum sich Turbanträger gegen die Reformen wandten, wurde bald deutlich. In seinem Eifer, den Amerikanern zu gefallen, hatte sich der Schah flugs auch noch die Gleichberechtigung von Mann und Frau auf die Fahnen geschrieben. 1962 wurde iranischen Frauen das Wahlrecht zugestanden. Haareraufen bei den Klerikern. Das hatte es in dem muslimischen Land noch nicht gegeben! Der Schah setzte in ihren Augen noch eine Frechheit oben drauf, indem er den Frauen mit einem neuen Familiengesetz die Scheidung erleichterte. Jetzt sahen die Geistlichen endgültig den Untergang des Morgenlandes gekommen. Ein Ajatollah aus Qom erklärte, dass eine muslimische Frau Ehebruch begehe, falls sie nach ihrer Scheidung wieder heirate,

– ja, dass die Kinder, die aus der neuen Ehe hervor gingen, als unehelich zu betrachten seien und keinen Anspruch auf ein Erbe hätten. Es ist niemand anderes als *der* Mann, der sich schon drei Jahrzehnte zuvor über die Willkür und die Respektlosigkeit gegenüber religiösen Würdenträgern empörte, als der Vater des Schah mit seinen Reitstiefeln die Moschee betrat: Ajatollah Chomeini.

Der Mann mit dem langen Bart und dem finsteren Blick sieht in der »Weißen Revolution« einen Angriff auf den Islam. Schon unter der Herrschaft Reza Schahs mussten die Kleriker zurückstecken, weil der Staat sich plötzlich anmaßte, Angelegenheiten zu regeln, die normalerweise den schiitischen Rechtsgelehrten oblagen. Nun aber seien der iranisch-islamischen Gesellschaft auch noch »fremde« Gesetze aufgezwungen worden, kritisierte Chomeini. Juristische Weisungen des Islam seien außer Kraft gesetzt und durch europäische Bestimmungen ersetzt worden, »um den Islam zu degradieren und ihn der islamischen Gesellschaft zu entfremden.«

Die Vorstellung, dass Politiker Gesetze »machten«, war Chomeini ohnehin suspekt. Gesetze konnte man aus Sicht eines Klerikers allenfalls »finden«, indem man Beweise über die göttlichen Absichten aus den entsprechenden Quellen zusammentrug und sie gegeneinander abwog. Dem Menschen aus sich heraus war es jedoch nicht erlaubt, Gesetze zu schaffen. Und nun glaubten die weltlichen Gesetzesmacher offenbar, die religiösen Regeln auf den Kopf stellen zu können. Das war in seinen Augen nichts anderes als Blasphemie: »Die Würde des Iran wurde zerstört«, wettert der Ajatollah gegen Maßnahmen des Schah. »Wenn die Ajatollahs politische Macht hätten, würden sie nicht zulassen, dass Mädchen und Jungen miteinander raufen, wie es neulich in Schiraz geschah. Sie würden nicht erlauben, dass unschuldige junge Mädchen von jungen Männern in der Schule unterrichtet werden. Sie würden verbieten, dass Frauen in Jungen-Schulen unterrichten und Männer in Mädchen-Schulen, mit dem entsprechenden Missbrauch, den das nach sich zieht.«

Mit seinen donnernden Worten sprach Chomeini vielen Iranern aus dem Herzen. Insbesondere dem religiös-konservativen Klientel, jener Mittelschicht, die ökonomisch immer stärker in Bedrängnis geriet und der das allzu amerikafreundliche Gebaren ihres Staatsoberhauptes überhaupt nicht schmeckte. Diese Menschen begannen, sich angesichts der erzwungenen Modernisierungsmaßnahmen und rasant ändernder Lebensbedingungen im eigenen Land fremd zu fühlen. Eine Rückbesinnung auf schiitische Werte und Traditionen setzte ein. Auch weil der Schah jede andere Form der Kritik an seiner Politik ausgeschaltet hatte, blieb die religiöse Option für viele der einzige Weg, ihre Unzufriedenheit zu kanalisieren.

Chomeini, der in Qom Philosophie und islamisches Recht lehrte, war ein kluger Mann. Er stammte aus einer alten schiitischen Kleriker-Familie. Schon sein Großvater, Ahamd Musavi Hindi, war Geistlicher. Da dieser Ahnherr aus Indien stammte, wurde Chomeini von den Getreuen des Schah auch als »der Inder« diffamiert. Später übersiedelte die Familie nach Nadschaf im Irak, wo Chomeinis Vater ebenfalls islamische Theologie studierte, bevor er sich als Geistlicher im iranischen Chomein niederließ. Dort kam Chomeini 1902 als Ruhollah Musavi auf die Welt. Den Zusatz »Chomeini« als Bezeichnung des Herkunftsortes fügte er erst später hinzu, als die Verwendung von Nachnamen Pflicht wurde.

Als Chomeini erstmals ans Licht der Öffentlichkeit trat, war er bereits über sechzig Jahre alt. Der Theologe spürte wohl, dass das Unbehagen vieler Menschen zur damaligen Zeit nach einem Ventil verlangte. Er hatte den religiösen Titel eines »Ajatollahs« erreicht, also einen relativ hohen Rang in der Klerikerhierarchie und galt als einer der anspruchsvollsten Lehrer in Qom. Allerdings war er noch kein »Großajatollah«. Bis 1961 unterstand er – wie alle anderen religiösen Würdenträger – der Führerschaft von Ajatollah Borudscheri, dem obersten »Vorbild« des iranischen Klerus. Und Borudscheri hatte, wie bereits erwähnt, ein Abkommen mit dem Schah getroffen, demzufolge sich der Klerus aus der aktuellen Tagespolitik heraushielt, wofür der Schah die Autonomie der Kleriker in religiösen Belangen im Gegensatz zu seinem Vater weitgehend respektierte. Borudscheri weigerte sich auch, seinen Studenten die Berechtigung zum »Dschihad«, also zum Heiligen Krieg für den Glauben, zu erteilen, was bis zu seinem Tod jede aktive Form des Widerstandes gegen das Schah-Regime innerhalb der Geistlichkeit bremste.

Nach seinem Tod brach Chomeini jedoch mit der Doktrin der politischen Nicht-Einmischung – wohl auch, weil er hoffte, dadurch seine eigene Stellung innerhalb der Kleriker-Hierarchie zu verbessern. Ganz bewusst setzte er einen Kontrapunkt zur bis dahin quietistischen Haltung des Klerus. Im März des Jahres 1963 griff er den Schah offen an: »Erhebt euch zur Revolution, Dschihad und Reform, denn wir wollen nicht mehr unter der Herrschaft der Verbrecher leben«, schallte seine Stimme durch die Hörsäle der Heiligen Stadt. Die Religionsstudenten waren begeistert. Endlich, so schien es ihnen, begann sich der Klerus wieder auf seine Aufgabe zu besinnen, das Volk vor »unislamischen« und despotischen Herrschern zu schützen.

Im Juni desselben Jahres wurde, wie in jedem Jahr zu Beginn des Trauermontas Moharram, mit Prozessionen dem Märtyrertod von Imam Hussein in Kerbala gedacht. Zum Höhepunkt der Trauerfeiern, dem Tag der Ashura, trat Chomeini erneut vor die Mikrofone. Als er zu sprechen begann, schaltete die Regierung den Strom in ganz Qom ab. Chomeinis Studenten waren jedoch darauf vorbereitet und schlossen das Lautsprechersystem an einen Notgenerator an. Was der Ajatollah nun sagt, hat ihm der Schah nie mehr verziehen. In seiner Rede verglich Chomeini sein Regime mit der sunnitischen Umayyaden-Dynastie, die nach Auffassung der Schiiten den Prophetenenkel Hussein auf dem Gewissen hat: »Manchmal, wenn ich an die Ereignisse von Ashura denke, stelle ich mir die Frage: Wenn die Umayyaden-Dynastie Hussein bekämpfen wollte, warum haben sie dann so grausame und unmenschliche Verbrechen an wehrlosen Frauen und unschuldigen Kindern begangen?«, fragte Chomeini die Anwesenden. »Mir scheint, die Umayyaden hatten ein viel grundlegenderes Ziel: Sie stellten sich gegen die Existenz der Familie des Propheten überhaupt.« Dann vollzog der Schah-Gegner einen Sprung in die Gegenwart. »Eine ähnliche Frage stellt sich mir jetzt: Wenn das tyrannische Regime des Iran lediglich die religiösen ›Vorbilder‹ bekämpfen und sich gegen die Mullahs stellen wollte, warum hat es dann an dem Tag, als es die Feiziye Medrese stürmte, den Koran in Fetzen gerissen? Wir kommen zu dem Schluss, dass auch dieses Regime ein grundlegenderes Ziel hat: Es leistet grundsätzlichen Widerstand gegen den Islam.«

Mit der Parallele zwischen den »Schlächtern der Umayyaden-Dynastie« und dem Monarchen Irans als »Yazid unserer Zeit« gelang Chomeini ein geschickter Schachzug. Das schiitisch-religiöse Vokabular, gepaart mit feuriger Kritik am autokratischen Regime, traf genau den Nerv der

Zeit. Er profilierte sich als Führer der Mullahs, die nun endlich wieder eine politische Stimme besaßen. Gleichzeitig waren sie die einzig hörbare Stimme der Opposition.

Allerdings gab es diesen Erfolg für Chomeini nicht gratis. Zwei Tage nach seiner Rede wurde er verhaftet. Andere Geistliche erklärten ihn daraufhin flugs zum Großajatollah, womit ihm eine ungeschriebene Immunität vor dem Gesetz zustand. Großajatollahs gibt es nur sehr wenige in der schiitische Welt; momentan sind es etwa zwanzig. Sie genießen großes Ansehen bei den Gläubigen. Kurz darauf wurde Chomeini daher wieder frei gelassen. Mit neuer Autorität ausgestattet, hörte er aber erst recht nicht auf, den Schah zu provozieren. Nach einer weiteren Brandrede verbannte ihn der Schah in die Türkei.

Einen größeren Gefallen hätte ihm sein Kontrahent kaum tun können. Als frisch gekürter Großajatollah ließ sich Chomeini im irakischen Nadschaf nieder, der intellektuellen Gegenspielerin Qoms. Auch dort werden Mullahs ausgebildet. Durch seine Verbannung wurde er zum Helden für die Studenten. War er vor kurzem noch ein angesehener Gelehrter, aber kein Führer, so gehörte er nun zu den wenigen »Vorbildern«, denen Hunderttausende Schiiten nacheiferten. Aus dem ganzen Iran schickte man ihm großzügige finanzielle Zuwendungen. In dieser – für den Schah mehr denn je unantastbaren Position – begann er, die schiitische Lehre radikal umzudeuten und ihr seinen revolutionären Stempel aufzudrücken.

6
HERRSCHAFT DES GÖTTLICHEN GESETZES

Chomeinis religiöse Staatstheorie wird in die Praxis übersetzt

Das iranische Staatsfernsehen überträgt live die Landung der Maschine. Aber wer hat schon Zeit an diesem Tag vor dem Fernseher zu verharren? Millionen Iraner säumen die Straßen zum Flughafen Mehrabad, auf dem Ruhollah Chomeini am Morgen des 1. Februar 1979 landet. Nach vierzehn Jahren im Exil betritt der Ajatollah erstmals wieder iranischen Boden. Als Nationalheld. Seine Fahrt durch die Stadt gleicht einem Triumphzug. Chomeini gilt als unbestrittener Führer der Revolution. Er ist der Mann, der den Schah besiegt hat. Der Mann, der es geschafft hat, die verschiedenen Fraktionen der Opposition hinter sich zu einen: Religiöse und Linke, Bürgerliche und National-Gesinnte. Ihm, dem »Unbestechlichen« in der Mullah-Kutte, trauen die Menschen zu, Neutralität zu wahren und seine außerordentliche Macht in der revolutionären Situation nicht zu missbrauchen.

Die wenigsten derer, die Chomeini in den Straßen zujubelten, hatten sein theoretisches Werk »Welayat-e Faqih« gelesen. Denn sonst hätten die Demonstranten wissen müssen, dass der Mann mit dem schwarzen Turban sehr genaue Vorstellungen über die Regierung besaß, die nach dem Sturz des Monarchen über das Land herrschen sollte: Eine *islamische* Regierung. Die Menschen, die die Erleichterung über den Sturz des Schah einte, hätten seine Ambitionen nicht unterschätzt.

Was war geschehen? Die Lebenssituation vieler Iraner hatte sich in den 70er-Jahren rapide verschlechtert. Die großen Städte hatten sich mit Landflüchtlingen gefüllt, ein Resultat der »Weißen Revolution« mit verheerenden Folgen. Ganze Landstriche verödeten, die Produktion fiel aus, und die Regierung war gezwungen, Lebensmittel zu importieren. Oft konnte man Grundnahrungsmittel wochenlang nicht kaufen. In den Slums der Metropolen verbreitete sich eine ungeduldige, zornige Stimmung. 1978 wurde fast jeden Tag irgendwo im Land demonstriert. Der Intimgegner des Schah, Ajatollah Chomeini, schürte die revolutionäre Stimmung von seinem Exil in Nadschaf aus. Er war zum zentralen Sprachrohr für die Kritik am Schah-Regime geworden – und zum unumstrittenen Führer der revolutionären Bewegung.

In den Jahren seiner Lehrtätigkeit im irakischen Nadschaf hatte Chomeini die unpolitische Theologie der Schia radikal umgedeutet. Anstatt wie bislang die Ideale des Leidens und des Erduldens hoch zu halten, predigte Chomeini den Aufstand, ja die religiöse Pflicht zum Aufstand gegen die »Tyrannei« nach dem Beispiel Husseins in Kerbala. Beim Wandel der schiitischen Theologie in eine Revolutionsideologie beeinflussten den Ajatollah vor allem zwei Denker: der Teheraner Schriftsteller Al-e Amad und sein Schüler Ali Schariati. Beide starben noch vor Ausbruch der Islamischen Revolution, konnten also nicht mehr ihre Meinung dazu äußern, wie ihre theoretischen Überlegungen in die Wirklichkeit übersetzt worden waren.

Al-e Amad war eine bizarre Mischung aus Kommunist und Nationalist, aus intellektuellem Linken und religiösem Eiferer. Der ehemalige Religionsstudent kritisierte, dass sich die Iraner unter dem vehementen Einfluss des Westens im 20. Jahrhundert von ihren traditionellen Werten entfernten. Er prägte den Begriff des »gharb-zandegi«, des »Befallenseins vom Westen«: Damit meinte er die naive Imitation der westlichen Welt durch seine Landsleute, die er als Wurzel allen Übels ausmachte. In der schiitischen Religion sah Al-e Amad das Gegenmittel zu jener »Verwestlichungsseuche«, die im Iran grassierte. Denn die Religion, so stellte er Anfang der 60er-Jahre fest, sei als einziger Lebensbereich noch nicht von jener Seuche infiziert. Aus diesem Grund sprach er ihr revolutionäres Potenzial zu. Da die große Masse einfacher Iraner ihre religiösen Traditionen liebte und pflegte, besäßen diese ein weitaus größeres MobilisierungsPotenzial als beispielsweise marxistische Ideen, mit denen sich vornehmlich Studenten, Intellektuelle und allenfalls eine Handvoll Ölarbeiter befassten.

Ali Schariati vertiefte diese Idee. Er formulierte eine moderne, linke Revolutionsideologie mit den Vokabeln der Schia. Schiitische Bilder und Symbole wurden bei ihm als konkrete Metaphern für die revolutionäre Botschaft herangezogen und dadurch für die große Masse der iranischen Bevölkerung verständlich. Schariati unterschied zwischen einer »roten Schia« und einer »schwarzen Schia«. Unter der roten verstand er die reine, unverfälschte Lehre Imam Alis und bezog diese auf Alis angeblichen Kampf gegen Fremdherrschaft und Tyrannei, gegen Feudalismus und Ausbeutung, obwohl diese Interpretation historisch kaum belegbar ist. Diese ursprüngliche, revolutionäre Lehre sei durch das Arrangement, das der schiitische Klerus später mit den Mächtigen einging, verfälscht worden.

Die verfälschte Lehre bezeichnete Schariati als »schwarzen Schia« oder auch »safawidische Schia«. Sie rufe zum stillen Erdulden der bestehenden Machtverhältnisse auf. Von dieser verfälschten Schia gelte es sich zu lösen und zu den wahren, revolutionären Wurzeln zurückzufinden.

Seine Aufforderung implizierte die Bereitschaft zum Kampf und zum Opfer für das revolutionäre Ziel. Das Martyrium im Gedenken an Imam Hussein, das im Verlauf der Geschichte zu einem bloßen Ritual verkam, forderte Schariati tatsächlich ein. Anstelle des passiven Erinnerns und Weinens um den Tod Husseins, sollte eine Bereitschaft zum realen Opfertod im Dienst der Revolution treten. Er prägte den Satz: »Jeder Boden ist Kerbala, jeder Monat ist Moharram, jeder Tag ist Ashura«, der auf vielen Spruchbändern der vorrevolutionären Anti-Schah-Demonstrationen zu lesen war. Was die frommen Demonstranten damit zum Ausdruck bringen wollten, war ihre Entschlossenheit, der Aufforderung Schariatis Folge zu leisten und – wie Hussein – aktiv den Kampf gegen die Tyrannei aufzunehmen. Denn: »Die Schiiten akzeptieren nicht den Weg, den die Geschichte genommen hat«, sagte Schariati und fügte hinzu: »Der heutige Islam ist ein krimineller Islam.«

Während Chomeini zugab, das Werk Al-e Amads »mit Bewunderung« gelesen zu haben, hat er zu den Thesen Schariatis nie explizit Stellung genommen. Heute wird im Iran oft spekuliert, ob sich die beiden Ideologen wohl überworfen hätten, wenn Schariati die Islamische Revolution und die Installierung der Islamischen Republik noch selbst mit erlebt hätte. Bei der Mobilisierung der Iraner für die Revolution ergänzten sich ihre Ansätze jedenfalls. Während Chomeini als Kleriker vor allem das religiös-konservative Klientel erreichte, sprach Schariati die Intellektuellen sowie Schüler und Studenten an, für die das links-revolutionäre Anliegen im Vordergrund stand. Die Religion, von der Schariati im Unterschied zu Chomeini eine recht unorthodoxe Auffassung besaß, betrachteten viele seiner Anhänger als Mittel zum Zweck. Ihr eigentliches Ziel war die gesellschaftliche Umwälzung.

Die Allianz zwischen Mullahs und jungen Revolutionären beruhte also auf einer politisch motivierten Hinwendung zur Religion und auf einer religiös motivierten Hinwendung zur Politik. Letzteres trifft für die orthodoxe Fraktion Chomeinis zu. Sie bekämpfte den Schah und den Westen nicht ob ihrer selbst willen, sondern weil sie in ihnen die Gegenspieler zum Islam und zu einer islamisch geprägten Gesellschaft ausmachte. »Juristische und politische Weisungen des Islam sind außer Kraft gesetzt worden«, kritisierte Chomeini und appellierte gleichzeitig an das Gewissen der Muslime: »Denken Sie daran, dass Sie dazu verpflichtet sind, für eine islamische Regierung zu sorgen!«

Geistliche, die sich aus der Tagespolitik heraushielten, denunzierte er als Handlanger des Westens: »Dass Religion und Politik voneinander zu trennen seien und die islamische Geistlichkeit sich nicht um Soziales und Politik zu kümmern hat, ist etwas, das die kolonialistische Welt verkündet. So sprechen die Gottlosen. Waren etwa zu Zeiten des verehrten Propheten Religion und Politik voneinander getrennt? Derlei haben die Kolonialmächte propagiert, um der Religion ihren Einfluss auf Weltliches zu nehmen und die Bildung einer islamischen Gesellschaft zu verhindern. Auf diese Weise gelang es ihnen nämlich, unsere Gesellschaft in ihre Gewalt zu bekommen und die Reichtümer und Ressourcen unseres Landes zu plündern. Und genau das ist es, was sie wollen: Dass wir Muslime uns nur mit Gott und Gottesanbetung befassen. Sie sagen: Du kannst soviel du willst beten. Aber lass uns nehmen und forttragen, was immer wir wollen.«

Chomeini predigte den Menschen also nicht nur die Rückkehr zur Religion. Er plädierte auch für eine Politisierung ihrer Religiosität. Denn wie die linken Vordenker Al-e Amad und Schariati sah er im Islam ein Schutzschild gegen den Einfluss des Westens. Seine Wortwahl erinnert manchmal an die eines kolonialen Unabhängigkeitskämpfers: »All unser Elend und all unsere Probleme kommen von Amerika und von Israel: Unsere Parlamentarier sind Agenten Amerikas, sie werden alle bezahlt, um diese arme Nation weiter zu unterdrücken«, wetterte er und forderte »Kräfte von außerhalb dürfen sich nicht an den Ressourcen dieser Nation vergreifen!«

Das Einzigartige an Chomeinis Emanzipationsbewegung war jedoch, dass er jede politische Forderung mit einem Koranzitat verquickte. Und da er eine religiöse Autorität darstellte, besaßen Weisungen aus seinem Munde – ähnlich wie Fatwas – einen Befehlscharakter für all diejenigen, die ihn zu ihrem Vorbild gewählt hatten. Die ihm als Großajatollah zustehende Deutungshoheit in religiösen Fragen setzte Chomeini bewusst ein, um seinen politischen Appellen Nachdruck zu verleihen. So erklärte er beispielsweise das Königtum zum antiislamischen Prinzip. Just während der Schah in Persepolis das 2500-jährige Jubiläum der persischen Monarchie zelebrierte, verkündete er: »Der Prophet sagt, dass der Titel ›König der Könige‹ Gott verhasst ist. Der Islam ist nicht kompatibel mit dem Regime eines Königs der Könige.« Auf diese Weise machte er den Kampf gegen den Schah nicht nur legitim, sondern erhob ihn für seine Anhänger zur religiösen Pflicht.

Für den iranischen Monarchen wuchs der Ajatollah im Nachbarstaat auf diese Weise immer mehr zur Bedrohung heran. 1978 wurde die Situation so brenzlig, dass der Schah eine Ausweisung Chomeinis aus dem Irak bewirkte. Er machte ihn unter anderem für die blutigen Unruhen verantwortlich, die im Fastenmonat Ramadan ausbrachen und deren Niederschlagung am 8. September tausende von Todesopfern in der Hauptstadt forderte. Chomeini predigte fortan aus Paris. »Der tyrannische Führer hat die Gewalt über die Menschen«, schimpfte er anlässlich der Moharram-Feiern im Dezember 1978. Und mittels Tonband-Aufzeichnungen wurde seine Rede in sämtliche Moscheen Irans getragen. »Er hat eine Armee und die Unterstützung der Supermächte. Er ist ein Despot, der all die Attribute besitzt, wie der Prophet sie für einen Despoten beschrieben hat.« Geschickt wusste der Revolutionsführer die Menschen auf den Straßen Teherans aus der Ferne zu lenken. »Heute ist die ganze iranische Nation gegen diesen tyrannischen Herrscher aufgestanden.«

Die Stimmung daheim war aufgeputscht. »Tod dem Schah! Tod der Tyrannei!«, skandierten Chomeinis Anhänger. Sie verbrannten die amerikanische Flagge und riefen anti-imperialistische Slogans: »Nieder mit Amerika!« Aber auch die Namen der schiitischen Märtyrer: »Hassan, Hussein!« Denn viele Demonstranten identifizierten sich, angeregt von Chomeinis Worten – mit dem furchtlosen Kampfgeist der frühen Schiiten. »Nichts vereint uns mehr als die Liebe zu Imam Hussein«, versuchten sie ausländischen Reportern ihre Gefühle zu erklären. Es waren linksradikale Studenten ebenso wie konservative Bazar-Verkäufer, Mullahs und Intellektuelle. Und sie alle hielten das Antlitz jenes streng blickenden Ajatollah in die Höhe, der Anti-Imperialismus, marxistische Sozialkritik und schiitischen Islam zu einem revolutionären Auftrag verschmolz.

Als der Schah sich schließlich dem Druck der Straße beugte, herrschte überall im Land Freudentaumel. Die Menschen feierten auf den Straßen. Nachdem der korrupte Monarch aus dem Land gejagt war, schien alles möglich: Demokratie, Gerechtigkeit, wirtschaftlicher Aufschwung. Und jede Fraktion glaubte ihre Ziele in greifbarer Nähe. Als zwei Wochen später die Maschine Chomeinis auf dem Flughafen landete, bereiteten sie ihrem Heilsbringer einen überwältigenden Empfang. Selbst die internationale Presse ließ sich von der Euphorie anstecken: Für sie war der exotische Geistliche abwechselnd ein »Guru«, ein »Weiser« oder der »Philosoph unter dem Apfelbaum« – für seine Anhänger niemand Geringeres als der leibhaftige Erlöser. Sie riefen »Gott, Koran, Chomeini – Licht unseres Lebens.« Und manch einer fragte sich: Konnte es nicht sein, dass sich unter dem schwarzen Turban das Antlitz des zurückgekehrten Imam Mahdi verbarg? Wann würde sich Chomeini wohl als der Verheißene zu erkennen geben, als jener Führer, dem die Aufgabe zukommt, einen gerechten Staat nach den Gesetzen Gottes zu errichten?

Chomeini selbst hat nie behauptet, der Verborgene Imam zu sein. Aber er machte sich unverzüglich an die Erfüllung von dessen historischer Verheißung: der Errichtung eines islamischen Staates. Bereits wenige Tage nach seiner Ankunft setzte er eine provisorische Revolutionsregierung, der der gemäßigte Bazargan vorstand, ein. Zwei Monate später stellte diese Regierung das Volk vor die Wahl: Soll im Iran eine »Islamische Republik« errichtet werden? 97 Prozent der Urnen-Gänger stimmten mit »ja«.

Aber was genau sollte das heißen, eine »Islamische Republik«? Viele, die ihr Kreuzchen bei »ja« setzten, hatten nur recht schwammige Vorstellungen, wie eine »Islamische Regierung« konkret aussehen könnte. Selbst bei den Revolutionären gingen die Vorstellungen weit auseinander: Bereits unmittelbar nach dem Plebiszit traten die Differenzen zwischen religiös, ultra-religiös und säkular gesinnten Kräften zutage, und es kam zu den ersten Grabenkämpfen. Radikale Islamisten versuchten, die gemäßigten Kräfte um Premier Bazargan zurückzudrängen. Dass die Islamisten in den kommenden Monaten immer einflussreicher wurden, lag vor allem an ihrem potenten Fürsprecher Ajatollah Chomeini.

Chomeini war von Anfang an der Kopf des nachrevolutionären Staates. Obwohl er in der Übergangsregierung zunächst kein offizielles Amt innehatte, zog der alte Mann hinter den Kulissen die Fäden. Im Gegensatz zu vielen jungen Revolutionären hatte der Ajatollah ein klares Ziel vor Augen. Sein Konzept für eine islamische Regierung legte er bereits 1970 in seinem Buch »Welayat-e Faqhih« dar – damals noch nicht mit der Aussicht, es während seiner eigenen Lebzeit in die Tat umsetzen zu können. Chomeini dachte in größeren Kategorien: »Niemand, der klaren Geistes ist, wird annehmen, dass mit Öffentlichkeitsarbeit und Aufklärung alsbald eine islamische Regierung erreichbar sein wird«, schrieb er damals. »Vielleicht wird sich erst nach 200 Jahren das erwünschte Resultat zeigen.« Ursprünglich wollte der Ajatollah den nachfolgenden Generationen also lediglich eine Orientierung hinterlassen. Aber mit der Revolution von 1979 bot sich ihm eine historische Chance. Die unerwartete Beschleunigung der Ereignisse hatte seine Utopie in greifbare Nähe gerückt. Und Chomeini beschloss, die Gelegenheit zu nutzen.

Seine Vision war es, einen Staat zu schaffen, der nach göttlichen Gesetzen funktioniert. Auch Mohammed, so argumentierte er, habe sich schließlich nicht aufs Prophezeien beschränkt, sondern aktiv die Durchsetzung der von ihm verkündeten, göttlichen Gesetze verfolgt. Er habe also nichts anderes als die Aufgaben eines Regierungschefs wahrgenommen. »Der verehrte Prophet stand an der Spitze der Regierung: Außer der Verkündung über die islamischen Überzeugungen, Gebote und Regelungen hatte er für die Durchführung der göttlichen Weisungen zu sorgen und dafür, eine islamische Ordnung zu schaffen.« Aus dieser Feststellung leitete Chomeini seine Überzeugung ab, nach der die islamische Religion sowohl die legislative als auch die exekutive Gewalt im Staat unter ihrer Kontrolle haben muss: »Laut Gesetz und Verstand stellt das, was zu Zeiten des verehrten Propheten erforderlich war – also Regie, Exekutive und Verwaltung – auch in unserer Zeit eine Notwendigkeit dar.«

Die oberste exekutive Verantwortung verortete Chomeini nach dem Vorbild der urislamischen Gesellschaft beim Propheten. Seine auf die Gegenwart bezogene Staatstheorie gründete nun auf der schiitischen Vorstellung, dass Mohammed eine Reihe rechtmäßiger Nachfolger hatte, die von den Sunniten zwar nicht anerkannt wurden, denen aber eigentlich die Führung der muslimischen Gemeinschaft zugestanden hätte, und zwar die Führung sowohl im spirituell-religiösen als auch im konkret machtpolitischen Sinne (siehe Kapitel 4). Die Linie dieser Nachfolger lässt sich bis zur Nummer zwölf nachvollziehen; dann bricht sie ab, weil Imam Mahdi sich der muslimischen Gemeinde entzog. Die Tatsache, dass der zwölfte Imam »in die Verborgenheit entrückte«, ändert nach Überzeugung der Schiiten aber nichts an seinem Führungsanspruch, der bis zum heutigen Tag fortbesteht. In der Logik der Schiiten musste es daher darum gehen, einen geeigneten »Statthalter Mahdis« als »Führer« der muslimischen Gemeinschaft zu installieren. Ihm oblag die Aufgabe, die oberste Regierungsgewalt im Staat zu übernehmen. »Wer mit islamischem Überzeugungsgut und den göttlichen Geboten einigermaßen vertraut ist, wird dem Prinzip ›Welayat-e Faqih‹ zustimmen«, zeigte sich Chomeini überzeugt. Übersetzt bedeutet der Titel seines theoretischen Standardwerkes »Welayat-e Faqih« soviel wie: »die Statthalterschaft des schiitischen Rechtsexperten«, welches Chomeini zum allgemeinen Regierungsprinzip erhob.

Mit diesem Prinzip wollte der Revolutionsführer die strikte Anwendung des göttlichen Gesetzes garantieren. Die Institutionalisierung des schiitischen Rechtsexperten an der Spitze des Staates sollte gewährleisten, dass der im Koran offenbarte »Wille Gottes« zur obersten Doktrin allen politischen Handelns erhoben werde. »Der Unterschied zwischen der islamischen Regierung und anderen konstitutionellen Regierungsformen, seien sie monarchistischer oder republikanischer Art, beruht genau darin«, führt er aus. »Nämlich, dass in letzteren die Volksvertreter gegebenenfalls gemeinsam mit dem Monarchen die Gesetze machen, während es im islamischen System der Erhabene Gott ist, der die Gesetze gibt und in dessen Hand die eigentliche Legislative liegt.«

Sowohl der islamische Herrscher, der Statthalter Mahdis, als auch seine Untertanen haben sich im Modell Chomeinis dem göttlichen Gesetz zu unterwerfen. »Islamisches Regieren bedeutete: ›Herrschaft des Gesetzes Gottes‹. Das heißt, Gott ist es, in dessen Händen die Herrschaft liegt. Sein Wort ist Gesetz. Das islamische Gesetz ist für alle ausschlaggebend. Für Gesellschaft und Regierung. Alle, vom verehrten Propheten bis zu seinen Statthaltern und der gesamten islamischen Gesellschaft, sind bis ans Ende aller

Tage dem göttlichen Gesetz unterworfen. Also jenem Gesetz, das vom Segensreichen und Erhabenen Gott hinab gesandt und mittels Koran dem Gesandten Gottes verkündet ward.«

Und damit es keine Missverständnisse gibt, forderte Chomeini vom islamischen Staatsoberhaupt eine wortgetreue Auslegung des Koran und die strikte Anwendung der Scharia als Rechtsgrundlage. »Die islamischen Gebote, beispielsweise das Strafrecht, sind nicht auf Zeit und Raum beschränkt, sondern bis ans Ende aller Tage gültig und zu praktizieren«, argumentierte Chomeini. Moderne Abwandlungen, beispielsweise im vorgesehen Strafmaß für bestimmte Verbrechen, seien daher abzulehnen. »Ist es nicht vielmehr so, dass der Regierende die ›Exekutive‹ ist und als solcher dem Wort und Gebot Gottes bzw. dem von Ihm festgesetzten Strafmaß zu entsprechen hat?!«

Bei Chomeinis Staatstheorie handelte sich also um ein strikt autoritäres System, das unbedingten Gehorsam fordert – einerseits gegenüber den im Koran enthüllten Gesetzen, als auch gegenüber dem islamischen Führer, der stellvertretend für den Propheten im Sinne Gottes regiert. »Dem Propheten zu gehorchen und ihn zu befolgen, ist ebenfalls eine Anordnung Gottes«, stellte Chomeini klar. »Denn Gott sprach: ›Befolgt den Propheten!‹ Und dem Führenden und Regierenden zu gehorchen, ist ebenfalls ein göttliches Gebot.«

Die Aufforderung, dem religiösen Führer zu gehorchen, richtete der Ajatollah sowohl an das einfache Volk als an das Parlament und an hohe Regierungsbeamte. Sie alle sind ihm weisungsgebunden, da er die göttlichen Gesetze am besten kennt. Das Parlament hatte in Chomeinis Staat ohnehin nicht viel zu sagen. Wie sollten sich islamische Parlamentarier denn auch anmaßen, Gesetze zu erlassen, wenn Gott selbst diese vorgibt? Die Aufgabe des Parlamentes konnte in Chomeinis Staat also nur in der Umsetzung göttlichen Willens bestehen. Chomeini sprach deshalb auch von einem »programmierenden« Parlament. »Das islamische Religionsgesetz verkörpert die legislative Gewalt. Niemand sonst ist dazu befugt. Aus eben diesem Grunde gibt es im islamischen Regierungssystem nicht ein ›gesetzgebendes Parlament‹, das eines der drei wesentlichen Gewalten darstellt, sondern vielmehr das ›programmierende Parlament‹, welches den verschiedenen Ministerien Programme, die mit den islamischen Geboten konform gehen, zur Durchführung an die Hand gibt.«

Es ist also niemand anderes als der islamische Führer, der Statthalter Mahdis, der im totalitären System Chomeinis die gesamte Verantwortung trägt. Er nehme dieselbe Aufgabe wahr wie einst der Prophet, betont Chomeini, der in der Machtkonzentration, die diese Position mit sich bringt, keine Gefahr des Missbrauchs erkannte: Denn der »Welayat-e Faqih« handele ja nicht etwa eigenmächtig, sondern habe sich sklavisch an die im Koran offenbarten, göttlichen Vorgaben zu halten. »Kann es hinsichtlich der Beachtung der Gesetze wohl einen Unterschied geben zwischen dem Propheten und dem obersten schiitischen Rechtsgelehrten?«, fragte Chomeini und verneint schließlich diese Frage. »Das Regieren als solches ist nichts anders als zermürbendes und unentwegtes Anstrengen und Bemühen. Was aber können sie tun? Nichts, als ihrer Pflicht nachzukommen. ›Welayat-e Faqih‹ ist ein Auftrag, eine Aufgabe. Ist Erfüllung einer Pflicht.«

Nach der Revolution wurden Chomeinis Ausführungen fast eins zu eins in die neue Verfassung aufgenommen. Im Dezember 1979 stimmten die Iraner einem Entwurf zu, die die Souveränität nicht beim Volk, sondern bei

Gott verortete. Der Verborgene Imam wird als der einzig rechtmäßige Stellvertreter Gottes auf Erden benannt. Während der Zeit seiner Abwesenheit soll die Staatsgewalt, ganz wie von Chomeini vorgesehen, bei seinem Statthalter liegen, dem »Welayat-e Faqih«. »Während der Abwesenheit des verborgenen zwölften Imams – möge Gott seine Wiederkehr beschleunigen! – liegen die Regierungsgewalt und die Leitung der Gemeinde bei dem gerechten, frommen, auf der Höhe der Zeit stehenden, kühnen, zur Leitung und Lenkung befähigten Rechtsexperten (faqih), den die Mehrheit der Bevölkerung zur Führung beruft und bestätigt«, heißt es in Artikel fünf.

Wer aber ist dieser göttlichen Führungsaufgabe gewachsen? Niemand anderes als der Erfinder der Einrichtung selbst. Artikel 107 der Verfassung nannte den »großen Ajatollah Chomeini« namentlich als den derzeitigen religiösen Führer. Nun war der Geistliche tatsächlich derjenige geworden, für den ihn seine Anhänger schon immer gehalten haben: ein Quasi-Heiliger, der plötzlich eine Machtposition besaß, wie sie die Schia nur dem Propheten selbst und seinen zwölf Nachfolgern zuschreibt. Von seinen Getreuen ließ sich Chomeini »Imam« nennen. Der Begriff ist zweideutig, weil damit sowohl »ein« Führer der muslimischen Gemeinschaft gemeint sein kann, aber auch »der« Führer, jener mystische Erlöser, auf den alle warten. Er überließ es seinen Anhängern, weiterführende Schlüsse zu ziehen. In seiner Position als irdischer »Stellvertreter Mahdis« war sein Wort Gesetz. Seine Entscheidungen galten als unfehlbar und göttlich inspiriert.

Natürlich sollte sich die Konzentration der Macht in den Händen eines einzelnen Geistlichen als problematisch erweisen. In den Jahrzehnten, die seit dem Sieg der Revolution vergangen sind, entpuppte sich das Amt des religiösen Führers als größte Fehlkonstruktion der Islamischen Republik. Viele Iraner waren und sind mit den weitreichenden Vollmachten, die der »Welayat-e Faqih« besitzt, nicht einverstanden – ermöglichen sie doch demjenigen, der sie innehat, eine weitgehende Willkürherrschaft. Denn dem auf Lebenszeit gewählten Führer unterstehen das Militär, die Polizei, verschiedene Geheimdienste und die Justiz. Er kann Gesetze annullieren, Minister zum Rücktritt zwingen und besetzt fast ausnahmslos alle relevanten Posten in den staatlichen Machtzentren. Selbst wer für das Parlament kandidieren darf, liegt indirekt in seiner Hand, denn alle Kandidaten müssen von dem von ihm partiell besetzten Wächterrat zugelassen werden.

Eine Fehlbarkeit dieser mächtigen Person hatte Chomeini nicht in Erwägung gezogen. Eine böse Vorahnung schien er dennoch gehabt zu haben, als er am Rande seiner theoretischen Ausführungen die Bemerkung niederschrieb: »Allerdings, muss es eine intakte islamische Regierung sein. Intakt und gesund. Eine redliche, fähige und zuverlässige Führung muss es ein. Andernfalls, das heißt, wenn Regierung und Regierungskräfte unfähig und korrupt sind, taugen sie natürlich ebenfalls nicht.« Was in einem solchen Fall zu tun wäre, das heißt, wie ein unfähiger Geistlicher an der Spitze des Staates zu erkennen und vor allem wie er in dem totalitären System beseitigt werden kann, hinterließ Chomeini allerdings nicht.

Vielmehr machte er das religiöse Staatsoberhaupt unantastbar, indem er zwei Jahre vor seinem Tod die »absolute Herrschaft des Rechtsgelehrten« zum Regierungsprinzip erhob. Diese stellte das Wort des religiös-staatlichen Führers sogar noch *über* die Gebote der Religion. Damit erhöhte er seine eigene Machtbefugnis, führte aber gleichzeitig die religiöse Legitimation des Amtes ad absurdum.

Denn ab sofort konnte Chomeini so herrschen, wie er es beim Schah immer kritisiert hatte, nämlich ohne Rücksicht auf die Vorgaben des Korans nehmen zu müssen.

Nur einer gesellschaftlichen Gruppe gelang es, sich dem totalitären System Chomeinis, zumindest partiell, zu entziehen: den Klerikern. Ausgerechnet die Geistlichen erkannten den absoluten Machtanspruch des religiösen Staatsoberhauptes nie an. Dieses Paradox ist der Tatsache geschuldet, dass Chomeini weder zum Zeitpunkt der Revolution noch danach das einzige »Vorbild« unter den Ajatollahs war. Sowohl im Iran selbst als auch in der restlichen schiitischen Welt gab es ihm gleichrangige Geistliche, andere Großajatollahs. Beide Seiten vermieden eine offene Konfrontation. Die übrigen Kleriker wussten, dass sie sich vor dem Revolutionsführer in Acht nehmen mussten, denn wer Chomeinis politische Macht offen angriff, wurde von ihm kalt gestellt. So erging es beispielsweise Großajatollah Schariatmaderi, der Chomeini 1982 klerikalen Despotismus vorgeworfen hatte und von ihm daraufhin unter Hausarrest gestellt wurde. Die meisten Geistlichen verhielten sich daher pragmatisch und ließen Chomeinei in Sachen Politik freie Hand, sprachen sich selbst aber eine alternative Kompetenz für die persönliche, spirituelle Sphäre ihrer Anhänger zu. Chomeini, der ebenfalls kein Interesse an einem Streit hatte, akzeptierte diese Aufteilung.

Die Konkurrenz zwischen dem Geistlichen an der Spitze des Staatsapparats und anderen hochrangigen Klerikern verschärfte sich allerdings nach dem Tod Chomeinis im Jahr 1989. Denn sein Nachfolger, Ali Chamenei, besaß in religiöser Hinsicht nur mittelmäßige Qualifikationen. Überhaupt war Chamenei nur ein Verlegenheitskandidat für das wichtigste Amt im Staat, da Chomeini sich kurz vor seinem Tod mit seinem designierten Nachfolger, Ajatollah

Montazeri, überworfen hatte. Montazeri hatte eine Wahl des Oberhauptes durch das Volk befürwortet, und Chomeini sowie etliche Regime-Kleriker fürchteten schon das Ende der absoluten Theokratie. Flugs änderte man daher die Verfassung, die bis dahin vorschrieb, dass der religiöse Führer auch das oberste »Vorbild« der iranischen Schiiten sein sollte. Um dem blassen Chamenei wenigstens ein bisschen Autorität gegenüber den anderen Geistlichen zu verleihen, kürte man ihn zudem noch schnell zum Ajatollah.

Gleichwohl fehlten Chamenei rund 30 Jahre religiöses Studium und Lehre, um sich mit den wirklich Großen seiner Branche messen zu können. Das Wort jedes schiitischen Großajatollahs wog stärker als das des neuen religiösen Staatsoberhauptes. So konnte jeder andere Kleriker Fatwas erlassen, die der Linie Chameneis zuwider liefen, ohne dass dieser die religiöse Legitimation besaß, um diese zu annullieren. Und tatsächlich ist es heute so, dass die Kleriker in Qom oder Nadschaf mit ihren Anweisungen in Bezug auf das Privatleben der Iraner teilweise nicht im Einklang mit den Vorgaben der Regierung in Teheran stehen. Ein Beispiel dafür ist Großajatollah Sanei, der bei vielen modern orientierten Schiitinnen beliebt ist, weil er sich für die geschlechtliche Gleichberechtigung einsetzt. De facto wurden mit der Inthronisierung Chameneis religiöse und politische Macht im »Gottesstaat« also wieder getrennt. Zwar besetzt nach wie vor ein Kleriker die wichtigste Machtposition im Iran, aber er ist nicht zugleich der Führer der schiitischen Gemeinde.

Der Tod Chomeinis entmystifizierte das nachrevolutionäre System und insbesondere das auf Chomeini persönlich zugeschnittene Amt des »Welayat-e Faqihs«. Nicht mehr der »weise alte Mann« mit dem Nimbus des Heiligen hatte nunmehr diese übergeordnete Stellung inne, sondern ein ganz normaler Turbanträger. Quasi über Nacht hatte man ihn mit politischen Vollmachten ausgestattet, von der jeder Diktator nur träumen konnte. Viele, die der islamischen Verfassung zehn Jahre zuvor noch begeistert zugestimmt hatten, fragten sich nach dessen Legitimation. Unter ihnen war auch ein gewisser Abdokarim Sorush, Religionssoziologe und Wissenschaftsphilosoph, einst Chefideologe der Revolution. Seine intellektuelle Kritik am klerikalen Regime lieferte Dissidenten und Reformern gleichermaßen Munition.

Sorushs Kritik setzte bei den Kompetenzen des religiösen »Führers« an, weil hier das islamische Staatssystem hauptsächlich im Argen liegt. Er wies darauf hin, dass »Religion« und klerikales »Wissen über Religion« nicht dasselbe seien. Genauer gesagt hielt er die Religion selbst für unveränderlich; das Wissen über sie sei hingegen dem Wandel der Zeit unterworfen. Daher bestritt Sorush, dass die schiitischen Theologen – ebenso wenig wie Wissenschaftler irgendeiner anderen Disziplin – ein Recht hätten, aus ihrem momentanen Wissen allgemein gültige Schlüsse über die Religion zu ziehen. Schon gar nicht in Bezug auf politische und ökonomische Belange, für die der Koran in der Regel keine konkreten Handlungsanweisungen liefert. Die Annahme, aus den religiösen Texten Schlüsse für alle Probleme der modernen Welt ableiten zu können, sei falsch. Folglich gebe es auch keine Existenzberechtigung für einen religiösen Oberaufseher, der die Kompatibilität der gesamten Gesetzgebung mit dem Islam überwache.

Die Fundamentalisten liefen Sturm gegen diese Fundamentalkritik, die Sorush just in dem Moment äußerte, in dem das System ohnehin in einer Legitimationskrise steckte. Er hielt entgegen, dass sich der Islam nicht auf eine einzige Lesart reduzieren lasse und dass es Unrecht sei, alle anderen Strömungen durch die Institutionalisierung einer einzigen zu unterdrücken. Mit diesem Hinweis legte er das Samenkorn für eine systemimmanente Reformbewegung, die aus den Reihen der ehemaligen Revolutionäre erwachsen sollte.

Zunächst war es eine Bewegung, die sich in den Köpfen weniger Intellektueller formierte. Im Herbst 1998 kam es dann zu zahlreichen rätselhaften Morden. Damals gingen die Menschen in Teheran auf die Straße. Sie führten Bilder eines älteren Herrn mit einem Schnauzbart und einer selbstbewusst lächelnden Frau mit sich, die kein Kopftuch trug. Um ihr Bild trotzdem öffentlich zeigen zu können, hatte man ihr einen Schleier um das Gesicht retouchiert. Die Demonstranten riefen: »Tod den Taliban«, weil man die sunnitischen Nachbarextremisten ungestraft kritisieren durfte, und sie riefen: »Freiheit«, obwohl die Schlägertrupps der Revolutionswächter mit Gummiknüppeln am Straßenrand standen. Es waren Hunderttausende, die zum großen Friedhof im Süden der Stadt zogen. Am Grab des Ehepaars stimmten sie das verbotene Nationallied Irans an.

Der Mann mit dem Schnurrbart ist ein politischer Veteran des Iran: Dariush Forouhar. Sechzehn Jahre lang saß er in den Kerkern des Schah. Dann machte ihn die Revolution zum Arbeitsminister, um ihn, nachdem sich die Islamisten gegen Premier Bazargan durchsetzten, erneut ins Gefängnis zu werfen, diesmal als Gefangener der Islamischen Republik. Eine Feindschaft, die fast zwanzig Jahre lang dauerte. Am 22. November 1998 wurden Dariush Forouhar und seine Frau Parvaneh ermordet. Man fand ihre Leichen in ihrem Haus in Teheran, von unzähligen Messerstichen durchbohrt. Teppiche, Möbel und Bettlaken waren mit Blut verschmiert. Auch um den

Schreibtischstuhl hatte sich eine große Blutlache gebildet. Dort hatten die Mörder die Leiche des Hausherren festgebunden, das Gesicht in Richtung Mekka gewendet und ihr einen Koran unter die Hände geschoben. »Als ich sah, wie man die beiden zugerichtet hatte, wusste ich, dass religiöse Fanatiker diese Tat begangen hatten«, konstatiert Parastou Forouhar, die in Deutschland lebende Tochter des Ehepaars.

Dariush Forouhars Verbrechen war, dass er im Gegensatz zum Gros der Iraner kein Blatt vor den Mund nahm. Als Jurist kritisierte er unermüdlich die Institution des obersten religiös-staatlichen Führers. Im Konzept des Wilayat-e Faqih sah Forouhar das Grundübel der Islamischen Republik. Als die Wahlen zum klerikalen Expertenrat anstanden, jenem Gremium, das den religiösen Führer bestimmt, rief er seine Landsleute deshalb auf, den Urnen fern zu bleiben. »Warum rufen Sie zum Boykott der Wahlen auf?«, fragte ihn ein Reporter des Senders »Voice of America«. Und Forouhar sprach aus, was viele im Iran dachten: »Ich erkenne diesen Rat, in den nur Geistliche gewählt werden können, nicht an. Die iranische Verfassung muss dringend überarbeitet werden, denn sie spricht einer einzigen Person zu viele Rechte zu: dem religiösen Staatsoberhaupt. Ich kann die Institution des Welayat-e Faqih nicht billigen, weil er eine Bevormundung der Bevölkerung bedeutet. Die Iraner brauchen aber keine Bevormundung. Das Schicksal des Volkes darf nicht in der Hand einer einzigen Person liegen«, erklärte der Oppositionspolitiker dem Reporter. Fünf Wochen später bezahlte er dafür mit seinem Leben und dem seiner Frau.

Aber Forouhars Kritik blieb nicht ungehört und das schreckliche Verbrechen an ihm nicht folgenlos. Am 6. Januar 1999 glaubten die Iraner ihren Ohren nicht zu trauen, als der Informationsminister folgende Erklärung abgab: »Leider haben einige verantwortungslose, irregeleitete und einzelgängerische Kollegen von uns dieses Verbrechen begangen.« Es war das erste Mal in der Geschichte der Islamischen Republik, dass die Regierung offiziell die Verantwortung für den Mord an einem Regimekritiker übernahm. Ein ungeheuerlicher Akt! Zwar wurde die Tat als bedauerliche Eigeninitiative einer Bande von Verschwörern innerhalb des Ministeriums dargstellt. Später erklärten mehrere hochrangige Beamte zudem, die Gruppe hätte auf Befehl der »ausländischen Feinde« der Islamischen Republik gehandelt. Aber immerhin kam der Fall vor Gericht: Erstmals wurde eine staatliche Behörde für ein islamisch motiviertes Verbrechen angeklagt.

Das Volk atmete auf. Die Zeiten, so schien es, änderten sich im Iran. Erst vor kurzem hatte der reformorientierte Präsidenten Mohammed Chatami die Leitung der Regierung übernommen. Viele Hoffnungen verknüpften sich mit dem Newcomer, der seinen Turban mit einer Armani-Sonnenbrille kombinierte und von Toleranz gegenüber Andersdenkenden redete. Das waren neue Töne. Die Reformbewegung kämpfte jetzt von Innen gegen die Auswüchse des Systems an.

Es war eine *islamische* Reformbewegung, und viele Politiker, die dieser Bewegung angehörten, hatten einst auf den Straßen Ajatollah Chomeini zugejubelt. Sie bekannten sich einerseits uneingeschränkt zum Islam und zur Islamischen Republik, andererseits forderten sie die Zurückdrängung der Religion aus der Politik. Dies geschah mit unterschiedlicher Vehemenz. Der Kreis um Präsident Mohammed Chatami gehörte sicher nicht zu den radikalen Gegnern des bestehenden politischen Systems. Chatami akzeptierte Chomeinis Verfassung, inklusive dem Welayat-e Fayih, und auch die Einschränkungen, die diese für sein eigenes politisches Handeln mit sich brachte.

Groß waren die Macht und der Handlungsspielraum dieses sogenannten »Reform-Präsidenten« somit nie. Zwar ließ Chatami die mit dem System unzufriedenen Studenten protestieren, aber er war nicht in der Lage, sie vor den darauf folgenden Verhaftungen zu schützen. Obwohl er liberale Zeitungen ihre regimekritischen Artikel publizieren ließ, konnte er nicht verhindern, dass ihnen daraufhin die Lizenz entzogen wurde. Dass Oppositionelle auch weiterhin im berühmt-berüchtigten Evin-Gefängnis landeten, musste er ebenso hinnehmen wie das Scheitern vieler Reformprojekte seiner Regierung am Widerstand des konservativen Wächterrates, der dem obersten Führer, Chamenei, hörig ist. Bald würde er dem Volk als machtlos erscheinen.

Schließlich blieb Chatamis gezähmter Reformbewegung der Erfolg versagt, weil seine Wähler von ihm enttäuscht waren. Die Menschen im Iran hatten schnellere und grundlegendere Veränderungen erwartet. »Sie wollten nicht so sehr die Reform als vielmehr einen komplett neuen Iran, und das möglichst innerhalb einer einzigen Legislaturperiode«, analysiert die iranische Friedensnobelpreisträgerin Shirin Ebadi und wundert sich über ihre Landsleute: »Wissen sie denn nicht, welch eingeschränkten Machtbefugnisse unsere Verfassung dem Präsidenten gewährt?« Auch Chatami selbst scheint dieses Kernübel erkannt zu haben, als er einen Machtzuwachs der Position des Staatspräsidenten als Bedingung für seine erneute Kandidatur für das Amt im Sommer 2009 machte.

Aber wer mehr verlangt als die Reformer, bewegt sich bislang außerhalb des gültigen Gesetzes. Menschen, die das wagen, gibt es im Iran. Es gibt sie auch nach der Ära des gescheiterten Reformpräsidenten. Zu den Köpfen dieser Bewegung gehört der Bruder des Ex-Präsidenten, Reza Chatami und seine Frau, Zahra Eshraghi, eine Enkelin von Ajatollah Chomeini. Der prominenteste und zugleich radikalste Vertreter dieser Gruppe ist aber wohl Chomeinis ehemaliger Leibwächter, Akbar Ganji. Ganji machte nach den Intellektuellenmorden als Enthüllungsjournalist von sich reden. In seiner Zeitung »Sobh-e Emruz« veröffentlichte er mehrere Artikel, in denen der Skandal aufgedeckt wurde. Ganji beschrieb einen Geheimplan des Staates zur Eliminierung seiner Kritiker. Und er benannte indirekt auch die Geistlichen, die die als Todesurteile dienenden Fatwas ausstellten. Für seinen Mut landete er im Gefängnis, von wo aus Ganji jedoch fleißig weiter publizierte. In seinem »manifest for republicanism« tritt er für eine völlige Trennung von Religion und Staat ein und ruft den Welayat-e Faqih zum Rücktritt von seinem Posten auf.

Auch wenn die Meinungen der »islamischen« System-Kritiker im Detail stark auseinander gehen, sind sie sich in zwei Dingen einig. Erstens: Eine Veränderung im Iran kann, wird und muss von den Iranern selbst und nicht von ausländischen Impulsen ausgehen. Sie haben das gegenwärtige politische System geschaffen, und sie sind auch in der Lage, es zu verändern. Und zweitens: Eine Veränderung der politischen Verhältnisse muss nicht mit einer Ablehnung der islamischen Religion einhergehen. Man kann durchaus frommer Muslim sein und sich trotzdem eine politische Veränderung im Iran wünschen. Oder wie es Akbar Ganji formuliert: »Der moderne Islam glaubt an religiösen und politischen Pluralismus.«

7

ALSO SPRACH ZARATHUSTRA

Juden, Christen, Bahai
und Zoroaster im islamischen
Gottesstaat

»Israel muss von der Landkarte getilgt werden.« Dieser Satz jagt im Oktober 2005 als Eilmeldung durch die Nachrichtenredaktionen. Gesagt haben soll ihn der iranische Präsident Mahmud Ahmadinedschad. Tags darauf sind die Zeitung voll mit dem vermeintlichen Zitat, und die Welt ist empört. Sind die Worte nicht als Aufforderung zur Judenverfolgung zu verstehen? Sicherlich werden Juden im Iran schrecklich unterdrückt, ja schikaniert... Besonders in Deutschland sind sich die Kommentatoren schnell einig: Der Hetzer aus Teheran fordert nichts anderes einen neuen Genozid!

Als man im Iran endlich mitbekommt, welche Nachricht da gerade durch die Weltpresse irrlichtert, ist die Verwunderung groß. In den Synagogen Teherans zünden persische Juden am selben Abend wieder ungestört ihre Kerzen an. Der Rabbi, der mit seiner Gemeinde den Gottesdienst feiert, geht mit keinem Wort auf die internationale Aufregung ein. Aber ein Politiker kommentiert die Situation: »Judenverfolgung im Iran? Dass ich nicht lache!«, sagt Maurice Motamed, der die jüdische Minderheit im iranischen Parlament vertritt. »Wir leben hier seit Jahrtausenden friedlich zusammen. Juden können im Iran frei ihre Religion praktizieren. Es gibt keine Diskriminierung seitens der Muslime.«

Und die Äußerungen des Präsidenten? Motamed erklärt: »Die offizielle Staatsideologie unterscheidet zwischen der jüdischen Religion einerseits und der zionistischen Bewegung anderseits. Während man unsere Religion respektiert und sogar schätzt, wird die Besetzung Palästinas durch die Juden abgelehnt und als geschichtliches Unrecht verdammt.« Differenzierungen, die die Übersetzer in den westlichen Nachrichtenagenturen geflissentlich übergingen, als sie Ahmedinedschad sein schockierendes Zitat unterstellten. Tatsächlich hatte der Präsident gesagt: »Werden wir eine Welt ohne Zionismus erleben?« Dann zählte er eine Reihe von Unrechtsregimen auf, deren Ende Ajatollah Chomeini voraus gesagt habe, unter anderen das Schah-Regime und die Diktatur von Saddam Hussein. Schließlich kam er auf die Situation in Israel zu sprechen: »Der liebe Imam (Chomeini) hat gesagt: ›Das Besatzerregime muss von den Seiten der Geschichte gestrichen werden‹. Dieser Satz ist sehr weise. Das Thema Palästina ist keines, bei dem wir Kompromisse machen können.« Was der iranische Präsident propagierte, war also keinesfalls die »Auslöschung« der Juden im Sinne eines Genozids, sondern die Abschaffung eines in seinen Augen rassistischen Regimes. Die Agenturen AP, AFP und DPA sowie zahlreiche Tageszeitungen gestand ihren Fehler in den darauffolgenden Tagen ein, aber die Weltöffentlichkeit nahm kaum Notiz von der Korrektur.

Wie steht es also um die Juden in der Islamischen Republik? Welches Verhältnis haben die Mullahs zu Bürgern, die sich nicht zur offiziellen Staatsreligion, dem schiitischen Islam, bekennen? »Iranische Bürger des zoroastischen, jüdischen und christlichen Glaubens sind als offizielle religiöse Minderheiten anerkannt«, heißt es dazu in Artikel 13 der Verfassung. Und tatsächlich leben die Anhänger dieser Religionen im Iran vergleichsweise unbehelligt. Denn Juden und Christen gelten traditionell ohnehin als die »Schutzbefohlenen« des islamischen Rechts. In der Praxis bedeutet das, dass Juden im Iran ihre Synagogen und Christen ihre Kirchen errichten und betreiben dürfen. Zwar müssen auch sie sich in der Öffentlichkeit an die für alle Iraner gültigen islamisch motivierten Regeln wie etwa die Bekleidungsvorschriften halten, aber in ihrer Religionsausübung sind sie relativ frei.

Insbesondere die Toleranz gegenüber Juden hat eine lange Tradition im Iran. Schon der antike Perserkönig Kurosh II. gewährte ihnen Religionsfreiheit. In der zuerst zoroastisch und dann mehrheitlich muslimisch geprägten Gesellschaft des alten Persien hatten die Juden zwar zeitweise Einschränkungen hinzunehmen. Im Gegensatz zu vielen europäischen Ländern wurden sie jedoch nie systematisch verfolgt. Selbst nach der islamischen Revolution nicht. Revolutionsführer Chomeini hatte sich bereits im Pariser Exil mit jüdischen Vertretern geeinigt. Er sprach eine Fatwa aus, der zufolge die Juden zu schützen seien. »Chomeini hat die jüdische Gemeinschaft im Iran nie mit Israel und dem Zionismus verwechselt«, erklärt Haroun Yashyaei, ein Filmproduzent und ehemaliger Vorsitzender der jüdischen Gemeinschaft im Iran. »Er sah uns als Iraner an.«

Trotzdem setzte nach dem Sieg der Islamischen Revolution zunächst ein massenhafter Exodus ins Ausland ein, der die Anzahl der Juden im Iran von etwa 80.000 auf weniger als die Hälfte schrumpfen ließ. Die Tatsache, dass die Feindschaft mit dem Staat Israel ein Teil der revolutionären Identität der Islamischen Republik war, beunruhigte viele, selbst wenn die Mullahs immer wieder betonten, dass ihre Kritik an Israel nicht gegen die »große, göttliche Religion des Judentums« gerichtet sei. Mit ihren rund 35.000 Mitgliedern ist die jüdische Gemeinde Irans heute aber immer noch die größte auf muslimischem Boden. Zudem sind die im Iran verbliebenen Juden aktiver als vor der Errichtung der Islamischen Republik. »Zu Schah-Zeiten verirrten sich allenfalls zwanzig Leute in die Synagoge«, erinnert sich eine Zeitzeugin. »Heute dagegen sind die Gotteshäuser in Teheran regelmäßig voll.« Ihre besondere Sandwich-Position zwischen den nahöstlichen Antagonisten führte dazu, dass sich auch jüngere Gemeindemitglieder stärker auf ihre religiöse Identität besannen. Aktuell gibt es allein in der iranischen Hauptstadt elf stark frequentierte Synagogen, meist mit angeschlossenen Hebräisch-Schulen. Außerdem eine jüdische Bibliothek, ein jüdisches Altenheim, einen jüdischen Friedhof und zwei Restaurants, in dem koschere Speisen serviert werden. Das jüdische Leben in der Hauptstadt der Mullah-Republik floriert.

Dass die israelfeindlichen Funktionäre das fromme Treiben tolerieren, liegt daran, dass sie das Judentum, ebenso wie das Christentum und die zoroastische Religion, als geschichtliche Vorläufer des Islams betrachten. Im Koran werden sowohl Jesus als auch Moses und andere alttestamentarische Propheten als Verkünder göttlichen Heils anerkannt. 124.000 Propheten kennen die Muslime insgesamt. Fünf werden als besonders wichtig angesehen: Noah, Abraham, Moses, Christus und natürlich Mohammed. Anhänger der im Koran erwähnten »Buch«-Religionen, zu denen das Christen- und Judentum sowie im Iran auch die Religion Zarathustras zählen, respektieren die Muslime selbst wenn sie überzeugt sind, dass der Koran den älteren religiösen Schriften überlegen ist. Die Prophezeiungen Mohammeds stellen für sie den krönenden Schlusspunkt der göttlichen Offenbarungen dar. Eine Muslima erklärte mir das Verhältnis ihrer eigenen Religion zum Juden- und Christentum einmal so: »Wir beten denselben Gott an. Aber während die Juden ihren Weg zu ihm noch im Pferdewagen zurücklegen und ihr Christen in einem VW-Käfer sitzt, fahren wir Muslime in einem Ferrari. Der Islam ist einfach das schnellste und modernste Vehikel, um zu Gott zu gelangen.«

Die »Rückständigkeit« der alten Religionen ist in den Augen der Muslime keine »Sünde«. Sie anerkennen, dass Juden, Christen und Zoroastern sich zwar auf dem richtigen Weg der Erkenntnis befinden, aber noch nicht dieselbe, hohe Stufe wie sie selbst erreicht haben. Daher werden sie toleriert, solange sie sich dem Islam im öffentlichen Leben unterordnen.

Besonders deutlich wird diese Haltung beim Umgang Irans mit seiner christlichen Minderheit, die etwa ein halbes Prozent der iranischen Bevölkerung ausmacht. Im Norden des Landes und in der Hauptstadt Teheran gibt es zahlreiche armenische und assyrische Kirchen, die zum Teil auch eigene Schulen betreiben. Die Christen sind durch zwei Abgeordnete im Parlament vertreten und erfreuen sich ebenfalls eines relativ unbehelligten Daseins. In ihren Gotteshäusern und in privaten Haushalten dürfen sie mehr oder weniger machen, was sie wollen. An Weihnachten stellen sie daheim Tannenbäume auf, singen Lieder vom Jesuskinde und lassen sich von muslimischen Nachbarn zum Fest gratulieren. Sogar der Konsum von selbstgebranntem Wein ist Christen im Gegensatz zu iranischen Muslimen erlaubt. Die Mullahs haben akzeptiert, dass das alkoholische Getränk Teil des religiösen Ritus im Christentum darstellt. Besonders die Armenier sind aufgrund dieser Freiheit zu den heimlichen Schnapsbrennern der Islamischen Republik avanciert.

Aber die Toleranz hat Grenzen. Ungestört bleiben Christen im Iran nur, solange sie in der Öffentlichkeit die Regeln des Islam akzeptieren, also mehr oder weniger unsichtbar sind. Auch Christinnen müssen das islamische Kopftuch tragen; sie müssen islamische Feiertage akzeptieren und dürfen – wie die Muslime – außerhalb der eigenen vier Wände keine Speisen zu sich nehmen. Vor allem aber ist ihnen eines verboten: die Mission. Wenn Christen im Iran neue Anhänger werben, Bibeln vertreiben oder Ähnliches bekommen sie ernsthafte Probleme. Und einem Muslim, der sich gar von den christlichen Missionaren überzeugen lässt und zum Christentum konvertiert, droht in der Islamischen Republik – zumindest laut Gesetzbuch – die Todesstrafe.

Diese harte Strafandrohung soll das Abfallen vom muslimischen Glauben, das in den Augen der Muslime eine unverzeihliche Sünde darstellt, zu unterbinden. Denn wie heißt es doch über Apostaten im Koran (4:48): »Siehe, diejenigen, welche glauben und hernach ungläubig werden, dann wieder glauben und dann noch zunehmen an Unglauben, denen verzeiht Allah nicht und nicht leitet Er sie des Weges.« In den Hadithen steht es noch deutlicher: »Töte denjenigen, der seine Religion ändert!«, fordert ein dem Propheten zugeschriebener Ausspruch. Und weiter: »Das Blut eines Muslims, der bekennt, dass niemand außer Allah angebetet werden darf und dass ich sein Prophet bin, darf nicht vergossen werden, außer in drei Fällen: Bei Mord, wenn eine Frau Ehebruch begeht und wenn jemand den islamischen Glauben zurückweist und die muslimische Gemeinde verlässt.«

Mit anderen Worten: Viel schlimmer als nicht Muslim zu sein ist es, einmal Muslim gewesen und vom Glauben abgekommen zu sein. Denjenigen, die den rechten Weg noch nicht gefunden haben wie Juden, Christen und Zoroastern, wird dies nachgesehen. Aber für Muslime, die den rechten Glauben bereits kannten, gibt es keine Entschuldigung. Missionare werden in der Islamischen Republik folglich als tickende Zeitbomben angesehen. In der Logik der Muslime rufen sie zu einem schlimmen Verbrechen auf. Um ihre Glaubensbrüder vor dem Begehen dieses Verbrechens zu bewahren, haben die Mullahs zum einen das Missionsverbot und zum anderen immense Strafandrohungen verhängt. Beide Maßnahmen sollen der Abschreckung dienen. Kommt es hart auf hart, so reicht es aus, seinen Irrweg öffentlich zu widerrufen und sich erneut zum »rechten« Glauben, also zum Islam, zu bekennen, um der Todesstrafe zu entgehen. Die Mehrheit der Konvertiten macht davon freilich auch Gebrauch. Daher wird die Strafe in der Praxis so gut wie nie vollstreckt. Gleichwohl gibt es traurige Ausnahmen.

Die alt eingesessenen Kirchen Irans haben sich zähneknirschend mit dieser Einschränkung arrangiert. »Dafür, dass wir eine Minderheit sind, geht es uns gut«, findet Sardarian Smbat, der eine der armenischen Kirchen Teherans verwaltet. Jedenfalls sei die Situation nicht so schlecht, wie westliche Ausländer immer meinten. Ob es manchmal Schwierigkeiten mit der islamischen Regierung gebe? »Diese Frage will ich lieber nicht beantworten«, sagt Herr Smbat laut – und dann leise: Natürlich gebe es das ein oder andere Problem, da der Missionierungsauftrag nun einmal Teil des christlichen Glaubens darstelle. In den vergangenen zehn Jahren habe es aber nur zwei iranische Muslime gegeben, die sich in seiner Kirche haben taufen lassen. »Viele kommen aus Neugierde, um sich unsere Zeremonien beim Gottesdienst anzuschauen und gehen dann wieder. Wir versuchen nicht, sie zu überzeugen.« Im Jahre dreißig der islamischen Revolution haben die Armenier gelernt, sich pragmatisch zu verhalten.

Andere christliche Gemeinschaften, namentlich die Protestanten, tun sich damit schwerer, vor allem die zahlenmäßig sehr kleine Anglikanische Kirche und die Jamiat-e Rabbani, deren Mitglieder zu 80 Prozent aus konvertierten Muslimen bestehen. Einer ihrer Pastoren, Hamid Pourmand, sitzt seit einigen Jahren im Gefängnis. Ihm wird vorgeworfen, seinen Glauben beim Eintritt in die iranische Armee verheimlicht zu haben. Und auch Todesfälle gab es bereits. So erregte vor Mitte der 90er-Jahre die Ermordung von Haik Hovsepian Mehr durch den iranischen Geheimdienst internationale Aufmerksamkeit. Der Jamiat-e Rabbani-Bischof hatte sich geweigert, dem »Ministerium für islamische Führung« Auskünfte über Neuzugänge in seiner Gemeinde zu geben. Auch der anglikanische Pastor Ghorban Tourani, ein konvertierter Sunni-Muslim, wurde Ende 2005 entführt und von Unbekannten ermordet. Beide Protestanten hatten in ihrem Eifer, die christliche Lehre zu verbreiten, kein Blatt vor den Mund genommen und damit den Zorn der Islamisten erregt.

Als »Abtrünnige« und »Verräter am islamischen Glauben« werden auch die Anhänger einer Religion verfolgt, die aus dem Schiitentum selbst hervorgegangen ist: die Bahai. Wer sich als Bahai zu erkennen gibt, verliert im Iran alle Bürgerrechte. Die Grundlage dafür bildet ein von Chomeini 1982 erlassenes Gesetz, demzufolge die Anhänger dieser Religion kein Eigentum besitzen können, kein Bankkonto einrichten, keinen Beruf ausüben sowie keine

Schule oder Universität besuchen dürfen. Sie erhalten keine Ausweise und keine medizinische Betreuung. Besonders in den ersten Jahren nach der Revolution wurden viele Bahai von islamischen Fanatikern getötet. Trotzdem leben auch heute noch geschätzte 300.000 Anhänger im Iran, die meisten von ihnen klandestin, da das Überleben als bekennender Bahai so gut wie unmöglich geworden ist.

Dass die Ajatollahs diese Glaubensgemeinschaft so hart verfolgen, liegt in ihrer Entstehungsgeschichte begründet. Sie geht auf einen Mann namens Ali Mohammed zurück. Dieser schiitische Geistliche verkündete am 23. Mai 1844 in der großen Moschee von Schiraz, dass er der von Gott auserwählte Heilsbringer für die gegenwärtige Epoche sei. Er nannte sich »Bab«, was auf Arabisch Tür heißt. Durch ihn würden die Gläubigen direkten Zugang zum Willen Gottes erhalten. Jahrhundertelang hätten die Mullahs die Botschaft Gottes falsch wiedergegeben. Er aber bringe nun die unverfälschte Lehre zurück.

Den Zeitpunkt für seine Verkündung hatte der Bab nicht zufällig ausgewählt. Just vor eintausend Jahren an jenem Tag war der schiitische Imam Mahdi, der letzte legitime Mohammed-Nachfolger, in die Verborgenheit »entrückt«. So hatten es die iranischen Ajatollahs berechnet. Dementsprechend waren die Gläubigen aufgeputscht, und nicht wenige hofften, dass Mahdi an dem historischen Datum wieder in Erscheinung treten würde. Doch Mahdi kam nicht. Stattdessen kam der Bab.

Innerhalb kürzester Zeit konnte der selbsternannte Heilsbringer eine beachtliche Anhängerschaft hinter sich vereinen. Dies lag vor allem am Inhalt seiner Botschaft. Er warf den Herrschern vor, ihre Untertanen zu misshandeln und zu viele Steuern zu verlangen. Das kam beim Volk gut an. Die Geistlichen klagte er an, dass sie machtgierig und käuflich seien. Den Frauen sagte er, sie dürften ihre Schleier ablegen, denn Gott habe Männer und Frauen dieselben Rechte zugeteilt. Seine Lehre barg sozialen Sprengstoff, und schon bald rotteten sich arme Bauern zum Aufstand zusammen. Es kam, wie es kommen musste: Schah Nasser al-Din schickte seine Soldaten und ließ die Rebellion blutig niederschlagen. Dem Bab wurde wegen Ketzerei der Prozess gemacht. Der Hauptvorwurf gegen ihn lautete, er habe sich mit dem Propheten Mohammed und den zwölf schiitischen Imamen auf eine Stufe gestellt. Das entsprach durchaus den Tatsachen. Der Geistliche hatte wiederholt behauptet, seine eigenen Schriften seien dem Koran ebenbürtig. Das Todesurteil war für die Richter Routinesache: Am 9. Juli 1850 wurde der Bab in Tabris erschossen.

Seine Bewegung aber lebte fort. Vor den Truppen des Schah flohen viele Bab-Anhänger ins Ausland, vor allem in den Irak, wo der Erzfeind des Schah, der Statthalter des osmanischen Sultan regierte. In Bagdad gründete sich die Exilgemeinde. Dort fand sich ein weiterer Mann, der den göttlichen Funken in sich spürte. Er war der Sohn eines persischen Ministers: Mirza Hussein Ali, besser bekannt unter seinem selbst gewählten Künstlernahmen »Baha'ullah« – Herrlichkeit Gottes. Was der Bab nicht vollenden konnte, wollte Baha'ullah abschließen. »Baha'ullah wird als der vorläufig letzte in einer Reihe von Gottesboten angesehen, die sich seit Anbeginn der Zeiten erstreckt«, heißt es auf der aktuellen Website der Bahai-Gemeinde in Deutschland über ihn. »Als Göttlicher Arzt legt Er ›Seinen Finger an den Puls der Menschheit. Er erkennt die Krankheit und verschreibt in Seiner unfehlbaren Weisheit das Heilmittel.«

Baha'ullah predigte das, was noch heute die Lehre der Bahai ausmacht. Seine Idee war es, die verschiedenen religiösen Offenbarungen zur einzigen Universalreligion zusammenzuführen. »Die Bahai-Religion bestätigt den geistigen Kern der bisherigen Hochreligionen«, bekennen die Bahai. »Sie erweitert ihn aber um diejenigen Elemente, die als neue Impulse unentbehrlich sind für die Entwicklung zu der umfassendsten Gemeinschaft der Einheit der ganzen Menschheit« Dazu war es Baha'ullahs Ansicht nach notwendig, die bestehenden Religionen wie Islam, Christentum oder auch den Buddhismus vom Ballast überlebter Konzepte zu befreien. In althergebrachten Konzepten wie Himmel und Hölle sah er lediglich Metaphern, die für die Sehnsüchte, Wünsche und Ängste der Menschen stünden, aber nicht wörtlich zu verstehen seien. Auch bräuchte man die religiösen Vorschriften der diversen Propheten nicht wortgetreu zu befolgen, denn sie seien im Kontext einer bestimmten Epoche entstanden und hätten sich im Laufe der Zeit erübrigt, predigte Baha'ullah. Daher verwarf er beispielsweise Konzepte wie den muslimischen Glaubenskrieg, die Polygamie und die Unterdrückung der Frau. Nur Meditation und gute Taten führten zur religiösen Vollkommenheit, setzte Baha'ullah dem entgegen.

Auf diese Weise verwandelte er die im Schiitentum verwurzelte sozialrevolutionäre Lehre des Bab in eine eigenständige Religion, die nur noch wenig mit dem schiitischen Islam, ja mit dem Islam überhaupt gemein hatte. Die Tatsache, dass trotzdem einige wenige schiitische Konzepte in der neuen Lehre erhalten blieben, stellt für den schiitischen Klerus jedoch eine permanente Beleidigung des Originals dar. In den Augen der Ajatollahs wird der islamische Glaube durch die anhaltende Zweckentfremdung in den Schmutz gezogen. Insbesondere die Nennung des Propheten Mohammed in einem Atemzug mit Krischna,

Buddha, Christus und ihrem eigenen Religionsstifter Baha'ullah als Gottesoffenbarer, verärgert die schiitischen Geistlichen zutiefst.

Verfolgt werden die Bahai im Iran deshalb ungefähr seit dem Tag ihrer Gründung. Schon im 19. Jahrhundert bedrohte sie abwechselnd die Schah-Polizei und schiitische Fundamentalisten. Babs und Baha'ullahs Anhänger wurden in regelrechten Massakern niedergemetzelt. Ihre Verdammung als »Ketzer« ist also keine Erfindung Chomeinis oder auf den schiitischen Gottesstaat reduziert. Vielmehr teilt die gesamte muslimische Welt diese Einschätzung. Die Argumentation, der auch die sunnitischen Muslime folgen, lautet folgendermaßen: Wer behauptet, der muslimischen Lehre nach Mohammed noch etwas hinzufügen zu müssen, kann nur als »Abtrünniger« entlarvt werden. Nicht zufällig befindet sich das religiöse Zentrum der weltweiten Bahai-Gemeinschaft deshalb heute im »Feindesland« der nahöstlichen Muslime, in der israelischen Stadt Haifa. Kein muslimischer Staat duldet seine Existenz.

Doch so einig sich die Muslime bei ihrer Verurteilung der Apostaten auch sind, so spinnefeind sind sie untereinander. Je ähnlicher eine religiöse Lehre dem schiitisch-islamischen Glauben ist, desto stärker wird sie offenbar von den Hütern der iranischen Staatsreligion als Konkurrenz zur eigenen Religiosität empfunden. Dies gilt insbesondere in Bezug auf das Verhältnis zwischen Schiiten und Sunniten im Gottesstaat. Man sollte meinen, dass die historischen Querelen zwischen beiden Konfessionen um die Nachfolge Mohammeds über dreizehn Jahrhunderte nach den Ereignissen von Kerbala vielleicht verjährt seien. Aber zumindest für die damals im Streit unterlegenen Schiiten hat sich die Frage nach der legitimen Führerschaft der muslimischen Gemeinschaft nicht erledigt. Sie pochen nach wie vor darauf, damals im Recht gewesen zu sein. Doch der einzige Ort auf der Welt, wo dies irgendjemanden kümmert, ist der Iran. Daher leben die Schiiten dort ihren Führungsanspruch als Kompensation aus.

In der Selbstwahrnehmung der Islamischen Republik spielen Muslime, die sich *nicht* zur Partei Alis bekennen, keine Rolle. Obwohl die Verfassung die vier sunnitischen Rechtsschulen pro forma anerkennt, ist die Existenz von Sunniten im schiitischen Gottesstaat ein Tabuthema. Die sunnitische Minderheit Irans wird regelrecht aus dem kollektiven Bewusstsein ausgeblendet. In der offiziellen Selbstdarstellung des Landes heißt es, die iranische Bevölkerung bestehe zu 98 Prozent aus Schiiten. Tatsächlich aber ist jeder zehnte Muslim im Iran kein Anhänger der Schia, weil Kurden, Belutschen und Turkmenen mehrheitlich der sunnitischen Variante des Islam anhängen. Das Problem iranischer Sunniten ist, dass sie völlig unsichtbar und, ausgenommen von ihrer ethnischen und regionalen Zugehörigkeit, von der schiitischen Mehrheit kaum zu unterscheiden sind.

Aus der Perspektive der Schiiten macht diese Absorption durchaus Sinn. Denn das Problem zwischen Sunniten und Schiiten besteht ja nicht in der religiösen Überzeugung, sondern, wie gesagt, im Führungsanspruch. Anders ausgedrückt: Wenn die Sunniten endlich die »rechtmäßige« schiitische Führerschaft anerkennen, wie sie es im von schiitischen Ajatollahs regierten Gottesstaat zwangsläufig tun müssen, ist das Problem zwischen den beiden Konfessionen aus schiitischer Sicht eigentlich gelöst. Zumindest die Schiiten sehen dann keine gravierenden Unterschiede zwischen beiden Gruppen mehr. Auf den Mangel sunnitischer Gotteshäuser im Iran angesprochen, winken die Schiiten folglich weise ab und erklären, dass diese gar nicht nötig seien. Man glaube ja an denselben Gott, dieselbe prophetische Offenbarung... Nur im Norden des Landes, vor allem auf kurdischem Gebiet, gibt es sunnitische Moscheen. In der Hauptstadt Teheran jedoch, in der vorsichtigen Schätzungen zufolge allein zwei Millionen Sunniten leben, werden sämtliche Moscheen von schiitischen Mullahs geführt. So bleiben den Sunniten nur Privathaushalte für eigene Versammlungen. Freilich können sie auch in schiitsch geleiteten Moscheen beten, sagen die Schiiten in großzügiger Gleichmacherei. Letztlich wird damit aber nichts anderes als eine Assimilation der Minderheit bezweckt.

Am entspanntesten ist der Umgang der Iraner mit der Religion ihrer Vorfahren, jener uralten Lehre, die auf den Prophezeiungen eines Mannes namens Zarathustra basiert. Dass die zoroastische Gemeinschaft Irans mit nur 30.000 Anhängern äußerst klein und überschaubar ist, also keine Konkurrenz für die offizielle Staatsreligion darstellt, dürfte gewiss ein Grund dafür sein. Zudem missioniert sie nicht, sondern fristet ein relativ isoliertes Dasein. Und da Kinder aus Mischehen nicht mehr als zur zoroastischen Glaubensgemeinschaft zugehörig gelten, nimmt ihre Zahl stetig ab.

Ein weiterer Grund ist die gehörige Portion Respekt, die die Iraner der Religion ihrer Vorfahren ehrlicherweise entgegenbringen. Im Gegensatz zu allen nicht-iranischen Muslimen sprechen sie den Zoroastern sogar den Status einer »Buchreligion« zu, obwohl sie im Koran gar nicht als solche erwähnt wird. Sie berufen sich dabei auf eine Überlieferung, der zufolge Mohammed auch von Zoroastern in Bahrain die für »Schriftbesitzer« fällige Kopfsteuer angenommen haben soll. Nicht zuletzt schwingt ein erheblicher Anteil Nationalstolz mit, wenn sie darauf verweisen, dass die Lehre Zarathustras alle jüngeren Religionen entscheidend geprägt hat.

Tatsächlich finden sich in der altiranischen Religion viele Konzepte, die zuerst in den jüdischen, später dann in den christlichen und schließlich in den muslimischen Glauben übernommen wurden. Als Zarathustra vor über 2600 Jahren im Osten Persiens seine Gedanken niederschrieb, existierte das Judentum bereits. Allerdings war die jüdische Lehre damals noch nicht dieselbe, die wir heute kennen. Einige grundlegende Ideen sollte zuerst Zarathustra formulieren, bevor sie im Zuge der Expansion des achämenidischen Perserreiches bis nach Israel Eingang in die jüdische Gedankenwelt fanden.

Zu diesen Konzepten gehört der Monotheismus. Zarathustra proklamierte die Existenz eines einzigen Gottes: »Ahura Mazda«, was soviel wie »weiser Herr« bedeutet. Dieser Gott, der die Kräfte des Guten verkörpert, ist gestaltlos und allgegenwärtig. Ihm gegenüber steht in Zarathustras Lehre der böse Dämon »Ahriman«, der versucht, die Menschen vom Glauben an das Gute abzubringen. Beide Kräfte ringen um Einfluss auf die Welt. Jeder Einzelne ist Schauplatz ihres Machtkampfes, und jeder kann sich kraft seines Willens entweder für das Gute oder das Böse entscheiden.

Dass ein böser Gegenspieler dem auch Abraham bereits bekannten monotheistischen Gott entgegengestellt wird, geht nach Ansicht der Religionswissenschaft auf Zarathustra zurück. Als »Teufel« oder »Satan« wird diese Figur ins Judentum sowie später in das Christentum und den Islam tradiert. Auch die Engel sind eine Erfindung der Zoroaster ebenso wie das Konzept eines »Jenseits«, in dem gute Taten belohnt und schlechte Taten bestraft werden. Der gesamte Dualismus zwischen Gut und Böse, Gott und

Teufel, Himmel und Hölle, der bis heute unser Weltbild prägt, stammt ursprünglich aus dem alten Persien.

Schriftlich niedergelegt wurden die religiösen Vorstellungen der Zoroaster in der »Avesta«, einer Sammlung von Ritualtexten. Den Überlieferungen zufolge soll sie noch zu Lebzeiten Zarathustras in goldenen Lettern auf 120 Ochsenhäuten verewigt worden sein. Sollte dieses Dokument je existiert haben, so ist es jedoch nicht erhalten geblieben. Tatsächlich wurde die zoroastische Lehre anfangs vor allem mündlich weitergegeben, bis man sie im sechsten nachchristlichen Jahrhundert zusammentrug und in einer speziell entwickelten Schrift festhielt. Sechzehn der insgesamt 72 Kapitel der Avesta, die so genannten »Gathas«, halten die Religionswissenschaftler allerdings für deutlich älter. Sie könnten den ursprünglichen Kern der Überlieferungen darstellen.

Darin werden Ahura Mazda und Ahriman als Zwillinge dargestellt, die das Gute und das Böse erschaffen haben. Ihnen stehen helfende gute und böse Geister zur Seite. Als böse Geister gelten die »Lüge« oder »böse Gesinnung«. Gute Geister sind Tugend, Wahrhaftigkeit, gute Gesinnung, Demut sowie Macht und Gesundheit. Auf der Ebene der Menschen stehen sich, den himmlischen Vorgaben entsprechend, Rechtgläubige und Götzendiener gegenüber. Rechtgläubige haben sich für das Gute entschieden, Götzendiener für das Böse. Die Frommen, so heißt es, werden in ihrem Leben finanziellen Reichtum, viele Nachkommen, irdische Herrschaft, Gesundheit und ein langes Leben erreichen. Nach dem Tod gelangen alle Seelen an die »Chinwad-Brücke«. Je nachdem, wie man sich im Leben betragen hat, ist sie mit einen schmalen oder breiten Laufsteg ausgestattet. Die Frommen gelangen über sie bequem in ein göttliches Reich namens »Garotman«, das Paradies. Für Götzendiener aber verengt sich die Brücke. Sie werden von ihrer »Daena«, dem eigenen Gewissen, an einem Seil hinunter in den Abgrund gezogen. Dort erwartet sie der »Ort ewiger Qual«, die Hölle. Parallelen zum späteren Konzept des »Jüngsten Gerichts« sind nur zu offensichtlich.

Der Kampf zwischen Gut und Böse begann Zarathustra zufolge, nachdem Gott eine Welt ohne Makel geschaffen hatte. Dort gab es einen idealen Menschen und ein ideales Tier, aber nichts Böses. Bis Ahriman auftauchte, der die ideale Schöpfung zerstören wollte. Dreitausend Jahre brauchte er, um in sie einzudringen und Gottes ideale Kreaturen zu vernichten. Daraufhin breiteten sich niedere Dämonen über die Erde aus. Aber auch die Idealwesen hatten ihre Samen hinterlassen. Aus ihnen schlüpften neue Lebewesen, die sowohl einen guten als auch einen bösen Anteil in sich trugen. Beide Kräfte sollten in den folgenden dreitausend Jahren um die Vorherrschaft streiten. Dann erschien der Prophet Zarathustra. Aber nur ein Teil der Menschen hörte auf ihn; andere wandten sich ab. Je länger das Erscheinen des Propheten zurücklag, desto mehr verfiel die Moral. Nach abermals dreitausend Jahren wird dann ein Heilsstifter namens Saoschjad erscheinen, der die Zeit der Abrechnung einleitet. Wenn danach die Welt, wie wir sie kennen, untergeht, wird der böse Geist Ahrimans für immer verschwinden.

Die religiösen Texte geben eine ziemlich präzise Orientierung, wer am Tag des Weltgerichts eine Belohnung und wer eine Bestrafung zu erwarten hat. Belohnt werden alle »Asha«-Ausüber, die Anhänger des Prinzips der Wahrhaftigkeit, das in der zoroastischen Ethik eine zentrale Rolle spielt. Bestraft hingegen werden diejenigen, die der Lüge gedient haben, die »Druj«-Anhänger. Als Sünden gelten Vertragsbruch, Diebstahl, Faulheit, Anstiftung zum Streit, Zerstörung von Brücken sowie das in mehreren Texten erwähnte Gehen mit nur einem Schuh. Religiöse Sünden sind die Ketzerei, die Zauberei und das Auslöschen von Feuern. Im sexuellen Bereich ist der Geschlechtsverkehr während der Menstruation, Abtreibung und Ehebruch untersagt.

Einzigartig machte die Zoroaster aber nicht so sehr ihr Glaube, der sich im Verlauf der Geschichte immer wieder stark wandelte, sondern ihre religiösen Praktiken. Viele Riten, die die Religion vorschreibt, werden heute von den orthodoxen Gemeinden noch genauso praktiziert wie vor zweieinhalbtausend Jahren. Der Kult um das Feuer, das den Zoroastern als heilig gilt, faszinierte bereits die Griechen. »Feueranbeter« nannte Herodot die Perser, denn schon damals wurde in ihrem Tempel eine heilige Flamme als Symbol für die Gottheit gehütet. Damals waren die Kuppelräume, in denen die Sakralfeuer brannten, nur hochrangigen Priestern zugänglich. Heute lodern die Sakralfeuer in großen, repräsentativen Silbervasen.

Zum Sakralfeuer wird ein Feuer durch die Weihe eines Priesters. Er ist ganz in weiß gekleidet. Die Farbe steht für seine Reinheit, welche für die Arbeit im Tempel unbedingt erforderlich ist. Um rituelle Reinheit zu gewährleisten, eigneten sich die Priester im Laufe der Jahrhunderte einen streng orthodoxen Lebensstil an. Sie heirateten nur innerhalb von Priesterfamilien und akzeptierten nur Speisen, die von Mitgliedern klerikaler Familien zubereitet worden waren. Herodot nannte sie »Magi« und bringt damit zum Ausdruck, dass Zeremonienmeister auf ihn befremdlich gewirkt haben mussten, so befremdlich, dass er ihre Praktiken der Kategorie der »Magie« im Sinne von illegitimer Zauberei zuordnete.

In der Tat muten die alten Rituale sonderbar für Außenstehende an. Nach der priesterlichen Weihe gilt das Feuer als religiöses Wesen. Das bedeutet, seine Einheit muss gewahrt werden. Es darf weder geteilt noch mit anderen Feuern verschmolzen werden. Aufgabe der Zeremonienmeister ist es, die Reinheit der Flamme zu gewährleisten. Keinesfalls darf es mit körperlichen Ausscheidungen oder anderer unreiner Materie in Berührung kommen. Auch im alltäglichen Umgang mit Feuer werden diese strengen Reinheitsregeln von den Zoroastern beachtet. Beispielsweise dürfen sie Kerzen nicht mit dem (unreinen) Atem des Mundes ausblasen. Auch eine Vermischung mit dem Element Wasser gilt es zu vermeiden, weshalb nur sorgfältig getrocknetes Holz als Brennstoff verwendet werden darf und darauf zu achten ist, dass das Wasser beim Kochen nicht überläuft.

Die religiösen Reinheitsgebote beherrschen auch die Bestattungsrituale. Das Verbot, Verstorbene zu begraben, dient dem Zweck, das ebenfalls als rein geltende Element Erde vor einer Verunreinigung durch tote Materie zu bewahren. Auch Herodot kannte dieses Verbot. Er beschrieb, dass Leichen zuerst von einem Raubvogel oder einem Hund »umhergezerrt« wurden, ehe man sie mit Wachs überzog und begrub. Zur Zeit der Antike war das zoroastische Bestattungsritual also zweistufig: Zuerst wurde die Leiche vorbehandelt und dann begraben, wobei die Wachsschicht dazu diente, den toten Körper von der »reinen« Erde zu trennen. Auf derselben Philosophie beruhte wohl auch die Bestattung der Achämenidenherrscher in den Felsengräbern von Naksch-e Rostam. Der isolierende Fels sollte einer Verunreinigung der Erde durch die Leichen vorbeugen. Erst in jüngerer Zeit wurden dann beide Stufen der zoroastischen Bestattung an denselben Ort verlagert. Die legendären »Türme des Schweigens« entstanden.

Auf diesen Bestattungstürmen, die aus einer verschlossenen, runden Steinfläche bestehen, werden die Leichen unter freiem Himmel ausgesetzt. Über ihnen kreisen aasfressende Geier. Binnen weniger Stunden wird jeder Neuzugang von ihnen »entfleischt«. Das Skelett bleibt noch eine Weile zum Trocknen in der Sonne, bevor es von Leichenmeistern in die zentrale Vertiefung überführt wird. Dort zerfallen die restlichen Knochen unter Einfluss der Witterung. Während die Türme bei den Zoroastern Indiens noch benutzt werden, sind sie im Iran mittlerweile eine Touristenattraktion. Die iranischen Anhänger Zarathustras lassen sich auf Friedhöfen bestatten. Allerdings sondern mit Steinen versiegelte Betonwannen ihre Gräber von der Erde ab, um die Gefahr einer Verunreinigung zu bannen.

Die Zoroaster Irans praktizieren heute eine abstraktere Version ihrer Religion. Denn bereits vor der islamischen Revolution fand hier im Laufe des 20. Jahrhunderts eine Rationalisierung der religiösen Lehre statt. Man distanzierte sich von einem übertriebenen Ritualismus seitens der Priester und besann sich auf die dahinter stehende Philosophie, den Grundgedanken Zarathustras. Das Gebot einer moralischen Lebensführung rückte dabei in den Mittelpunkt. Darunter verstehen die modernen Zoroaster vor allem drei Dinge: »gute Gedanken, gute Worte und gute Werke«. Das »Gute« wird allerdings nicht näher definiert. Vielmehr geht man davon aus, dass der Mensch mit der Fähigkeit ausgestattet ist, Gut und Böse zu unterscheiden.

Die meisten Priester Irans üben ihr Amt nur noch nebenberuflich aus und wenden die komplizierten Rituale in reduzierter Form an. Mehr denn je wird die Religion in Form einer auf dem Ideal der Reinheit basierenden Gesinnungsethik gelebt. Feuertempel gibt es noch in der Hauptstadt Teheran sowie in den lokalen Hochburgen Jasd, Kerman und Isfahan. Es ist eine Tatsache: Langsam sterben die »Feueranbeter« in ihrem Ursprungsland aus.

Nicht wegzudenken ist das Erbe Zarathustras allerdings aus der persischen Kultur. Zahlreiche Konventionen und Bräuche Irans gehen auf die alte Religion zurück. Darunter auch viele, die die Iraner für muslimisch halten. Etwa die Tradition, dass jeder Gläubige einen Priester – heute: Ajatollah – zu seinem spirituellen »Vorbild« erklärt und seine persönliche Religiosität nach ihm ausrichtet. Genauso wie die Ausstattung von Gotteshäusern mit fließend Wasser für eine rituelle Reinigung. Oder die ausufernden iranischen Trauerzeremonien, die eine Gedenkfeier für den Verstorbenen am ersten, dritten, siebten, am Monats- und schließlich dem Jahrestag des Ablebens einer Person vorsehen. Die Vorgabe, dass die Angehörigen eines Verstorbenen nicht trauern, sondern mittels guter Gedanken eine aufmunternde Stimmung verbreiten sollen, geht ebenfalls auf die zoroastische Lehre zurück. Und noch heute halten sich viele Iraner an diese althergebrachten Regeln.

Das wichtigste zoroastische Ritual, das die Zeiten überdauert hat, ist das iranische Neujahrsfest »Nooroz«. Es wird zeitgleich mit dem Frühlingsbeginn am 21. März gefeiert. Von ihrer gesellschaftlichen Relevanz her sind die Feiern zum neuen Jahr ungefähr mit dem Weihnachtsfest in der westlichen Welt vergleichbar. Nichts an diesem Fest ist islamisch: Am Mittwochabend vor Nooroz, dem »Chahar Schanbeh Suri«, werden überall auf den Straßen Feuer entzündet. Der Brauch schreibt vor, dass jedes Kind mindestens dreimal über ein solches Feuer springt. Dabei ruft man »Nimm mein Gelb und gib mir dein Rot!«, was so viel bedeutet wie: »Nimm meine Schwächen von mir und erfülle mich mit deiner Glut!«

Zum eigentlichen Festtag ziehen sich alle Familienmitglieder neue Kleider an. Dann wird ein spezielles Esstuch auf dem Boden oder auf einem Tisch ausgebreitet, auf dem man sieben symbolische Gegenstände arrangiert. Ihr Name beginnt jeweils mit dem arabisch-persischen Buchstaben »sin«, der für einen S-Laut steht. Beispielsweise: Grüne Kräuter (sabseh), Essig (serkeh), Münzen (sekkeh), Mehlbeeren (sedsched), Hyazinthenzweige (sombol), Äpfel (sib), Knoblauch (sir) und eine Süßspeise namens »Samanu«. Darüber hinaus finden sich Eier, ein Spiegel, Kerzen und bei religiösen Familien der Koran, als Ersatz für die ursprünglich vorgesehene Avesta. Säkular gesinnte Familien, die weder den Koran noch die Avesta auf dem Tuch sehen wollen, ersetzen das religiöse Buch mit dem iranischen Nationalepos »Schahnameh«. Nicht fehlen darf außerdem der kleine Goldfisch im Wasserglas, den es während dieser Jahreszeit bei jedem iranischen Gemüsehändler zu kaufen gibt. Man beschenkt sich gegenseitig, besucht Verwandte – wobei die Jüngeren zu den Älteren kommen müssen –, lässt sich die diversen Festessen schmecken. Bis zu zwei Wochen dauern die Neujahrs-Feierlichkeiten an.

Den meisten Iranern ist überhaupt nicht bewusst, dass sie dabei einem vorislamischen Ritus nacheifern, dass sowohl das Feuer als auch das Tuch mit den Neujahrsgaben sakrale Weihgegenstände aus der Religion Zarathustras sind. Sie halten den Brauch einfach für ihr traditionelles Frühjahrsfest. Nur ein paar unverbesserliche Frömmler erinnern immer wieder daran, dass die Traditionen eigentlich heidnisch seien. So stellte Ajatollah Safi-Golpaygani vor einigen Jahren am Vorabend des Chahar Schanbeh Suri eine Fatwa aus: »Ziel dieser ketzerischen Feierlichkeiten ist es, unserer islamischen Identität zu schaden.« Aber keiner hörte auf ihn. Die Menschen sprangen trotzdem über die Feuer. Zu tief ist das alte Brauchtum in der Seele des Volkes verwurzelt, dass selbst strenggläubige Muslime nicht darauf verzichten wollen.

8

DAS GEHEIMNIS MÖGE NIEMAND LÜFTEN

Literatur und poetisches Kino im Iran

Als der Afghanenkönig Mahmud die persische Hauptstadt Isfahan eroberte, soll es ein Blutbad gegeben haben. Pyramiden aus Totenköpfen habe der Eroberer errichten lassen, heißt es in den Legenden. »Ach ja?«, fragen die Iraner auf das historische Ereignis angesprochen heute mit einer Mischung aus Überheblichkeit und Trotz. »Und wer hat denn den Afghanen unsere Sprache beigebracht?«

Die Einwohner Irans definieren sich als die alte Kulturnation des Vorderen Orients, als die Nachkommen jener Zivilisation und Sprache, die Jahrtausende lang die gesamte Region dominiert hat. Was der trotzige Kommentar zum Ausdruck bringt, ist ihr kulturelles Überlegenheitsgefühl gegenüber anderen Völkern, die ebenfalls Persisch oder einen persischen Dialekt sprechen. Dies ist in Afghanistan, in Tadschikistan und in Teilen Pakistans der Fall. Denn das Persische (im Iran: »Farsi«; in Afghanistan: »Dari«) war in der Vergangenheit die lingua franca der Region. Von Bagdad bis Lahore verfassten Dichter und Denker ihre Werke auf Persisch. Darunter auch zahlreiche Literaten von Weltruhm wie der bereits von

Goethe geschätzte Hafis, der von Heinrich Heine bewunderte Firdausi oder der populäre Mystiker Dschelalladin Rumi.

Nicht selten allerdings gibt es Dispute darüber, welchem Land die Literaten der persischen Sprache überhaupt zuzurechnen sind. Iraner, Afghanen, Pakistanis, Kurden, Tadschiken und sogar Türken streiten sich um die berühmtesten Autoren. Für den Mystiker Rumi beispielsweise gibt es gleich drei Anwärter. Sowohl der Iran als auch die Türkei und Afghanistan halten ihn für »ihren« Dichter. Und alle drei haben Recht. Denn geboren wurde Rumi in Afghanistan. Gelebt hat er in Konya, in der heutigen Türkei. Gedichtet hat Rumi jedoch auf Persisch. Denn der geographische Raum, in dem das Persische als Literatursprache verwendet wurde, ging weit über das Gebiet des heutigen Iran hinaus. Diese Sprache stellte das kulturelle Bindeglied zwischen den verschiedenen Fürstentümern im iranischen Einflussgebiet dar. Als Erben sowie aktive Anwender des Hochpersischen fühlen sich die Iraner daher in besonderer Weise ihrem literarischen Vermächtnis verbunden.

Was sie an Rumi und anderen klassischen Dichtern besonders fasziniert, ist die Tatsache, dass ihre Verse, obwohl sie vor Jahrhunderten niedergeschrieben wurden, noch heute für jeden Farsi-Sprecher verständlich sind. Um den Sinn der historischen Zeilen zu erfassen, brauchen die Iraner kein Wörterbuch. Denn das Vokabular des Neupersischen ist im vergangenen Jahrtausend weitgehend identisch geblieben. Zwar sind neue Ausdrücke hinzugekommen, aber sie haben die alten nicht verdrängt, sondern werden parallel zu ihnen verwendet. Auch die Popularität der alten Dichtung begünstigte die Konservierung der persischen Sprache. Dadurch, dass die Begriffe von immer neuen Generationen an Lesern entdeckt und benutzt wurden, blieben sie in Mode und stellen bis heute einen Teil des aktiven Sprachgebrauchs dar.

Als Grundstein der neupersischen Literatur gilt die bereits erwähnte »Schahnameh«, das so genannte »Königsbuch« von Firdausi (siehe Kapitel 3). Eine Heldensaga, die die weitgehend fiktive Geschichte des iranischen Volkes, seiner Könige und seiner Nationalhelden in vorislamischer Zeit erzählt. Nach dem Trauma der arabischen Besatzung war Firdausi einer der ersten Dichter, der sich wieder auf das verdrängte, persische Schriftvokabular besann, das zu jener Zeit nur noch an den Höfen im Osten des muslimischen Reiches gepflegt wurde. Indem er fast vollständig auf arabische Lehnworte verzichtete, schuf er ein Referenzwerk, an dem sich viele spätere Literaten orientierten. Denn die Schahnameh stellt einen wahren Fundus an urpersischen Begriffen, Ausdrucksweisen und Namen bereit. Noch heute kennen und schätzen sie den Iran deshalb als Heimat ihrer Sprache. So wird das Epos beispielsweise bei Hochzeiten als Teil des Brautgeldes mitgegeben. Und es gibt wohl kaum einen Iraner, der nicht aus dem Gedächtnis ein paar Verse zitieren könnte.

Ihre Popularität hat die klassische Literatur aber nicht allein ihrer Sprachkunst zu verdanken. Auch die Inhalte bestechen durch Alterslosigkeit. Denn im Zentrum der alten Verse steht immer das Individuum. Ob nun in der Person des siegreichen Helden Rustam, als gerechter König Feridoon oder als verzweifelter Liebhaber, der nach dem Objekt seiner Begierde schmachtet. Diese Figuren bieten Projektionsflächen, mit denen der Leser sich auch heute noch identifizieren kann.

Vor allem die Verse des Nationaldichter Hafis eignen sich für eine radikal individuelle Interpretation. Deshalb thront der Gedichtband des alten Meisters in iranischen Haushalten oft an einem Ehrenplatz im Wohnzimmer. Wie ein Orakel befragen die Iraner das Buch, wenn sie wissen wollen, wie sie ein persönliches Problem lösen sollen oder eine Frage an die Zukunft haben. Dann wird der Hafis-Band an irgendeiner beliebigen Stelle aufgeschlagen, gelesen und die Textstelle interpretiert. Die Antwort auf die gestellte Frage, so die allgemeine Überzeugung, liegt in den Versen verborgen.

Sey das Wort die Braut genannt,
Bräutigam der Geist;
Diese Hochzeit hat gekannt,
Wer Hafisen preist.

Diese Zeilen veröffentlichte Goethe im Jahr 1819 zu Ehren des von ihm hoch verehrten Hafis und verweist damit zugleich auf ein Markenzeichen der persischen Dichtung: Das konkrete Vokabular auf der einen und der abstrakte Inhalt auf der anderen Seite. Ihr Zusammenspiel, das dem Leser manchmal scheinbar unauflösbare Rätsel aufgibt, begründet die mannigfaltige Interpretationsfähigkeit dieser Poesie und macht bis heute ihren Reiz aus. In den Versen eines Hafis beispielsweise ist auf der einen Seite von konkreten Personen und höchst anschaulich geschilderten Begebenheiten die Rede. Meist geht es um Hafis' jugendliche Liebhaber. Freimütig schwärmt der Dichter von ihren körperlichen Vorzügen und von seinen eigenen, romantischen Abenteuern mit ihnen.

Die Veilchen setzt in Verwirrung
ein Lockenwallen von dir,
Und Knospen sprenget ein Lächeln
Der Mundkorallen von dir...

Soweit die konkret anschauliche Seite. Aber Hafis' Gedichte haben immer auch eine spirituelle Dimension, in der es um nichts weniger als die Beziehung des Menschen zu Gott, seine Stellung im Kosmos oder seine irdische Vergänglichkeit geht. Für den modernen Leser ist diese Parallelität verwirrend. Schon zu Goethes Zeiten fragte man sich, was Hafis denn nun eigentlich gemeint habe, wenn er beispielsweise von der berauschenden Wirkung des Weines sprach: irdische Trunkenheit oder einen spirituellen Trancezustand? Friedrich Rückert, der viele Gedichte von Hafis ins Deutsche übersetzte, fasste das Rätsel seiner Verse einmal so:

Hafis, wo er scheinet Übersinnliches
Nur zu reden, redet über Sinnliches;
Oder redet er, wo über Sinnliches
Er zu Reden scheint, nur Übersinnliches?
Sein Geheimnis ist unübersinnlich,
Denn sein Sinnliches ist übersinnlich.

Das »Geheimnis«, das Rückert beschreibt, betrifft nicht nur Hafis sondern ganze Generationen persischer Dichter. Es entspringt der Tradition der Sufi-Dichtung. Als Sufis werden die Mystiker des Islam bezeichnet, also jene Muslime, die ihren Glauben nicht durch das strenge Befolgen starrer, orthodoxer Regeln leben, sondern eine ganz persönliche Gotteserfahrung suchen. Eine Gotteserfahrung, die weniger durch intellektuelle Einsicht als durch Meditationstechniken hervorgerufen wird und nicht selten auch eine körperliche Dimension besitzt. Noch heute dient der berühmte Drehtanz einiger Derwisch-Orden dazu, die Gläubigen in eine Art Rauschzustand zu versetzen, in der sie Gott begegnen können. Um diese sehr persönliche Erfahrung in Worte zu kleiden, verwendeten die Sufis Metaphern wie »Wein« oder »Liebesrausch«. Ihre Beziehung zu Gott beschreiben sie als leidenschaftliches Liebesverhältnis mit erotischen Dimensionen.

Daraus entwickelte sich ab dem 11. Jahrhundert eine mannigfaltige religiös inspirierte Dichtung. Neben theoretischen Abhandlungen und Lehrstücken verfassten gerade Theologen damals zärtliche oder auch inbrünstige Gedichte, die sinnliche Beschreibungen als Metaphern für ihre spirituelle Erfahrung gebrauchen. Beispielsweise Ahmad Ghazali, der jüngere Bruder des einflussreichen Religionsgelehrten Abu Hamid Ghazali. Über die von ihm erfahrene »Gottesliebe« notierte er:

Sie ist selbst Vogel und selbst Nest
sie ist selbst Wesen und selbst Eigenschaften
selbst Schwinge und selbst Feder
selbst Luft und selbst Flug
selbst Jäger und selbst Beute
selbst Gebetsrichtung und selbst Beter
selbst Suchender und Gesuchter
selbst Erster und selbst Letzter
selbst Fürst und selbst Untertan
selbst Schwert und selbst Scheide
Sie ist Hag und auch Baum
ist Zweig und auch Frucht
ist Vogel und Nest.

Als bekanntester Vertreter der mystischen Liebeslyrik kann wohl der bereits erwähnte Dschelalladin Rumi gelten, der mehr als hundert Jahre nach al-Ghazali und rund hundert Jahre vor Hafis lebte. Nach einer Begegnung mit dem persischen Wanderderwisch Schamseddin Tabrizi, die Rumi tief berührte, widmet er sein literarisches Schaffen der Beschreibung der Liebe: jener göttlichen Liebe, die Rumi durch seine Liebesaffäre mit Schamseddin erfahren hatte. Die meisten seiner Verse entstanden in einem Zustand religiöser Trance. Während Rumi sich beim Derwisch-Tanz um die eigene Achse drehte, sang er von der spirituelle Vereinigung mit dem Geliebten:

Als einen umfassenden Spiegel
der Ewigkeit begreife ich dich,
ich sehe in deinem Auge
mein eigenes Bild und sage mir: nun hab ich endlich
mich gefunden,
in deinem Augenpaar fand ich
einen hellen Weg,
mein Bild ruf mir zu
aus deinem Auge,
dass ich du bin,
du ich, vereinigt immerdar.

Spricht Rumi mit diesen Versen seinen geliebten Schamseddin an? Oder spricht er zu Gott? Die beiden Ebenen vermischen sich ganz offensichtlich: Spirituelle und konkrete Liebeserfahrung erscheinen als zwei Seiten derselben Medaille. Diese Doppeldeutigkeit der Verse ist gewollt; der Mystiker selbst besteht darauf. Wer der geliebte »Freund« sei, den er in seiner Dichtung so oft anspricht, gehe seine neugierigen Zuhörer nichts an, findet Rumi – wie er zu Beginn seiner Mathnawi (I, 135) trotzig verkündet:

*Des Freundes Geheimnis möge niemand lichten –
du höre auf den Inhalt der Geschichten!*

Unter den Literaturwissenschaftlern ist der Disput um dieses »Geheimnis« bis heute nicht verstummt. Während westliche Interpretatoren dazu tendieren, die konkrete Dimension der Liebesverse in den Vordergrund zu stellen, neigen Literaturkenner aus der muslimischen Welt eher zu der spirituell-religiösen Deutung. Insbesondere die konservativen Theologen der Islamischen Republik beharren darauf, dass der vielzitierte »Freund« nichts anderes als eine Metapher für den Propheten Mohammed sei und dass der so oft besungene »Wein« keinerlei Beziehung mit dem im Islam verbotenden Getränk aufweise.

Dies mag auf Rumi noch teilweise zutreffen. Schwieriger wird es bei Hafis, diese fromme Interpretation aufrecht zu erhalten, da er sich in vielen Versen explizit über die »Frömmler« und ihre strikten Moralvorstellungen sowie das Alkoholverbot mokiert. Gänzlich unglaubwürdig aber erscheint eine ausschließlich religiöse Deutung bei Omar Khayyam, dessen Vierzeiler – die »Rubayyat« – durch ihre Übersetzung von Edward Fitzgerald auch in der westlichen Welt bekannt geworden sind. Darin gesteht Khayyam unverblümt:

*In einem Arm den Krug, im anderen den Koran,
Bald auf dem graden Weg, bald auf verbotener Bahn,
So bin ich unter dem türkisgewölbten Dom
Kein ganzer Heide kein rechter Muselman.*

Oder er wünscht sich:

*O Frömmler, einen Wunsch nur mir erfülle!
Spar deinen guten Rat und schweig mir stille.
Glaub mir, ich geh gradaus, du siehst nur schief –
Drum lass mich gehen und kauf dir eine Brille!*

Diese Zeilen sind als beißender Spott an der orthodoxen Auslegung des Islam zu verstehen. Erstaunen muss dies vor allem, da Khayyam ein gesellschaftlich angesehener Gelehrter und Naturwissenschaftler war. Bis heute werden seine Errungenschaften im Bereich der Astronomie hoch geschätzt. Seine frechen Vierzeiler sind den Mullahs jedoch ein Dorn im Auge. Ihre Authentizität wurde von islamischen Denkern daher vielfach angezweifelt. Und oft wird Khayyams Tätigkeit als Poet in der Islamischen Republik schlicht geleugnet, weil sie der offiziellen Auslegung des Islam zuwider läuft. Es scheint fast, als fühle sich die orthodoxe Staatsführung dem literarischen Freigeist ihrer Vorfahren nicht mehr ganz gewachsen.

Zweifellos war der Islam, der in den alten Versen besungen wird, ein toleranterer als der heutige. Die religiöse Toleranz, die die klassische Epoche Irans kennzeichnete, verdeutlicht am besten eine Lehrerzählung des Dichters Sanei. Es ist die Parabel von den Blinden, die versuchen, einen Elefanten allein aufgrund ihres Tastsinns zu erkennen – ein Sinnbild dafür, dass die Menschen Gott nie in seiner Ganzheit begreifen können und dass verschiedene Interpretationen durchaus zulässig sind, da sie alle subjektiv und unvollständig sein müssen.

... Und jeder, der ein Glied von ihm berührte,
erfuhr nur das, was seine Hand verspürte,
und jeder machte sich ein falsches Bild
und band sein Herz an Phantasiegebild!
Als sie zur Stadt zurückgekehrt im Lauf,
da führten sie sich gar großmäulig auf,
da alle nach der Form des Tieres fragten,
und lauschten gut auf das, was jene sagten.
Der eine griff des Elefanten Ohr

Und redete dem, der ihn fragte, vor:
»Welch eine Form das Riesen-Ungetier hatte –
ganz breit und schwer und weit, wie eine Matte!«
Und der den Rüssel griff mit seiner Hand,
sprach: »Dieses ward mir ganz genau bekannt:
Er ist so lang wie eine Regenrinnen,
ganz fürchterlich, auch ganz hohl von innen!«
Und wer berührte von den Elefanten
Mit seiner Hand die Fühle des Giganten,
der sprach: »So starr und fest ist seine Form
wie einer kegelförm'gen Säule Norm!«
Denn jeder hatte nur ein Teil berührt –
so waren in die Irre sie geführt,
befangen in unnützer Phantasie,
im Sack gefang'ne Idioten sie!
Denn den Geschöpfen ist Gott nicht bekannt –
zu Ihm hat keine Wege der Verstand!

Aufgrund dieser Toleranz im sufistischen Islam, in dem unterschiedliche Vorstellungen von Gott akzeptiert werden und eine individuelle Annäherung an das Unfassbare als einziger für den Menschen gangbare Weg zu Gott gilt, vertritt die Islamwissenschaftlerin Annemarie Schimmel die These, dass es »unnötig sei, nach dem ›richtigen‹ Sinn der Gedichte zu fragen«. Sowohl ihre konkret menschliche als auch ihre abstrakt-spirituelle Auslegung sei richtig, da ja das eine fürs andere stehe. Der Gedanke, dass sich die unerreichbare, göttliche Schönheit auch in einem von ihm geschaffenen Medium, also im Menschen, spiegeln könne, sei den Sufis nicht fremd gewesen, argumentiert Schimmel: »Der ›Geliebte‹ ist sowohl menschlich und weist als solcher auf die absolute Schönheit des Göttlichen hin, als auch der Eine, der urewige und niemals zu beschreibende

Gott«, konstatiert Schimmel. »Es ist gerade dieses Oszillieren zwischen beiden Sinn-Ebenen, das den Reiz der klassischen Sufi-Poesie ausmacht.«

In einem autoritären Staat, der die freie Auseinandersetzung mit kulturellen und geistigen Entwicklungen nur bedingt zulässt, bilden Kunst und Literatur Zufluchtsorte. Sie stellen Foren dar, in denen gesellschaftliche und politische Entwicklungen auf subtile Weise abgebildet und kommentiert werden können. Da diese Foren jedoch permanent unter Beobachtung stehen, sind Ambiguität und Vieldeutigkeit auch in der Moderne ein Markenzeichen der persischen Literatur geblieben.

Auf ihr gesellschaftskritisches Potenzial hat die Schriftsteller ausgerechnet ein Mann hingewiesen, der, als ein Mitglied des Establishments, dieses hätte eigentlich fürchten müssen: Der Premierminister am Kadscharenhof Naser al-Dins, Amir Kabir, bezichtigte den Hofdichter, Habibollah Kaani, als dieser ihm in einer Lobeshymne über alle Maßen schmeichelte, der »glatten Lüge«. Ein peinlicher Vorfall für den devoten Literaten. Nach diesem Aufsehen erregenden Ereignis setzte bei den Schriftstellern Mitte des 19. Jahrhunderts eine Rückbesinnung auf ihre eigentliche Stärke ein. Immer mehr Stimmen forderten, dass die Literatur als Sprachrohr für soziale Bedürfnisse fungieren und gesellschaftliche Missstände aufdecken müsse. Untertänige Schmeicheleien, die das traditionelle Handwerk der vom jeweiligen Herrscher finanzierten Schreiberlinge darstellten, wurden als unzeitgemäß und fortschrittshemmend verdammt.

Aus dieser selbstbewussten Haltung heraus entwickelte sich die persische Literatur des 20. Jahrhunderts. Dichter wie Ali Akbar Dehkhoda und Abul-Qasem Aref gelten als Pioniere, die sowohl neue Inhalte in die Poesie einführten als auch mit althergebrachten Strukturen und lyrischen Figuren wie die erwähnten Doppelverse (mathnavi), die Vierzeiler (rubbaiyat) oder Gesänge (ghazale) experimentierten. Darüber hinaus beteiligten sie sich aktiv an den gesellschaftlichen und politischen Umwälzungen ihrer Zeit wie der konstitutionellen Revolution von 1905 und fühlten sich als Teil des Modernisierungsprozesses in ihrem Land. So betätigte sich Mohammed Taqi Bahar, der wohl bedeutendste Dichter der Moderne, auch als Politiker und unterrichtete als Professor an der neu gegründeten Universität Teheran. Dort setzte er sich für die These ein, »mit neuen Gedanken antike Verse zu schreiben«. Indem er traditionelle Elemente mit Elementen der modernen Sprache und auch der Alltagssprache sowie Dialekten des Farsi verband, trug er zur Weiterentwicklung der klassischen Literatursprache bei.

Trotz ihres reformatorischen Eifers fiel es den Schreibern aber nicht leicht, sich von ihren alten, literarischen Vorbildern loszusagen. So fühlte sich Nima Yuschidsch, der auch der »Vater« der neuen persischen Dichtung genannt wird, zunächst der Tradition der klassischen Dichter Sadi und Hafis verbunden, bevor er eigene Wege in der Lyrik beschritt: Yuschidsch rückte den »kleinen Mann« und dessen Bewältigung des Alltags in den Mittelpunkt. Da er selbst vom Land kam, war er mit dem Leben der einfachen Bauern und Hirten Irans vertraut. Diese Menschen ließ Yuschidsch nun sprechen: In ihrer einfachen Sprache, die den freien Fluss der Gedanken erlaubt, losgelöst von den althergebrachten Versmaßen und Rhythmen. Trotz seines Bruchs mit dem traditionellen Reimen darf man Yuschidschs Verse jedoch getrost, wie die von Altmeister Hafis, als Dialog zwischen mehreren symbolischen Referenzen lesen. Wie bei den Klassikern lässt sich ihre »Bedeutung« nicht auf eine Sinnebene begrenzen.

Iranische Schriftsteller sind wahre Meister des Doppelsinns geblieben. Trotz aller Innovationen auf der formalen Ebene haben sich auch die modernen Vertreter des Handwerks, ebenso wie Drehbuchautoren, Theater- und Filmregisseure, dieses Markenzeichen nicht nehmen lassen. Aus gutem Grund, denn der indirekte Ausdruck mittels Metaphern, Allegorien und Bildern ist eine Überlebensstrategie. Nicht erst, seitdem das Kulturministerium der Islamischen Republik die Vereinbarkeit der künstlerischen Produktion mit den Regeln des Islam – oder besser gesagt: mit der vom Staat offiziell anerkannten Variante des Islam – überwacht, müssen die Kulturschaffenden auf der Hut sein. Schon zu Schah-Zeiten riskierten Schriftstellter, den Zorn der Staatsgewalt auf sich zu ziehen, sobald sie die gesellschaftlichen Verhältnisse oder das Königshaus allzu direkt kritisierten. Die Notwendigkeit der Verschleierung der eigentlichen Botschaft bestand also lange vor der Islamischen Revolution. Metaphorische Bilder, die aufgrund der langen literarischen Tradition mit zahlreichen Bedeutungsdimensionen konnotiert sind, gestatteten es damals wie heute iranischen Künstlern, an der jeweiligen Zensurstelle vorbei mit ihrem Publikum zu kommunizieren.

Eine Ausweitung der literarischen Kommunikation auf das Bildmedium war eine logische Konsequenz dieser speziellen Voraussetzungen. Am subtilsten konnten Botschaften, die der allgemeinen gesellschaftlichen Ordnung oder den strengen Moralvorstellungen des Islam zuwiderliefen, übermittelt werden, indem man die eigentliche Aussage hinter Bildern verbarg, die beim Zuschauer mannigfaltige Assoziationen weckten. Aus diesem Grund gab es im Iran von Anfang an eine starke Verbindung zwischen

Literatur und Film. Bereits in der Zeit, in der das neue Medium aufkam, also in den 30er-Jahren, kam es zu einer regen, wechselseitigen Befruchtung. Filmregisseure suchten ihre Vorbilder in der Literatur, und Literaten schrieben für den Film. Aufgrund dieser als völlig selbstverständlich empfundenen Nähe wurde für beide Kunstformen auch dieselbe Messlatte angelegt. Ein Film, so erklärte ein Filmkritiker der Teheraner Tageszeitung »Keyhan« 1948 einmal, sei »gut«, wenn »seine Geschichte von einem berühmten Autoren verfasst oder von einem großartigen Buch übernommen wurde«.

Aus dieser Geisteshaltung heraus entwickelte sich das poetische Kino Irans. Schon die Pioniere unter den Filmemachern, wie Abdol Hussein Sepanta, der 1932 mit »Das lorische Mädchen« den ersten Film in persischer Sprache schuf, verarbeiteten auf der Leinwand entweder eigene Geschichten oder schöpften aus der klassischen Literatur. Die Sagen und mythischen Liebesgeschichten der mittelalterlichen Dichter Nezami und Firdausi gehörten zum Lieblingsstoff dieser frühen Regisseure. In Filmen wie »Schirin und Fahrhad« (1934, 1970), »Laila und Maschnun« (1937, 1956), »Josef und Sulaika« (1956), »Rustam und Sorab« (1957) oder »Bijan und Manijeh« (1958) fanden die berühmten Liebespaare aus der alten Erzähldichtung ihren Weg in die Kinosäle. Aber auch bei kontemporären Literaten bedienten sich die Regisseure. So beruht Dariush Mehrjuis Film »Die Kuh« (1969) auf einer Vorlage des Novellisten Gholam Hossein Saedi. Und das Skript für »Dash Akol« (1971) lieferte der Schriftsteller Sadegh Hedayat.

Selbst wenn nicht alle Autoren auch professionelle Drehbücher ablieferten, bereicherte die enge Verbindung zwischen Literatur und Film das iranische Kino enorm. In den Studios von Teheran entwickelte sich ein völlig eigener Stil, eine neue kulturelle Ausdrucksmöglichkeit, mit Hilfe derer die sozialen Fragen der Zeit thematisiert und subtile Gesellschaftskritik geübt wurde. Viele Filme durften daher bereits unter dem Schah-Regime nicht in der Öffentlichkeit gezeigt werden und wurden auch von internationalen Festspielen verbannt.

Mit Argusaugen beobachteten die Zensoren etwa die Produktionen von Dariush Mehrjui. Seinen Streifen »Der Kreis« behielten sie ganze vier Jahre in der Schublade, bevor er, kurz vor der Islamischen Revolution, doch noch in die iranischen Kinos kam. Ähnlich erging es dem Regisseur mit seinem wohl bekanntesten Film »Die Kuh«, dem Überraschungserfolg des Filmfestivals von Venedig im Jahr 1971. Obwohl mit öffentlichen Geldern gefördert, wurde er wegen seiner schonungslosen Darstellung der ärmlichen Verhältnisse im Iran kurz vor seinem Kinostart zunächst verboten. Die Film-Handlung: In einem abgelegenen Dorf leben bettelarme Bewohner in ständiger Angst vor Plünderern. Die einzige Kuh in dem Ort gehört Hassan, der Tag und Nacht fürchtet, dass ihm sein Schatz gestohlen werden könnte. Als die Kuh eines Tages tot aufgefunden wird, begraben sie die Dorfbewohner und sagen Hassan, dass sie davongelaufen sei. Hassan wird mit diesem Verlust nicht fertig, er zieht sich in seine Scheune zurück und nimmt nach und nach die Identität der Kuh an. Dass sich die desolate Lage der Menschen im Dorf auf die Situation der iranischen Bauern bezog, war natürlich auch den königlichen Zensoren klar. Erst nachdem Mehrjui die Handlung mit einem Einschub in eine weit entfernte Vergangenheit zurückversetzt hatte, erlaubten sie ihm die Vorführung des Films im Iran. Als Parabel verpackt erschien ihnen die immanente Gesellschafts- und Systemkritik gerade noch akzeptabel.

Auch mit dem orthodoxen Islam stand das iranische Kino von Kindesbeinen an auf Kriegsfuß. Da einheimische Produktionen den muslimischen Moralvorstellungen teilweise durchaus Rechnung trugen, richtete sich der Zorn vieler Mullahs weniger gegen seine Inhalte als gegen die Institution an sich. Fielen nicht ganze Gruppen von Frauen der Oberschicht unverschleiert in den Kinosälen ein? Saßen unverheiratete Männer und Frauen nicht unbeobachtet in der Dunkelheit beisammen? Schon allein aufgrund dieser Tatsachen galt das Kino radikalen Muslimen als Ort der Subversion, der Verwestlichung, der Sünde. Am Vortag der Revolution wurden regelrechte Kämpfe vor der Leinwand ausgetragen. Bei einem Brand im »Rex«-Kino von Abadan 1978 starben vierhundert Menschen. Insgesamt wurden bei den Revolutionsunruhen 180 Kinosäle angezündet oder mutwillig zerstört.

Nach der Revolution verkündete Chomeini zunächst ein Verbot aller Filmvorführungen. Doch schon bald änderte der Revolutionsführer seine Meinung. Der Iran-Irak-Krieg war ausgebrochen, und Chomeini hielt es für opportun, die Leinwand für Propagandazwecke zu nutzen. »Wir sind nicht gegen das Kino«, verkündete Chomeini deshalb. »Das Kino ist eine moderne Erfindung, dessen Sinn die Erziehung ist, aber wie Sie wissen, wurde es stattdessen benutzt, um unsere Jugend zu korrumpieren. Wir sind gegen den Missbrauch des Kinos.« Gemäß der Vorgabe, das Kino für die »Erziehung« des Volkes zu nutzen, wurden ganze Batterien von Kriegsfilmen abgedreht. Sie verliefen alle mehr oder weniger nach demselben Muster: Nach dem Beispiel des schiitischen Märtyrers Imam Hussein in Kerbala opferten sich fromme iranische Soldaten in heldenhafter Manier für ihr Land auf. Filmemachern, die bereit waren, im Sinne dieser Doktrin zu arbeiten, wurden finanzielle Anreize geboten. Allerdings zeigte die Öffentlichkeit wenig Interesse an den propagandistischen Streifen.

Nach dem Tod Chomeinis lockerte sich die streng ideologische Ausrichtung der Filmproduktion. Mit Beginn der Nachkriegszeit ließ das Kulturministerium ein breiteres Spektrum an Themen in den Kinos zu. Bald darauf schon entwickelte sich der iranische Film unverhofft zum Exportschlager der Islamischen Republik. Regisseure wie Dariush Mehrjui, Bahram Bayzai, Abbas Kiarostami und der ehemalige Kriegsfilmregisseur Mohsen Makhmalbaf gewannen zahlreiche Preise auf internationalen Festivals, da ihre Streifen im Gegensatz zur westlichen Massenproduktion höchsten künstlerischen Ansprüchen genügten. Auch die Tatsache, dass man sich im Gottesstaat nicht dem Diktat Hollywoods beugen musste, trug wohl zum erneuten Aufblühen des literarisch geprägten Kinos im Iran bei.

Eine Ära von mehr Freiheit brach Ende der 90er-Jahre unter dem reformorientierten Präsidenten Mohammed Chatami an. Er privatisierte die Filmproduktion, wodurch sie unabhängiger vom Staat wurde. In seiner achtjährigen Amtszeit kamen viele Produktionen auf die Leinwand, für die das iranische Kino bis heute Weltruhm genießt. Darunter Abbas Kiarostamis »Der Geschmack der Kirsche« (1997), der die melancholische Geschichte von einem Mann erzählt, der sich das Leben nehmen will und einen Totengräber sucht, obwohl Selbstmord im Islam strengstens verboten ist. Oder Mohsen Makhmalbafs »Kandahar« (2001): Ein semifiktives Drama über eine afghanisch-stämmige Journalistin, die zu Zeiten der Taliban eine Reise in ihr Heimatland unternimmt. Auf einem Tonbandgerät zeichnet sie während der Reise ihre Gedanken auf. Sie erlebt am eigenen Leib, wie die Frauen von den

Taliban unterdrückt werden und lässt den Zuschauer, der die Ungerechtigkeiten, die Frauen im Namen des Islam angetan werden, auch auf die Situation der Frauen im Iran übertragen konnte, an ihren Gefühlen teilnehmen. Kritik an den Hardlinern des eigenen Regimes mit einem Verweis auf die sunnitischen Taliban im Nachbarland zu kaschieren, ist unter den Kulturschaffenden Irans eine gängige Methode.

Sogar Kritik an den Vertretern der Religion war unter Chatami in Maßen erlaubt. Immer unter der Prämisse, dass sie auf die im Iran übliche Weise als Parabel verpackt wurde. Einen absoluten Kassenschlager landete in Chatamis letztem Regierungsjahr der Regisseur Kamal Tabrisi mit seiner Komödie »Marmulak« (2004), zu deutsch: »Die Kletterechse«, ein Tier, das in der persischen Symbol-Sprache, ähnlich wie bei uns das Chamäleon, für seine Unaufrichtigkeit und Wandlungsfähigkeit steht. Der Film handelt von einem Dieb namens Resa Marmulak, der sich als Geistlicher ausgibt. In der gestohlenen Kleidung eines Mullahs – inklusive einer Sonnenbrille, wie sie Chatami damals trug – tritt Marmulak seinen Dienst in der Moschee einer entlegenen Gemeinde an. Trotz oder gerade wegen seiner Unkenntnis des Islam, kann er bei den Dorfbewohnern punkten. Obwohl er nicht einmal weiß, wie man richtig betet und sich das Predigen im Fernsehen abguckt, schafft er es, die Dorfmoschee zu füllen. Der Film spart also nicht mit Ironie und subversiven Untertönen gegen das religiöse Establishment. In den Teheraner Kinosälen bogen sich die Zuschauer vor Lachen.

Diese Zeiten sind heute vorbei. Unter Ahmadinedschad sind die Sitten im Iran wieder rauer geworden. Zwar mangelt es nach wie vor nicht an Zuschauern, die den modernen Azadi-Kino-Komplex in der Hauptstadt füllen, um sich in seine weichen Plüschsessel fallen zu lassen und in neuster Klangtechnik einen Film zu genießen – wenn die aktuellen Streifen nur nicht so entsetzlich langweilig wären! Denn die Filme der Regisseure, die das iranische Kino so berühmt gemacht haben, sucht man in diesen Sälen vergeblich: Weder ein Abbas Kiarostami noch ein Dariush Mehrjui bekommen vom Kulturministerium die Erlaubnis, ihre Werke in der Heimat zu zeigen.

Für den Dinosaurier unter den iranischen Filmemachern, der schon mit den Zensoren des Schah-Regimes zu kämpfen hatte, ist dies besonders bitter. Dariush Mehrjui, der in seinem Leben nicht weniger als 49 nationale und internationale Filmpreise gewann, hat 2007 ein Sozialdrama über Drogenabhängigkeit gedreht. Der Film gewann auf dem Teheraner Filmfestival auf Anhieb den Publikumspreis. Seitdem wartet Mehrjui vergebens darauf, »Santouri« auch in den iranischen Kinos zeigen zu dürfen. Denn der Film, der die Geschichte eines Meisters des iranischen Streichinstruments Santour erzählt, dessen Heroinabhängigkeit seine Ehe zerstört, ist aus verschiedenen Gründen ein rotes Tuch für die Zensurbehörde. Für westliche Ohren mögen sie banal klingen: Die sinnliche Frau des Protagonisten singt vor sich hin, obwohl Frauengesang im Islam verboten ist. Das Paar vergnügt sich auf illegalen Partys, in denen getanzt und Alkohol getrunken wird. Als ihre Ehe zu Bruch geht, kommt es zu wilden Beschimpfungen und Flüchen: »Du dreckiger Heroinkopf!«, sagt die Frau zu ihrem Mann. »Du dumme Schlampe«, antwortet er. Worte, die Irans Sittenwächter für schädlich halten. Am schlimmsten wiegt wohl aber die direkte Anklage der Protagonistin: »Ich hasse dieses aggressive, verlogene, gnadenlose Land, das die Leute zu Drogenabhängigen macht.«

Altmeister Mehrjui ist frustriert. So frustriert, dass er keine Motivation mehr verspürt, neue Filme zu drehen. »Santouri wurde ein Opfer des (Zensoren-)Geschmacks. Ich habe seit seiner Fertigstellung zu Hause gesessen und gar nichts mehr gemacht – die allgemeine Atmosphäre begünstigt das Filmemachen nicht gerade«, beklagt er sich in der Teheraner Zeitung «Etemat».

Dabei steht Mehrjui mit seinen Schwierigkeiten keinesfalls alleine da. Auch Abbas Kiorostami drehte seinen neusten Film »Zertifizierte Kopie« außerhalb des Iran und erstmals mit nicht-iranischen Schauspielern, darunter die Französin Juliette Binoche. »Die Missachtung des kulturellen Kinos ist beunruhigend«, beschweren sich fast fünfzig iranische Filmemacher in einem offenen Brief an den Kulturminister Mohammed Hussein Safar Harrandi. »Die Entscheidungsträger haben diese Art von Kino vom Publikum isoliert.« Aber Harrandi, ein ehemaliges Mitglied der Revolutionsgarden, steht zu seiner restriktiven Politik. Unter Chatami sei eine Reihe von »Junge trifft Mädchen«-Filmen entstanden, die sich »von ethischen Prinzipien und familiären Werten entfernt« hätten, kontert er. »Dies hätte unterbunden werden müssen.«

Wer die Filme von Mehrjui, Kiarostami und anderen trotzdem sehen will, muss sich an einen DVD-Verkäufer auf dem Schwarzmarkt wenden. »Filmi« werden die fliegenden Händler genannt, die den Passanten DVDs feilbieten. Sie haben sowohl einheimische, zensierte Streifen wie auch westliche Filme im Sortiment, die ebenfalls im Iran nicht gezeigt werden dürfen. Trotzdem sind die Scheiben gefragt: 50 bis 80 von ihnen verkauft ein Händler pro Tag.

Begehrt sind bei den Schwarzhändlern neuerdings auch die Werke iranischer Filmemacherinnen. Seit einigen

Jahren betätigen sich verstärkt Frauen im Filmbusiness. Erstaunlicherweise ist ihr Anteil in der Branche sogar höher als in den meisten westlichen Ländern. Angesichts der gesellschaftlichen Restriktionen, denen Frauen im Iran unterworfen sind (siehe Kapitel 9), mag diese Entwicklung paradox erscheinen. Oder eine logische Konsequenz. Denn Tatsache ist, dass die Lebensbedingungen von Frauen reichlich Stoff für die künstlerische Auseinandersetzung bieten. Zum einen, weil sie als Symptom des seit drei Jahrzehnten herrschenden islamischen Systems angesehen werden müssen. Zum anderen, weil sich die Widersprüche zwischen Tradition und Modernität in der iranischen Gesellschaft nirgendwo deutlicher als in der Situation der Frauen zeigen.

Schon vor der Islamischen Revolution interessierten sich iranische Dichterinnen und Autorinnen für dieses Sujet. Als Ikone der weiblichen Avantgarde gilt die Lyrikerin Forough Farokhzad. Bereits mit ihren ersten, in den frühen 50er-Jahren erschienenen Gedichten machte Farokhzad Furore, weil sie radikal mit traditionellen Formen und Inhalten brach. So radikal, dass die offizielle Propaganda der Islamischen Republik sie heute als »verwestlichte, dekadente Hure« bezeichnet und die meisten ihrer Gedichte auf den Index gesetzt hat, obwohl sie zu den meistgelesenen Dichterinnen des Landes zählt. Als erste Iranerin verarbeitete sie sexuelle Themen aus einer subjektiv weiblichen Perspektive, was nicht erst unter den Mullahs ein absolutes Tabu in der Männergesellschaft Irans darstellt. In ihren Versen spiegelten sich intimste Gefühle, wie die Lust nach dem anderen Geschlecht. So gesteht sie in ihrem Gedicht »Sünde«:

> *Ich habe voller Genuss gesündigt*
> *in einer warmen, leidenschaftlichen Umarmung.*
> *Ich habe inmitten von Armen gesündigt,*
> *die heiß und rächend und wie aus Eisen waren.*
> *In dieser dunkeln und stillen Verborgenheit*
> *schaute ich in seine geheimnisvollen Augen.*
> *Und mein Herz schlug ungeduldig in der Brust*
> *als Antwort auf ihre flehende Frage...*

Aber auch ihren Schmerz und ihre chronische Depression teilt Farokhzad in schonungsloser Offenheit mit den Lesern. Durch »Der Wind wird uns tragen« etwa schimmert pure Verzweiflung:

> *In meiner kleinen Nacht, ah!*
> *hat der Wind eine Verabredung mit den*
> *Blättern der Bäume.*
> *In meiner kleinen Nacht gibt es die Agonie*
> *der Zerstörung,*
> *horch!*
> *Hörst du nicht wie die Dunkelheit bläst?*
> *Ich schaue auf dieses Glück als Fremdling,*
> *bin süchtig nach meiner Hoffnungslosigkeit.*

Als Farokhzad 1967 im Alter von nur 33 Jahren bei einem Unfall starb, standen ihre Bewunderer unter Schock. Schnell entstanden Gerüchte, die Dichterin habe das Autounglück absichtlich herbeigeführt und sogar in ihren Versen angekündigt. In Wirklichkeit aber hatte Farokhzad wohl tatsächlich einen Unfall. Der tragische Tod ließ ihr kurzes Leben allerdings als ein lyrisches Statement erscheinen. Bald schon avancierte Farokhzad zur Galionsfigur für Feministinnen und Andersdenkende im Iran.

Die Dichterin selbst sah sich eigentlich nicht als Vorkämpferin für die Sache der Frau, und sie wollte die Tatsache, dass sie eine Frau war, auch nicht überbewertet wissen: »Dass meine Gedichte einen gewissen Grad an Feminität besitzen, ist wohl ziemlich normal, wenn man bedenkt, dass ich eine Frau bin«, äußerte Farokhzad einmal. »Ich bin froh darüber, eine Frau zu sein. Aber ich glaube nicht, dass das Geschlecht als Kriterium für den künstlerischen Wert (meiner Poesie) herangezogen werden kann. Darüber sollte man überhaupt nicht sprechen.« Gleichwohl wurde Farokhzad zum Vorbild für ganze Generationen von Künstlerinnen im Iran. Vor allem Schriftstellerinnen und Filmemacherinnen fühlten sich durch ihren Mut und ihre Unkonventionalität inspiriert.

Es gab viele, die ihr nacheiferten. Nach der Revolution kam es zu einem sprunghaften Anstieg von Frauen, die sich als Autorinnen betätigten. Die aufgezwungene Unsichtbarkeit unter dem Kopftuch weckte bei den Betroffenen das Bedürfnis, sich stärker mit der eigenen Stellung in der Gesellschaft auseinanderzusetzen. Resultierte die bereits zuvor bemängelte Geschlechterdiskriminierung doch nun nicht mehr allein aus der patriarchalen Tradition des Landes, sondern wurde aktiv von Seiten der Staatsführung unterstützt. Auf der anderen Seite gab es durch die Bildungsoffensive der Islamischen Republik mehr und mehr Frauen, die eine Universitätsbildung genossen hatten und in der Lage waren, ihren Gedanken auf literarische Weise Ausdruck zu verleihen.

In dieser Situation entstand eine wahre Flut an Werken aus weiblicher Feder. Allerdings mussten die Frauen auf der Hut sein, denn ein allzu konkreter Bezug auf das Hier und Jetzt konnte sehr unangenehme Konsequenzen nach sich ziehen. So wurde die Schriftstellerin Shahrnush

Parsipur wegen ihrer Erzählsammlung »Frauen ohne Männer« Anfang der 80er-Jahre von der islamischen Regierung mehrere Jahre lang inhaftiert. In ihren Kurzgeschichten beschreibt sie die Einsamkeit und Verzweiflung junger Iranerinnen, die unter den Zwängen des islamischen Moralkodex stehen. Besonders werden der Anspruch, die Jungfräulichkeit bis zur Heirat zu bewahren und der daraus resultierende Druck auf die Frauen, hinterfragt.

Diese Erfahrung war Parsipur, ebenso wie anderen weiblichen Autoren, eine Lehre. Ihr nächster, 1989 erschienener Roman »Tuba oder die Bedeutung der Nacht«, der zu den meistverkauften und meistdiskutierten Werken der modernen persischen Literatur zählt, ist dem Genre des historischen Romans zuzurechnen. Die Protagonistin namens Tuba lebt im Iran des vorigen Jahrhunderts, also fernab von den Realitäten der Islamischen Republik. Tuba, deren Name in den religiösen Schriften einen heiligen Paradiesbaum bezeichnet, beginnt ihre Erkundung der Welt außerhalb des Elternhauses mit Hilfe eines Globus. Hundert Jahre dauert dann ihre Odyssee auf der Suche nach Wahrheit und Identität in einer Welt, in der die alten Überzeugungen und Werte ihre Bedeutung verloren haben. Obwohl dieser Roman Parsipur zu einer der erfolgreichsten Autorinnen der Gegenwart machte, wollte sie sich mit den Restriktionen, die ihr das Kulturministerium auferlegte, nicht dauerhaft arrangierten. Zwei Jahre nach dem Erscheinen von »Tuba« emigrierte sie in die USA, da sie in der Islamischen Republik für sich keine Zukunft als Schriftstellerin sah.

Parsipurs Technik, sozialkritische Geschichten in einer anderen Zeit spielen zu lassen, machte Schule. Nicht zufällig erfreut sich der historische Roman heute größter Popularität im Iran. Auch die Autorin Ghazaleh Alizadeh verlegte die Handlung ihres Romans »Das Haus der Edrisis« (1991) in ein zentralasiatisches Land. Erzählt wird scheinbar von den Wirren der Oktoberrevolution. Die dunkle Atmosphäre, die Zerrissenheit der Menschen und der Untergang der Familie Edrisi sind jedoch offensichtliche Gleichnisse für die Ereignisse während der Islamischen Revolution. Trotz anhaltender Repression setzten sich in vielen nachrevolutionären Werken innovative Tendenzen durch. Besonders jüngere Schriftstellerinnen scheuen sich trotz der zu befürchtenden Sanktionen nicht davor, an gesellschaftlichen Tabus zu rütteln und mittels immer neuer Formen ihre Gedanken auszudrücken.

Seit Anfang der 90er-Jahre kommen Frauenthemen dann auch im männlich dominierten Film in Mode. Dariush Mehrjui drehte gleich vier Filme, die sich allesamt mit weiblichen Charakteren und ihren Obsessionen beschäftigten. Der erste von ihnen, »Banoo« (1991), erzählt die Geschichte einer betuchten Iranerin mittleren Alters, die irgendwann entdeckt, dass ihr Ehemann auch mit einer anderen Frau zusammenlebt. Von ihr zur Rede gestellt, gibt er seine Schuld zu und verlässt sie. Banoo nimmt daraufhin die in Not geratene Familie ihres Gärtners bei sich auf, welche ihr Haus und ihr Leben bald völlig in Besitz nimmt und verfällt in eine Depression. Die an die Gesellschaftsdramen Ibsens erinnernde Story lässt sich als melancholische Metapher für die Entwicklung im nachrevolutionären Iran verstehen. Das ahnten wohl auch die Zensoren, die den Film sieben Jahre lang in der Schublade hielten, bis er unter Chatami doch noch seinen Weg in die Kinosäle fand.

Unter der liberalen Kulturpolitik des reformorientierten Präsidenten drängten dann auch mehr und mehr

Frauen mit eigenen Produktionen auf die Leinwand. Zu einer der Pionierinnen zählt die heute wohl bekannteste Regisseurin Irans, Rakhshan Bani-Etemad, die sich bereits Ende der 80er-Jahre mit couragierten Dokumentationen einen Namen machte. »Niemand gibt mir die Freiheit, wenn ich sie mir nicht selbst nehme«, sagte mir Bani-Etemad im Herbst 2001, nachdem es ihr endlich gelungen war, ein Filmprojekt zu realisieren, das sie bereits 1985 als Entwurf dem Kulturministerium vorgelegt hatte. Ganze 15 Jahre hatte es gedauert, bis die Behörden die Dreharbeiten von »Unter der Haut der Stadt« genehmigten. Der Film beschäftigt sich mit einer Fabrikarbeiterin und deren Lebensbewältigung unter den enormen ökonomischen Schwierigkeiten, die im Iran herrschen. Darin gelang es Bani-Etemad sogar, einen flüchtigen Kuss auf den Hinterkopf zu »verstecken« – den ersten Leinwandkuss in der Geschichte der Islamischen Republik. »Wenn ich einen Schritt weiter gehe, werden auch die, die hinter mir stehen, mutiger«, war die Regisseurin sich bewusst.

Die Grande Dame des iranischen Films behielt Recht. Im vierten nachrevolutionären Jahrzehnt steht sie mit ihrem Mut nicht mehr alleine da. Eine beachtliche Zahl junger Frauen versucht, in ihre Fußstapfen zu treten. Filmemacherinnen wie Tahmineh Milani, Marzieh Meshkini, Niki Karimi, Nahid Rezaie, Mahnaz Mohammadi, Mona Zandi-Haqiqi, eine ehemalige Assistentin von Bani-Etemat, oder die Töchter von Mohsen Makhmalbaf, Samira und Hana Makhmalbaf, haben sowohl das Interesse des iranischen als auch des internationalen Publikums geweckt.

Und das mit ziemlich extravaganten Projekten, denn oft spielen Laienschauspieler ihre eigene Rolle in einer Mischung aus Dokumentation und Fiktion. So wird beispielsweise das Innenleben einer Damentoilette im Teheraner Laleh-Park unter die Lupe genommen. Oder die Kamera begleitet weibliche Fußballfans, die sich als Männer verkleiden, um ins Teheraner Fußballstadion gelassen zu werden. Ein anderes Mal verfolgt die Kamera politische Dissidenten bei ihrer Flucht mit der Eisenbahn in die Türkei. Mental kranke Frauen oder solche, die an den unerträglichen Umständen ihrer Ehe zerbrochen sind, werden von den Filmemacherinnen im »Irrenhaus« besucht.

Als ihr Vorbild benennen die ebenso couragierten wie einfühlsamen Beobachterinnen einen altbekannten Namen: Forough Farokhzad. Bei ihrem einzigen Filmprojekt hatte die berühmte Lyrikerin eben dieses semifiktive Verfahren angewandt. Der nur zwanzigminütige Streifen über Leprakranke ist ein Filmgedicht von zeitenentrückter Wahrhaftigkeit und zugleich kompromisslos in seiner Anklage. Diesem Ideal eifern die jungen Filmemacherinnen nach.

Am erfolgreichsten sind damit die Mitglieder des Makhmalbaf-Clans, allen voran Samira Makhmalbaf, den Star der jungen Szene. Schon im Alter von 17 Jahren präsentierte sie ihr Erstlingswerk »Der Apfel« (1998). Die Geschichte zweier Schwestern, die von ihrem Vater zu Hause eingesperrt wurden, erschütterte nicht nur die Iraner, sondern weltweit (siehe Kapitel 10). Nur zwei Jahre darauf folgte »Schwarze Tafeln« (2000), für den Vater Mohsen das Drehbuch schrieb. Darin begleitet die junge Regisseurin eine Gruppe von Kurden sowie einen idealistischen Dorflehrer, der den Kindern das Schreiben beibringen will, auf ihrem Weg durch das öde Bergland zwischen dem Iran und dem Irak. Ihr dritter Film, »Fünf Uhr am Nachmittag«, beschäftigt sich mit dem Leben der Menschen in

Afghanistan nach den Taliban; er gewann 2003 in Cannes den Spezialpreis der Jury.

Samira Makhmalbaf ist in ihrem künstlerischen Schaffen also keineswegs auf den Iran begrenzt. Wie ihr Vater, der in den vergangenen Jahren in Afghanistan, Kurdistan und sogar Turkmenistan drehte, bewegt sie sich mit der Kamera überall dorthin, wo man Persisch spricht oder versteht. Wie bereits die alten Dichter und Denker Irans definieren auch heutige Kulturschaffende den gesamten persisch-sprachigen Raum als ihren Schaffens- und Wirkungskreis. Bleibt zu hoffen, dass bald alle ihre Bücher und Filme auch in Teheran erhältlich sind.

9

DIE REVOLUTION FRISST IHRE SCHWESTERN

Frauen im Iran zwischen frommem Schein und gesellschaftlicher Wirklichkeit

Als die Schwestern der Revolution am Internationalen Weltfrauentag des Jahres 1979 protestierend durch die Straßen zogen, fürchtete Chomeini um sein Ansehen. Es handele sich um ein »Missverständnis«, beteuerte der Revolutionsführer, der erst einen Monat zuvor aus seinem Exil in Paris in den Iran zurückgekehrt war. Die islamische Regierung habe nicht vor, die Rechte von Frauen zu beschränken. Und es gäbe auch keinen Plan, die Zwangsverschleierung einzuführen.

Nur ein Jahr später brach Chomeini sein Versprechen. Ruhig trat der alte Mann an einem Frühjahrstag des Jahres 1980 vor die Fernsehkameras, um in monotoner, fast gelangweilter Stimmlage zu verkünden, dass jeder, der sich gegen sein neues Gesetzbuch stelle, gegen den Islam sei und bestraft würde. Zahlreiche Hinrichtungen unterstrichen in den folgenden Wochen den Ernst seiner Worte.

Die Gesetze, um die es ging, katapultierten die Frauen im Iran um 1400 Jahre in die Vergangenheit. Denn sie orientierten sich an der Rechtspraxis des siebten Jahrhunderts, der Zeit des Propheten. Dieben die Hände abzuhacken, Ehebrecher zu steinigen und »unzüchtig« gekleidete Frauen auszupeitschen, erschienen den frommen neuen Machthabern auch für das 20. Jahrhundert angemessene Strafen zu sein.

»Die Regierung muss die Rechte der Frauen in Konformität mit islamischen Kriterien gewährleisten«, heißt es in Artikel 21 in der nachrevolutionären Verfassung. Was das konkret bedeutet, wird im Strafgesetzbuch aufgeführt: Dort legt beispielsweise der Artikel 638 fest, dass eine Frau, die ohne den islamischen Schleier auf die Straße geht, entweder mit einer Geldbuße in variabler Höhe oder mit einer Haftstrafe belegt werden kann. Artikel 300 konstatiert, dass das Leben einer Frau im Iran nur die Hälfte von dem eines Mannes wert sei. Wenn zum Beispiel auf der Straße ein Mann und eine Frau von einem Auto angefahren werden, ist die Entschädigung, die der Familie der Frau zusteht, nur halb so hoch wie die der Familie des Mannes. Stirbt die Frau aufgrund des Unfalls, so entspricht das »Blutgeld«, das an ihre Familie zu entrichten ist, ebenfalls nur der Hälfte dessen, was für den Tod des Mannes fällig wäre. Preislich gesehen wiegt der Verlust des Lebens einer Frau pikanterweise genauso viel wie die Verletzung am Hoden eines Mannes. Analog dazu zählt die Aussage einer Frau als Zeugin vor Gericht nur halb so viel wie die eines Mannes. Frauen erhalten auch nur die Hälfte des Erbes ihrer Brüder. Verhalten sie sich »sinnenwidrig«, drohen Peitschenhiebe, bei außerehelichem Geschlechtsverkehr das Todesurteil.

Zu welchen Urteilen diese religiös inspirierten Gesetze führen können, verdeutlichen zahlreiche Frauenschicksale in den iranischen Haftanstalten. So beklagte sich die Journalistin Fereshteh Ghazi im Februar 2008 in einem offenen

Brief an Präsident Ahmadinedschad über zwei tragische Fälle, bei denen Frauen ins Gefängnis mussten, weil sie sich mit Totschlag gegen Vergewaltigungen gewehrt hatten. Die erste Frau, Akrahm Ghawidel, hatte den Vergewaltiger getötet, der in ihr Haus eingedrungen war. Hätte sie sich nicht gegen ihn gewehrt, so wäre sie ebenfalls bestraft worden, denn Artikel 102 des Strafrechts sieht die Steinigung gleichermaßen für Ehebrecherinnen und Ehebrecher vor. Allerdings wurde diese drakonische Strafe in den letzten Jahren nicht angewandt und soll aufgrund der starken internationalen Proteste eventuell durch eine weniger aufsehenerregende Todesform ersetzt werden. Die zweite Frau, Someyeh, eine neunzehnjährige Behinderte, wurde von ihrem eigenen Bruder vergewaltigt. Sie gebar im Gefängnis einen Sohn und erwartete nun ebenfalls die Todesstrafe. Auf diese Weise werden etliche Opfer männlicher Gewalt doppelt bestraft.

Die männlichen Aggressoren hingegen kommen oft recht glimpflich davon. So ist die Zahl der Ehrenmorde durch männliche Verwandte enorm angestiegen, weil die Männer nach islamischem Recht entweder lediglich zur der Zahlung eines Blutgeldes verurteilt werden oder sogar straffrei ausgehen, wenn sie nachweisen können, dass ihr Opfer unerlaubten Geschlechtsverkehr hatte. Auch Vergewaltigungen werden kaum angezeigt. Zu groß ist für die betroffenen Frauen die Gefahr, selbst wegen unehelichen Geschlechtsverkehrs angeklagt zu werden, falls sie die Tat nicht stichhaltig beweisen können. Dann wiederum droht ihnen die Todesstrafe. Hinzu kommt der Ehrverlust für ihre männlichen Verwandten. In den seltenen Fällen, in denen es tatsächlich zu einer Gerichtsverhandlung und einer Verurteilung des Vergewaltigers kommt, muss die Familie des Opfers horrende Summen für dessen Hinrichtung bezahlen.

Dies führt zu bizarren Konsequenzen. Besonders schockiert hat die iranische Öffentlichkeit der Fall von Leila Fathi, einem neunjährigen Mädchen aus Kurdistan. Leila war im Sommer 1996 von ihren Eltern zum Blumen pflücken in die Hügel geschickt worden. Der gleichaltrige Cousin des Mädchens wurde Zeuge, wie drei Männer auftauchten, Leila festhielten, ihr die Schürze vom Leib rissen und sie vergewaltigten. Anschließend warfen sie ihren Körper in einen Abgrund. Nachdem die Polizei die drei Täter gefasst hatte, wurden sie zum Tode verurteilt. Einer von ihnen beging in seiner Zelle Selbstmord. Für die anderen beiden jedoch verlangte das Gericht von Leilas völlig mittellosen Eltern die Zahlung eines Blutgeldes. Der Vater des toten Kindes musste seine Lehmhütte im Dorf verkaufen, aber das Geld reichte immer noch nicht aus. Also versuchten zuerst der Vater, dann der Bruder des Mädchens, ihre Nieren zu verkaufen. Als die Familie des Opfers bereits obdachlos vor dem Gericht kampierte, übernahm die spätere Friedensnobelpreisträgerin Shirin Ebadi ihre Verteidigung.

Im Rückblick erinnert sich Ebadi, wie sie sich ihre Argumentation gegenüber den Richtern zurecht legte: »Ich konnte nicht einfach eine Kopie der Allgemeinen Erklärung der Menschenrechte hervorziehen und sie Geistlichen unter die Nase halten. Wenn ich erreichen wollte, dass Leilas Familie nicht für die Hinrichtung der Mörder aufzukommen hatte, oder dass dem Leben einer Frau vor dem Gericht der gleiche Wert wie dem Leben eines Mannes zuerkannt wurde, musste ich mich auf islamische Prinzipien und auf Präzedenz im islamischen Recht beziehen.«

Genau das ist es, was alle Diskussionen über die Stellung der Frau vor dem Gesetz im Iran so kompliziert macht: Es geht um Glaubensdinge. Die frommen Männer, die die Verfassung und die Gesetzbücher des Iran erarbeiteten, beriefen sich schließlich auf nichts Geringeres als den Koran, das offenbarte Gotteswort der Muslime. Da aber – gemäß der Selbstdefinition der Islamischen Republik – jedes weltliche Gesetz mit den göttlichen Gesetzen in Einklang zu stehen hat, geht jede Gesetzesänderung mit religiösen Debatten einher.

Dies gilt auch für den zivilrechtlichen Bereich, in dem das Zusammenleben von Männern und Frauen, oft bis in den letzten Winkel des Ehebettes, nach den Vorgaben der Heiligen Schrift geregelt ist: »In der Beziehung zwischen Mann und Frau trägt der Mann als Oberhaupt der Familie die Verantwortung«, legt Artikel 1105 des Zivilrechts fest. Mit Bereitstellung der Morgengabe, also des Geldbetrages, den der Mann der Frau als Unterhaltsausgleich im Falle einer Scheidung zu zahlen hat, geht die Frau quasi in den »Besitz« ihres Ehemannes über, der von nun an für den Unterhalt der Frau aufkommen muss. Für die Dauer der Ehe hat er im Gegenzug die Verfügungsgewalt über sie: »Die Morgengabe ist der Preis dafür, dass die Frau während der Ehe mit dem Mann schläft, den Haushalt erledigt und ihm gehorcht«, heißt es im Zivilrecht dazu.

Aus dieser grundsätzlichen Feststellung ergeben sich eine Reihe logischer Folgerungen. So darf die Frau das Haus oder das Land nicht ohne Erlaubnis ihres Ehemannes verlassen. »Nicht einmal, um am Begräbnis ihres eigenen Vaters teilzunehmen«, wie der Wächterrat präzisierte. Auch kann der Ehemann seiner Frau die Berufstätigkeit verbieten, »wenn diese Tätigkeit mit dem Familienleben oder ihrem Charakter in Konflikt gerät.«

Der Mann hat das Recht, sich von seiner Ehefrau scheiden zu lassen, wann immer er will. Er braucht nur auf die Straße zu gehen und zu rufen: »Ich lasse mich von dir scheiden! Ich lasse mich von dir scheiden! Ich lasse mich von dir scheiden!« Schon sind die Formalitäten für ihn erledigt. Eine Frau dagegen muss ihren Mann um Erlaubnis bitten, wenn sie sich von ihm scheiden lassen will. Ohne seine schriftliche Einwilligung kann sie den entsprechenden Prozess nicht einmal in Gang setzten. Darüber hinaus muss sie ihm nachweisen, dass er geisteskrank, unfruchtbar, drogenabhängig oder auf andere Weise eheuntauglich ist, damit das Gericht die Scheidung bewilligt. Auf jeden Fall aber verliert sie das Sorgerecht für ihre Kinder.

Da verblüfft es kaum mehr, dass das Gesetz iranischen Männern auch die Polygamie gewährt. Laut Koran ist dem Mann die Heirat einer zweiten, dritten und vierten Ehefrau gestattet, sofern er über die finanziellen Ressourcen verfügt, um mehrere Familien zu ernähren. Allerdings muss er dafür die Einverständniserklärung seiner ersten Ehefrau einholen; diesen Gesetzeszusatz versuchten konservative Hardliner im Herbst 2008 erfolglos zu streichen. Über seine offizielle, zeitlich unbefristete Ehe hinaus kann der Mann aber noch eine unbegrenzte Zahl an so genannten »Zeitehen« eingehen, eine verdeckte Art der Prostitution, in der der Mann die Frau für begrenzte Zeit für ihre Liebesdienste bezahlt (siehe Kapitel 10).

Bei der Lektüre der iranischen Gesetzestexte können sich moderne Frauen nur mit Grausen abwenden. Wer angesichts dieser religiös inspirierten Regeln jedoch folgert, die Iranerinnen lebten seit drei Jahrzehnten wieder im Mittelalter, verkennt die Lebensrealität in der Islamischen Republik. Die diskriminierenden Paragraphen entsprechen nicht den Überzeugungen der Bevölkerungsmehrheit. Eine solche Weltanschauung teilen allenfalls noch eine Handvoll Ultraorthodoxer sowie die teilweise noch sehr traditionell lebende Landbevölkerung. Die meisten

Iranerinnen und Iraner verurteilen jedoch ihre Rückwärtsgewandtheit. Insbesondere natürlich die Jugendlichen und die Frauen.

So etwa beim Thema Polygamie. Obwohl gesetzlich erlaubt, wird diese Form der Ehe im Iran so gut wie kaum praktiziert, da sie gesellschaftlich nicht anerkannt ist. Wenn sich ein Mann eine zweite Frau nimmt, setzt er damit sein Ansehen und seinen guten Ruf aufs Spiel. So etwas tut man nicht, denn es verstößt gegen die allgemeinen Moralvorstellungen. Nicht zufällig praktizieren alle politischen und gesellschaftlichen Schwergewichte Irans deshalb offiziell die Einehe. Selbst Ajatollah Chomeini war sein Leben lang mit einer einzigen Frau verheiratet. Dass die Polygamie trotz dieser Diskrepanz ins iranische Gesetzbuch aufgenommen wurde, hat ausschließlich ideologische Gründe. Wenn der Koran es so vorsieht, darf auch das weltliche Gesetz sich nicht dagegen sperren, lautet die frömmelnde Begründung.

Ein ähnlicher Fall liegt beim Mindestheiratsalter für Mädchen vor. Kurz nach der Islamischen Revolution wurde es durch den Verweis auf die Ehe Mohammeds mit der nur neunjährigen Aisha auf neun Jahre herabgesetzt. Mittlerweile liegt es bei 13 Jahren mit der Begründung, der Prophet habe die Ehe erst vollzogen, nachdem Aisha die Pubertät erreicht hatte. Die Mehrheit der Iraner jedoch entsetzt die Vorstellung, ein Mädchen mit 13 Jahren zu verheiraten und ignorieren daher das Gesetz. Laut nationaler Bevölkerungsstatistik liegt das durchschnittliche Heiratsalter von Frauen im Iran bei 23 Jahren und ist in den nachrevolutionären Jahrzehnten sogar gestiegen. Aktuell verschiebt es sich in jedem Jahr um sechs Monate nach hinten.

Trotz der fatalen Gesetze in ihrem Land treten die meisten Frauen im Iran nicht gerade wie Vertreterinnen einer unterdrückten Gruppe auf. Männern gegenüber benehmen sie sich selbstbewusst und sprechen mit ihnen offen über ihre Sorgen und Probleme. Sie arbeiten als Bäuerinnen und Marktfrauen, aber auch als Journalistinnen und Regisseurinnen außer Haus und tragen maßgeblich zum Einkommen ihrer Familien bei. Insbesondere in den klassischen Männerdomänen wie dem Ingenieurwesen sind Frauen stark vertreten.

Schaut man sich das nahöstliche Umfeld an, so ist dies keine Selbstverständlichkeit. Paradoxerweise haben ausgerechnet die Maßnahmen der Mullahs entscheidend dazu beigetragen, dass die Iranerinnen im Gegensatz zu vielen andern Frauen in der Region in den vergangenen Jahren die Fesseln des Hauses abschüttelten, Schulen und Universitäten besuchten, einen Beruf erlernten und am öffentlichen Leben teilnahmen. Waren 1975 nur 45 Prozent der Frauen in den Städten alphabetisiert, so sind es heute nahezu hundert Prozent der 15- bis 30-Jährigen. Ein Drittel aller Arbeitskräfte in der Islamischen Republik und auch ein Drittel aller promovierten Akademiker sind Frauen. An den Universitäten sind die Männer bei rund zwei Dritteln weiblicher Studenten sogar in der Minderheit.

Was ist da schief gelaufen, wo die Mullahs für Frauen doch eigentlich Kinder, Küche und Moschee vorgesehen hatten? Hier sind erstens die Alphabetisierungskampagne und das Versprechen der Revolutionäre, allen Iranern kostenlosen Zugang zur Bildung zu verschaffen, von Bedeutung. Zweitens der Kopftuchzwang und die Aufhebung der Koedukation. Diese Maßnahmen waren besonders wichtig, raubten sie doch traditionell ausgerichteten Familienoberhäuptern den Vorwand, ihre Töchter von den Klassenzimmern fernzuhalten. Selbst in die Hörsäle der Universitäten gingen die Mädchen nun züchtig verschleiert. Kein Grund also, die jungen Frauen vom Land nicht auch in Studentenwohnheimen Teherans wohnen zu lassen, wo sie doch von der Sittenpolizei rund um die Uhr streng bewacht wurden.

Die nachrevolutionäre Generation zog also in die Städte, um die neuen, »islamischen« Bildungsangebote auszukosten – obwohl ihre Mütter vielleicht nicht einmal lesen und schreiben konnten. Angesichts dieser ungeahnten Möglichkeiten kam es in den Unterschichten schnell in Mode, die Töchter einen möglichst hohen Abschluss machen zu lassen. In einem bis dato sehr patriarchal geprägten Land wie dem Iran ist diese ungewollte Errungenschaft gar nicht hoch genug zu bewerten.

Einmal in Gang gesetzt, war der Trend unumkehrbar. Irans Jugend hatte sich durch den breiten Zugang zur Bildung bereits nach wenigen Jahren völlig verändert. Obwohl etliche Geistliche bereits in den 80er-Jahren den rasanten Anstieg der Frauenquote an den Universitäten bemängelten und die Mädchen ermahnten, sich auf ihre eigentlichen Aufgaben als Frauen, nämlich Ehe und Mutterschaft zu besinnen, trauten sie sich nicht, ihnen dieses Privileg wieder zu nehmen. Hinzu kam der Irak-Krieg: Der plötzliche Mangel an männlichen Arbeitskräften förderte zusätzlich eine aktive Rolle der Frau in der Gesellschaft und auch im Arbeitsleben.

Anfang der 90er-Jahre kam erstmals nach der Revolution eine intellektuelle Diskussion um die rechtliche Gleichstellung der Frauen in Gang. Allerdings mit einem völlig anderen Vokabular als vergleichbare Debatten in der Schahzeit. Man versuchte, das Problem »wissenschaftlich« anzugehen und durch die Korangenese zu zeigen, dass das Heilige Buch nicht die Intention einer geschlechtsspezifischen Diskriminierung verfolgte. Das religiöse Establishment weigerte sich jedoch, solche Stimmen zur Kenntnis zu nehmen. Als ernstzunehmende politische Kraft traten die Frauen erst mit ihrem Votum für den Reformer Mohammed Chatami in den Vordergrund, dem eine vornehmlich weibliche Wählerschaft bei den Präsidentschaftswahlen von 1997 einen Erdrutschsieg schenkte. Ein deutliches Votum für den Wandel.

Hinsichtlich einer Verbesserung der Frauenrechte blieb der erhoffte Erdrutsch allerdings aus. Zwar brachte Chatamis Kabinett unzählige Gesetzesinitiativen ein, um die verschrobenen Regelwerke zu reformieren und in vielen Fällen stimmte sogar das Parlament den Vorhaben zu. Regelmäßig aber scheiterten die Projekte am Veto des konservativen Wächterrats wie zum Beispiel die Initiative, das Mindestheiratsalter für Mädchen wieder auf 16 Jahre hoch zu setzen. Die Begründung lautete: Die Änderung widerspräche der Scharia. Einige besonders harte Beschränkungen, die die islamistischen Eiferer den Frauen unmittelbar nach der Revolution auferlegt hatten, wurden im Laufe der Zeit immerhin gemildert. Im Kern jedoch blieben die religiösen Gesetze bestehen. Bis heute wird jede Facette der gesellschaftlichen Stellung der Frau, vom Recht auf Geburtenkontrolle über Scheidungsrechte bis zum Schleierzwang, durch die Vorgaben des Koran bestimmt.

Wie also schützt sich die moderne Iranerin vor den Absurditäten, die in den Gesetzesbüchern festgeschrieben sind? Wie stellt sie sicher, auch nach der Hochzeit noch ein selbstbestimmter und freier Mensch zu sein? Shirin Ebadi selbst hat vorgemacht, wie es geht. Bereits 1980, kurz nach Verkündung der neuen Gesetze, ging sie mit ihrem Mann zum Notar, wo die Juristin einen Vertrag vorbereitet hatte. Sie ließ ihn unterschreiben, dass sie sich jederzeit von ihm scheiden lassen dürfe. Außerdem musste er ihr im Falle einer Trennung das Sorgerecht für das Kind, das die beiden erwarteten, garantieren.

Dieses Verfahren ist heute Standard. Iranische Rechtsanwältinnen empfehlen allen ihren Mandantinnen, ihren künftigen Ehemann eine Liste mit Sonderrechten unterschreiben zu lassen, darunter das Recht, einen Reisepass zu besitzen, die Zustimmung außer Landes zu reisen, und natürlich die Erlaubnis, sich scheiden zu lassen. Normalerweise wird dem Bräutigam die Liste am Tag der Hochzeit vor der versammelten Festgesellschaft vom Notar – angekündigt oder unangekündigt – vorgelegt. Wer nicht unterschreibt, riskiert, dass seine Hochzeit platzt. Da der Vertrag mit den freiwillig zugestandenen Sonderrechten der Frau das geschriebene Gesetz außer Kraft setzt, stellt er eine recht simple, aber zuverlässige Methode dar, den Frauen Ärger in der Ehe zu ersparen. Besonders in der jüngeren Generation hat sich dies herumgesprochen. Immer häufiger greifen die Bräute mittlerweile auf den vorehelichen Vertrag zurück.

Für die Älteren, die in der Regel keine entsprechenden Vorkehrungen treffen konnten, haben die Anwältinnen andere Tricks auf Lager. Einer besteht darin, vom scheidungsunwilligen Ehemann die »mehrie«, also die vor der Hochzeit vereinbarte Unterhaltsabfindung, einzufordern. Laut religiösem Gesetz hat eine Frau jederzeit Anspruch auf dieses Geld, dessen Summe so hoch angesetzt ist, dass sie die Finanzkraft des Ehemanns und seiner Familie in der Regel stark strapaziert. Meist ist der Mann jedoch mit der Forderung einer so hohen ad-hoc-Auszahlung überfordert. Die Frau kann ihn dann verklagen und ins Gefängnis werfen lassen. Sitzt er aber erst einmal im Gefängnis, darf sie sich auch von ihm scheiden lassen. »Es ist nicht die eleganteste Methode, aber sie ist wirkungsvoll. Allein ihre Androhung kann die Dinge ins Rollen bringen«, weiß die Teheraner Rechtsanwältin Soreh Arzani.

Frauenrechtlerinnen wie Arzani und Shirin Ebani wollen sich mit solchen Tricks jedoch nicht dauerhaft zufriedengeben. Auch nach dem Scheitern der Reformer haben sie den Kampf für eine grundlegende Änderung der rechtlichen Rahmenbedingungen für Frauen in der Islamischen Republik nicht aufgegeben. Als gläubige Muslima sind sie überzeugt, dass sich ihre Religion und die Gleichberechtigung nicht widersprechen und suchen daher nach Lösungen, die dem Islam nicht entgegenstehen. »Wenn ich gezwungen bin, mich mit verstaubten Büchern islamischer Jurisprudenz herumzuschlagen und mich auf Quellen zu verlassen, die die egalitäre Moral des Islam hervorheben, dann sei es so«, erklärt Ebadi stur.

Auf ihre Initiative geht die 2006 gestartete Kampagne »Eine Million Unterschriften für die Gleichheit« zurück. Wie der Name bereits andeutet, sollten eine Millionen Unterschriften für eine Liste von Forderungen gegen die Diskriminierung von Frauen gesammelt werden, die man dann dem Parlament vorlegen wollte, um ein Referendum zu bewirken. Oberstes Ziel war es jedoch, einen Bewusstseinswandel in der Bevölkerung einzuleiten. In der U-Bahn, im Friseursalon, in der Moschee und im Café sprachen sie die Menschen an oder legten Listen und das dazugehörige Erklär-Büchlein mit den Forderungen aus. Die Frauen wollten mit den Bürgern ins Gespräch kommen, mit ihnen diskutieren, um so einen öffentlichen Dialog über ihre rechtliche Situation zu entfachen.

Die Kampagne bewegt sich strikt innerhalb der Verfassung der Islamischen Republik. In der Darstellung ihres Projekts legen die Aktivistinnen vor allem auf die Tatsache wert, dass alle ihre Forderungen, zum Beispiel dieÄnderungen des Erbrechts, des Scheidungsrechts, des Sorgerechts für die Kinder, mit dem Islam vereinbar seien. Reizthemen wie etwa den Schleier ließen Ebadi und ihre Kolleginnen ganz bewusst unberücksichtigt, um die Aktion nicht ideologisch zu belasten oder islamisch gesinnte Frauen zu verschrecken. »Die Bekleidungsfrage war für uns nebensächlich: Wir erkennen an, dass der Islam die Grundlage unserer Gesetzgebung darstellt«, betont Rechtsanwältin Arzani.

Trotz der islam- und verfassungskonformen Herangehensweise verfolgt die konservative Regierung das Projekt jedoch mit aller Härte, allerdings meist ohne es direkt beim Namen zu nennen. In den staatskonformen Medien wird die Kampagne totgeschwiegen. Alle Gegenmaßnahmen zielen auf jene, die sich für die Sache engagieren. Sie werden kurzzeitig festgenommen, ausgefragt, abgehört und auf alle nur erdenklichen Weisen eingeschüchtert. Einen wahren Bärendienst erwies die US-Regierung der Bewegung mit ihrer Ankündigung, Widerstandsgruppen im Iran mit großen Summen Geld zu unterstützen. Seitdem sehen sich alle Aktivisten dem Generalverdacht ausgesetzt, vom feindlichen Ausland gelenkt und instrumentalisiert zu werden.

Der harte Kern der Frauenbewegung muss noch mehr Schikanen erdulden. Eine regelrechte Massenverhaftung fand während einer Protestveranstaltung im Juni 2006 statt. 70 Aktivistinnen wurden festgenommen. Nicht alle kamen wieder frei. Als die Frauen daraufhin im Februar 2007 für ihre inhaftierten Mitstreiterinnen vor dem Revolutionsgericht demonstrierten, landeten weitere 33 Personen hinter Gittern. Seitdem agieren die Verbleibenden vorsichtiger und verzichten auf provozierende Aktionen in der Öffentlichkeit. Die Unterschriftenaktion läuft im Untergrund weiter.

Ein Dialog oder gar Zugeständnisse an die Forderungen der Frauen ist für die religiösen Hardliner keine Option. Die konservative Führungselite um Präsident Ahmadinedschad setzt auf Kompromisslosigkeit. Dadurch vergrößert sie die Kluft zwischen sich und den Frauen stetig. Besonders unbeliebt machte sich der Präsident durch die Wiedereinführung der Kleiderkontrollen auf den Straßen. Und das, obwohl Ahmadinedschad zu Beginn seiner Amtszeit, wie sein Vorbild Chomeini, die Gemüter zu beruhigen suchte, indem er eine Rückkehr zu dieser Praxis explizit ausschloss. Die iranischen Frauen seien so »tugendhaft«, dass es keiner Zwangsmaßnahmen bedürfe, beteuerte er bei einer Pressekonferenz 2006. Noch im selben Jahr wurden zuerst die Gesetze verschärft, dann begannen die Einschränkungen.

Auf den Ausgehmeilen der Hauptstadt, in öffentlichen Parks oder am Eingang von Einkaufszentren macht die Polizei seitdem Jagd auf junge Frauen. Im Sommer sind es kurze Hosen und feine, durchsichtige Seidenschleier, nach denen sie fahndet. Im Winter freche Mützen und kurze, enge Jacken. Die modebewusste Iranerin trägt sie gern als Accessoire *über* ihrem islamischen Mantel und dem Kopftuch, manchmal aber auch *anstatt* der religiös korrekten Verhüllung. Läuft sie so allerdings den schwarz verhüllten älteren Damen, die zusammen mit der Polizei als Tugendwächterinnen auf Streife gehen, in die Arme, so kann sie die Mode teuer zu stehen kommen.

Im günstigsten Fall verschmieren die Anstandsdamen ihr nur den Lippenstift, zupfen an ihrem Outfit herum, bemängeln, dass die Absätze zu hoch sind und erinnern die Betroffene daran, dass sie ihr Kopftuch tiefer ins Gesicht ziehen muss. Zur Begründung verweisen sie auf den Koran. So heißt es in Sure 24: »Und sprich zu den gläubigen

Frauen, dass sie ihre Blicke niederschlagen und ihre Scham hüten und dass sie ihren Schleier über ihren Busen schlagen.« Aus dieser Textpassage leiten konservative Interpreten ab, dass Frauen auch ihre Haare verdecken müssen. Der erste iranische Präsident Abol-Hassan Bani-Sadr verstieg sich sogar einmal zu der Behauptung, dass von unverhülltem Frauenhaar gefährliche »Blitze« ausgingen, die die Männer provozierten.

Dazu muss man wissen, dass die Sexualität des Mannes im islamischen Denken für eruptiv und nicht unterdrückbar gehalten wird. Gebändigt werden kann sie einzig durch das Befolgen religiöser Regeln. Diese Regeln setzen jedoch nicht beim Problem selbst, also dem Mann, an, sondern fordern ein präventives Verhalten von Seiten der Frau. Sie muss sich verschleiern, um die Männer nicht der Versuchung auszusetzen. Frauen sollten am besten unsichtbar sein, damit sie die Männer nicht aus Versehen sexuell stimulieren. »Die iranischen Männer müssen wirklich zu den schwächsten der Welt gehören«, witzeln junge Frauen angesichts dieser Argumentation, »wenn sie nicht einmal den Anblick von ein paar Haarsträhnen ertragen können.«

Aber auch wenn die Frauen ihre Scherze über die absurde Praxis machen, zum Lachen ist den wenigsten zumute, denn die Kontrollen können sehr unangenehm werden. Hunderte von Mädchen wurden bereits vorübergehend ins Gefängnis gesteckt. Gerüchten zufolge sollen einige sogar ausgepeitscht worden sein, eine Reminiszenz an die dunkelsten Kapitel der Islamischen Republik. Selbst in Boutiquen fahndet die Sittenpolizei: Hängen zu kurze Hosen, zu enge Mäntel oder gar Pyjamas in der Auslage, so riskiert der Ladeninhaber seine Lizenz.

Seine Versprechungen an die Frauen brach Präsident Ahmadinedschad mehr als einmal. Als ähnlich haltlos wie die Ankündigung, Frauen nicht wegen ihrer Kleidung zu verfolgen, entpuppte sich sein Versprechen, ihnen den Eintritt ins Fußballstadion zu gewähren. Binnen einer Woche musste er die Erlaubnis zurücknehmen, da vier Geistliche aus Qom Fatwas verfasst hatten, denen zufolge die Anwesenheit von Frauen im Stadion die anwesenden Männer zu unzüchtigen Gedanken verführe. Angesichts dieses Risikos wollte auch Ahmadinedschad nicht die Verantwortung übernehmen.

Die Aktionen, mit denen die religiösen Machthaber versuchen, die Frauen mit den restriktiven Gesetzen der Islamischen Republik zu versöhnen, wirken dagegen eher unbeholfen. So wird derzeit beispielsweise ein spezielles »Frauenfahrrad« für die Muslima entwickelt. Das Design soll Frauen, die in die Pedale treten, vor Männerblicken schützen oder vielmehr die Männer vor diesem »provozierenden« Anblick. Gelingt diese Innovation, so könnte das Radfahrverbot für iranische Frauen nach Ansicht einiger Geistlicher demnächst gelockert werden. Auch ein speziell auf weibliche Bedürfnisse zugeschnittenes Auto ist in Planung.

Mittels islamischer Modezeitschriften versucht man außerdem, den Frauen ihren Schleier schmackhafter zu machen. Modedesignerinnen sind damit befasst, die islamischen Sittenregeln mit dem Bedürfnis der Iranerinnen nach einem ansehnlichen Äußeren in Einklang zu bringen. Farben und Stoffe, die in vorislamischer Zeit oder von den iranischen Nomadenstämmen getragen wurden, sollen die Zwangsverhüllung attraktiver und abwechslungsreicher machen. Schließlich will kein Mädchen mit demselben schwarzen Stück Stoff herum laufen wie bereits ihre Mutter.

Gefördert wird in der Islamischen Republik auch der Frauensport. Streng abgeschirmt von den Blicken der Männer trainieren die Iranerinnen sich im Kanufahren,

Basketballspielen oder Judo. Der Wermutstropfen bei fast all diesen Sportarten: Den Frauen ist es kaum möglich, an internationalen Wettkämpfen teilzunehmen, da es dort männliche Zuschauer gibt und die Veranstalter in den meisten Fällen auf dem Verzicht islamischer Kleidung bestehen. Immerhin nahmen bei den Olympischen Spielen 2008 die Schützin Najmeh Abtin, die Ruderin Homa Husseini und die Teakwondoka Sara Khoshjamal Fekri teil. Parallel dazu hat Iran eigene »Islamische Olympische Spiele für Frauen« ausgelobt, die alle vier Jahre in einem anderen muslimischen Staat ausgetragen werden sollen.

Da aber nach Ansicht der konservativen Regierung die wichtigste Aufgabe der Frau in Ehe und Mutterschaft besteht, hält sie in diesem Bereich ganz besondere Bonbons für das weibliche Geschlecht bereit. So kündigte der Präsident an, die Arbeitszeit aller verheirateten Frauen und Mütter zu verringern. »Ich bin zwar dafür, dass Frauen auch außerhalb des Hauses arbeiten können«, betonte er, »aber ich befürchte, dass die Doppelbelastung zu schwer auf ihren Schultern wiegt und sie von ihrer obersten Pflicht abhält, die nächste Generation zu erziehen.« In diesem Zusammenhang ermutigte er die Iranerinnen, mehr als zwei Kinder zu bekommen und brach mit der in den vergangenen beiden Jahrzehnten sehr erfolgreichen Bevölkerungspolitik des Landes, die einen Rückgang der Fertilitätsrate von 6,6 Geburten in den 80er-Jahren auf aktuell 2,0 pro Frau bewirkt hatte.

Angesichts der durch die Kinderkampagne zu erwartenden Ausfälle weiblicher Kräfte auf dem Arbeitsmarkt, treffen die konservativen Planer bereits Vorbereitungen. Sie betreffen das Erziehungssystem. So wurde im Frühjahr 2008 bekannt, dass iranische Universitäten klammheimlich Männerquoten eingeführt hatten. Der Direktor der Studienplatzvergabebehörde gab zu, dass seit einem Jahr 30 Prozent der Studienplätze in Medizin, Ingenieurwesen und den Humanwissenschaften an männliche Bewerber vergeben worden waren und nur die restlichen der heiß begehrten Studienplätze nach der Befähigung der Kandidaten. Der Präsident der Teheraner Universität für Naturwissenschaften und Technik, Jabal Ameli, verteidigte diese Praxis und kündigte sogar an, keine Studentinnen mehr zu höheren Studiengängen zuzulassen. Er begründete dies mit der steigenden Zahl von Akademikerinnen, die ein Problem für die Familiengründung darstellte. Iranische Männer könnten keine Frau neben sich dulden, die einen höheren Abschluss hat.

Viele junge Frauen empörten diese Worte. Landesweite Studenten-Proteste folgten der Ankündigung. In der Teheraner Universität setzten sich 400 Studentinnen vor das Büro des Präsidenten. Mit ihrem Sitzstreik erzwangen sie eine Entschuldigung von Jamal Ameli. Die Männerquoten wurden allerdings nicht zurückgenommen. Darüber hinaus plant das Ministerium für Bildung und Erziehung, dass Studentinnen in Zukunft getrennt von den Männern an der Universität unterrichtet werden sollen. Diese Maßnahme sei zur Wiederherstellung moralischer Werte notwendig, sagte Ajatollah Dschafar Sobhani. Mit demselben Argument werden die jungen Frauen und Männer neuerdings gezwungen, an einer Universität in der Nähe des Wohnorts ihrer Eltern zu studieren. Auch die Konzeption von verschiedenen Schulbüchern für Jungen und Mädchen ist in Vorbereitung, um sie besser auf die »unterschiedlichen Bedürfnisse« in der Gesellschaft einzustimmen. Dies alles sind Versuche, die Iranerinnen von ihrer gerade erst eroberten Stellung in der Öffentlichkeit zu verdrängen.

Angesichts dieser Fülle an »wohlmeinenden« Maßnahmen glaubt Präsident Ahmadinedschad, den Frauen im Iran ginge es »besser als irgendwo sonst auf der Welt«. Was ihm jedoch zu denken geben sollte: Nirgendwo sonst auf der Welt gehen so viele Frauen freiwillig in den Tod wie in seinem Land. Mehrere Tausend iranische Schülerinnen und Studentinnen begehen Jahr für Jahr Selbstmord. Im internationalen Vergleich belegt der Gottesstaat den Spitzenplatz.

Für die jungen, selbstbewussten Iranerinnen wird es immer schwieriger, die mittelalterlichen Gesetze des Iran mit ihrer Selbstdefinition in Einklang zu bringen. Das haben mittlerweile sogar die alten Revolutionäre begriffen. Ex-Präsident Rafsandschani, die graue Eminenz der iranischen Politik, erklärte im Juni 2007: »Es zeigt sich, dass diese Gesetze nicht mehr in unsere Zeit passen. Jedes Land, das sich entwickeln will, darf nicht auf wirtschaftliche, politische, soziale und kulturelle Teilnahme und Aktivitäten der Hälfte seiner Bevölkerung verzichten.«

10

DIE ERBEN

Jugend in der Islamischen Republik

»Wenn einer der Jungen aus der Nachbarschaft sie anfassen würde, wäre ich entehrt«, murmelt der Vater und dreht den Schlüssel um, bevor er das Haus verlässt. Seine zwölfjährigen Zwillingstöchter lässt er hinter Gitterstäben zurück. Abgeschlossen ist auch die Tür zu dem ummauerten Innenhof, so dass man die Mädchen von der Straße aus nicht sehen kann. Die Welt außerhalb dieser Mauern haben die Zwillinge noch nie gesehen, geschweige denn eine Schule. Lesen und schreiben brauchen sie nicht zu können, meint der Vater. Nur kochen lernen sollten sie, um später gute Ehefrauen abzugeben. Was ansonsten für ihn zählt ist ihre absolute Unberührtheit. »Meine Töchter sind wie Blumen«, sagt er, auf den Koran verweisend in die Kamera. »Sie dürfen nicht ins grelle Sonnenlicht, sonst verwelken sie.«

Hinter der Kamera steht ebenfalls eine junge Frau, kaum älter als die Zwillinge: Samira Makhmalbaf ist 17 Jahre alt, als sie ihren ersten Film »sib« dreht. Die darin dokumentierte Geschichte von den Mädchen Massoumeh und Zahra ist nicht erfunden. Tatsächlich wurden sie von ihrem ultrareligiösen Vater und der folgsamen Mutter zeitlebens zu Hause eingesperrt. Die ausländischen Zuschauer stellt Samiras Mitschnitt aus dem iranischen Alltagsleben jedoch vor ein Rätsel. »Viele haben mich gefragt, ob der

Iran ein Land ist, in dem zwölfjährige Mädchen einfach weggesperrt werden, wo man ihr Leben verstümmelt, um es nicht den Gefahren des Lebens auszusetzen. Oder ob es ein Land ist, wo ein 17-jähriges Mädchen darüber einen Film drehen kann«, erzählt die Filmemacherin. »Ich habe denen gesagt: Es ist Ort für beides.«

Der Iran ist sowohl ein Land, in dem einengende, patriarchale Traditionen das Leben junger Menschen bestimmen, als auch eines, in dem die Jugendlichen aus diesen Mustern ausbrechen, religiöse und familiäre Traditionen hinterfragen und neue Realitäten formen. Das Spektrum junger Menschen, die in diesem Land leben, reicht von einem Extrem bis zum anderen, von hypertraditionell bis hypermodern. Und nicht selten stellt es eine Mischform aus beidem dar. Die iranische Jugend ist wie ein schlafender Tiger, der die Zukunft des Gottesstaates demnächst in die eigene Hand nehmen wird. Schon jetzt besitzen die Jugendlichen ein ungeheures, wenn auch weitgehend ungenutztes politisches Potenzial, das vor allem in ihrer großen Zahl begründet ist. Immerhin stellen die Menschen unter dreißig Jahren, also diejenigen, die nach der Revolution geboren wurden, mehr als zwei Drittel der Gesamtbevölkerung. In ihren Händen liegt die Veränderung des von ihren Eltern und Großeltern ererbten islamischen Systems.

Die 15 Millionen Schüler und über drei Millionen Studenten Irans haben nicht mehr viel mit der revolutionären Generation von einst gemein. Dank der staatlichen Bildungsoffensive ist eine bestens ausgebildete und gut informierte Jugend herangewachsen. Analphabeten gibt es in dem Land nicht mehr. Dafür aber eine große Anzahl junger Menschen, die Fremdsprachen beherrschen, den Computer zu bedienen wissen und sich auf internationalen Websites über die weltpolitische Lage informieren. Mädchen und Jungen aus allen Gesellschaftsschichten tauschen sich in Chat-Foren aus. Auf diese Weise haben sich die Kinder der Islamischen Republik von der Informationspolitik der Regierung weitgehend unabhängig gemacht. Selbst in Familien mit geringem Einkommen prangt oft eine Satellitenschüssel auf dem Dach. Und auf dem Schwarzmarkt wird eifrig mit zensierten Filmen und verbotener Musik gehandelt. Die iranischen Jugendlichen haben heute dank moderner Kommunikationstechnologie viel mehr Möglichkeiten, als den islamischen Politikern lieb ist. Und viele der Jugendlichen sind sich durchaus bewusst, dass ihr Geschmack ein anderer ist als der der Revolutionäre von 1979. »Viele wollen einfach nicht mehr so leben wie ihre Eltern. Irgendwann müssen sie uns nicht nur tolerieren, sondern nach unseren Regeln leben«, vermerkt eine Bloggerin frech.

Die junge Generation hat auch andere Idole als die Jugend, die für Chomeini demonstrierte. Eine, die vormacht, wie man gemäß seinen eigenen Regeln und Überzeugungen lebt, ist Laleh Seddigh: eine Rennfahrerin, die einzige im Gottesstaat. Vor einigen Jahren erdreistete sich die Mittzwanzigerin, sich in einen Wagen zu setzen und beim wichtigsten Autorennen der Republik allen männlichen Teilnehmern davon zu fahren. Keck posierte sie in ihrem gelben Rennanzug auf der Siegertribüne. Die Männerwelt war empört, vor allem Lalehs Kollegen. »Was willst du hier? Geh nach Hause, such dir einen Mann«, zischelten sie ihr zu. Doch die jungen Fans waren begeistert, so begeistert, dass eine ganze Horde junger Frauen laut jubelnd die Absperrung stürmte, um die selbstbewusste Tabubrecherin zu feiern.

Das Kopftuch hat Laleh weit nach hinten geschoben, wenn sie durch den Teheraner Berufsverkehr jagt, die

Gucci-Sonnenbrille ebenfalls. Auf ihrem Mund glänzt eine dicke Schicht knallroter Lippenstift, die Brauen sind frisch gezupft, die braunen Augen betont ein rabenschwarzer Lidstrich. Ja, sie sieht gut aus – und sie weiß es auch. Die Rennfahrerin ist auf dem Weg zu ihrer eigenen Firma. »Wenn ich nicht rechtzeitig bin, geht dort alles drunter und drüber«, sagt sie ganz im Ton einer Geschäftsfrau und tritt hupend aufs Pedal. »Die Angestellten brauchen das Gefühl, dass ich ihnen auf die Finger schaue.«

Laleh Seddigh verkörpert Träume, die viele Jugendliche haben, insbesondere junge Frauen. Vielen imponiert sie, manche macht sie neidisch. Denn dass Laleh es sich leisten kann, so zu leben, wie es ihr passt, hat sie weniger einer frauenbewegten Geisteshaltung als ihrer familiären Herkunft zu verdanken. Sie ist die Tochter eines reichen Fabrikanten. Trainerstunden beim einstigen Rennfahrerchampion Saeed Ababian sowie die Leitung einer Firma, die ihr der Vater vermachte, erleichterten die Emanzipation. Ebenso wie es Filmemacherin Samira Makhmalbaf zu Pass kam, die Tochter des erfolgreichen Filmregisseurs Mohsen Makhmalbaf zu sein, der sie sowohl finanziell als auch mit Ratschlägen unterstützte. Welche Chancen ein Jugendlicher im Iran besitzt, hängt eben auch vom Geldbeutel seiner Eltern ab, mehr noch als von seinem Geschlecht.

Für die Jungen und Mädchen der Oberschicht sind die Möglichkeiten geradezu unbegrenzt. Sie genießen ein relativ liberales Umfeld zu Hause, besuchen Privatschulen, unternehmen Auslandsreisen und werden nach der Universität durch die familiären Beziehungen auf aussichtsreiche Positionen gehievt. Wer nicht mit einem solchen Elternhaus gesegnet ist, hat es ungleich schwerer, seinen Weg zu gehen. Stammen die Jugendlichen aus einfachen Verhältnissen, so können die traditionellen und religiösen

Reglementierungen, die die Eltern auferlegen, insbesondere für die Mädchen erdrückend sein. Tausende junger Frauen reißen Jahr für Jahr von zu Hause aus, weil sie das rigide Umfeld nicht ertragen. Oder weil sie sich nicht vorschreiben lassen wollen, wen sie heiraten sollen. Die meisten von ihnen landen auf den Straßen der Hauptstadt, wo sich mittlerweile rund 300.000 Töchter der Islamischen Republik als Prostituierte verdingen.

Aber auch männliche Jugendliche leiden unter dem ständigen Spagat zwischen Tradition und Moderne, was im Ausland oft vergessen wird. Nicht nur für Frauen gelten die strengen Kleiderordnungen und Restriktionen, in Bezug auf den Umgang mit dem anderen Geschlecht. Auch junge Männer sind an vergleichbare Codices gebunden. Auch sie werden auf der Straße angehalten, wenn sie zerrissene Jeans tragen oder wenn ihr T-Shirt der Polizei nicht gefällt. Besonders auf Fön-Frisuren im Elvis-Stil haben die Kontrolleure es neuerdings abgesehen. Ein Trend, der – wohl aus Protest gegen die bestehenden Reglementierungen – so überhand genommen hat, dass er sogar im iranischen Fernsehen thematisiert wurde. »Natürlich sollen wir auf unsere Wurzeln achten«, bekundet ein befragter Jugendlicher einsichtig vor der Kamera. Doch dann fügt er trotzig hinzu: »Aber ich persönlich möchte eben einfach aussehen wie David Beckham.«

Zwischen frommer Fassade und dem tatsächlichen Leben klafft im Alltag der allermeisten Jugendlichen eine erhebliche Lücke. Sie sind von Kindesbeinen an mit zwei Realitäten aufgewachsen. Einerseits in der privaten Welt innerhalb des Hauses, wo Frauen unverschleiert herumlaufen, wo die islamische Regierung kritisiert wird, wo Witze über die Mullahs gerissen und auf Partys Alkohol getrunken wird. Und andererseits in der öffentlichen Welt, wo alle Beteiligten versuchen, sich als möglichst perfekte Muslime zu präsentieren. Diese Welt beginnt bereits in der unmittelbaren Nachbarschaft, wo sich Frauen plötzlich ordentlich verschleiern und am Ramadan alle so tun, als würden sie fasten, obwohl zu Hause rund um die Uhr der Kühlschrank frequentiert wird. Oder in ihrer Schule, wo Lehrer eine politische Gesinnung zu vermitteln suchen, an die sie in der Regel selbst nicht glauben. Aber wo von den Schülern erwartet wird, frömmelnde Antworten zu geben, weil ihre Eltern ansonsten zum Schuldirektor zitiert werden.

Mit diesen Lügen sehen sich die Jugendlichen konfrontiert, seitdem sie denken können. Das permanente Schauspiel, die alltägliche Schizophrenie, ist für sie Teil des normalen Lebens geworden. Gerade in der Pubertät aber kann das gesellschaftsimmanente Paradox für Vertreter beiderlei Geschlechts zur persönlichen Zerreißprobe werden. Denn entgegen allen frommen Wünschen hat die Tabuisierung alles Körperlichen in der Öffentlichkeit nicht zu einer Entsexualisierung der Bevölkerung geführt. Viele behaupten sogar, der Schleier habe die Iranerinnen begehrlicher gemacht. Wo junge Männer keine Frauenkörper mehr zu Gesicht bekommen, fixieren sie sich eben auf Frauenhände, Frauenfüße, Frauenohren. Die Zahl der Nasenoperationen, die Iranerinnen meist noch im Teenager-Alter vornehmen lassen, spricht ebenfalls für sich.

Natürlich haben sich die Sitten im Vergleich zu den Anfangsjahren der Islamischen Republik erheblich gelockert. Vor allem in den Städten sieht man mehr und mehr junge Paare auch in der Öffentlichkeit. Mussten Jugendliche, die vor der Hochzeit miteinander ausgehen wollten, noch zu Beginn der 90er-Jahre eine junge Nichte oder einen Neffen mitnehmen, um als »Familie« unbelästigt die

Kontrollpunkte der Sittenwächter passieren zu können, so verabreden sie sich heute in Coffeeshops oder spazieren gemeinsam durch die Straßen. Allerdings sollten sie zumindest verlobt sein; »illegitime« Paare können es sich nach wie vor nicht erlauben, sich in der Öffentlichkeit zu zeigen. Auch das während der Chatami-Zeit in Mode gekommene öffentliche Händchenhalten von verlobten Paaren wird unter Ahmadinedschad nicht mehr toleriert.

Moderne Kommunikationsmittel erleichtern den Jugendlichen die Kontaktaufnahme zum anderen Geschlecht. Die Kommunikation per Handy und Internet ist nicht zuletzt deshalb so attraktiv, weil es jungen Menschen dabei hilft, trotz der strengen Moralvorschriften Umgang miteinander zu haben. In Chat-Rooms, per Email oder SMS können sie ungestört miteinander flirten.

Allerdings müssen vor allem junge Frauen bei solchen Aktivitäten vorsichtig sein, steht doch ihr guter Ruf auf dem Spiel. Der Schülerin Shaghayegh zum Beispiel wurden die Umtriebe im Internet zum Verhängnis, nachdem sie ihren Klassenkameradinnen davon berichtete. Denn die vermeintlichen Freundinnen erzählten ihren Eltern von den Chat-Abenteuern der 15-Jährigen. Und die benachrichtigten die Lehrer, welche wiederum Shaghayeghs Eltern ermahnten: »Sie sollten Ihrer Tochter das Surfen im Internet verbieten und ihr das Handy wegnehmen.« Shaghayeghs Vater gehorchte. Seitdem sitzt die Teenagerin nachmittags wieder allein zu Hause. Eine Psychologin hat ihr Antidepressiva verschrieben. »Man muss aufpassen, was man erzählt. Eigentlich kann ich niemandem vertrauen. Nicht einmal meinen Eltern«, sagt das Mädchen, das seit der öffentlichen Rüge von ihrer Klasse geschnitten wird. Shaghayegh will jetzt so schnell wie möglich raus aus dem Iran und in den USA studieren. »Dort haben Jungen und Mädchen keine Probleme, sich zu treffen.«

Das Dilemma, in dem die iranischen Jugendlichen trotz neuer technischer Möglichkeiten heute stecken, ist folgendes: Trotz aller Unzufriedenheit über die moralisierenden Regeln der Mullahs herrscht in den Familien ein alt hergebrachter Konservatismus vor. Auch wenn die Iraner sich im privaten Kreis locker und aufgeschlossen geben, kann dies nicht darüber hinweg täuschen, dass sie auch ohne staatlichen Druck alles dafür tun würden, die Ehrbarkeit ihrer Töchter zu wahren. Und das bedeutet vor allem, auf den Erhalt ihrer Jungfräulichkeit vor der Ehe zu achten. In der iranischen Gesellschaft läuft alles auf dieses große Ereignis hinaus. Denn angesichts der anhaltenden Wirtschaftskrise ist auch die ökonomische Bedeutung der Hochzeit nicht zu unterschätzen. Die Inflation hat die Brautpreise in die Höhe getrieben. Was eine iranische Frau auf dem Heiratsmarkt wert ist, richtet sich aber, neben ihrem Alter und dem gesellschaftlichen Status ihrer Familie, vor allem nach der Unfehlbarkeit ihres Rufes.

Während es für junge Frauen darum geht, eine gute Partie zu machen, müssen junge Männer darum bangen, sich die kostspielige Eheschließung überhaupt leisten zu können. Da aber nur solche Männer als Ehepartner akzeptiert werden, die ihrer Familie ein komfortables Einkommen bieten können und der Mann dafür zuständig ist, seiner Ehegattin eine Wohnung zu stellen, werden die Heiratskandidaten immer älter. Aufgrund einer hohen Arbeitslosigkeit, die bei jungen Männern um die 30 Prozent liegt, ist der iranische Durchschnittsmann bei seiner Hochzeit mittlerweile 27 Jahre alt. Jüngere Männer sind ob ihrer ökonomischen Verhältnisse nicht in der Lage, Familien zu gründen. Besonders die Wohnungssuche ist wegen der stark angestiegenen

Immobilienpreise zu einem fast unlösbaren Problem für Heiratswillige geworden.

Dies alles verstärkt den sexuellen Druck in der jungen Generation. Gaben sich die jungen Männer und Frauen vor drei Jahrzehnten noch im Alter von spätestens zwanzig Jahren das Ja-Wort, so müssen die Jugendlichen heute meist bis Mitte oder gar Ende Zwanzig darauf warten, ihren körperlichen Bedürfnissen nachgeben zu können. Die Liberalisierung des öffentlichen Raumes, die in der gleichen Zeit stattfand, hat das Problem in gewisser Weise noch verschärft. Zwar entstanden so mehr Begegnungsmöglichkeiten für die Jugendlichen, dennoch gibt es nur wenig Chancen, eine geschlechtliche Beziehung außerhalb der Ehe zu realisieren. Insofern hat sich die Kluft zwischen Wunsch und Wirklichkeit im Leben der Jugendlichen sogar vergrößert.

Erstaunlicherweise scheuen weder Geistliche noch Journalisten und Wissenschaftler die Debatte um das Thema Sexualität, und sexuelle Frustration. So findet man in Teherans Buchhandlungen eine Fülle von Ratgebern, die sich mit sexuellen Problemen befassen. Viel weniger prüde, als man es sich im Westen gemeinhin vorstellt, widmet sich auch eine Reihe von Radio- und Fernsehsendungen diesem Thema. Die Legitimität sexueller Bedürfnisse wird in diesen Foren auf breiter Front anerkannt. Ja, ihre Nichterfüllung gilt sogar weithin als gefährlich. »Ohne sexuelle Befriedigung gibt es im Leben keinen Frieden«, schreibt der konservative Denker Mohammed Jawad Ardeshir Larijani. Vor Gericht gilt sexuelle Frustration sogar als hinreichender Scheidungsgrund sowohl für Männer als auch für Frauen. Die immer auf der Grundlage des islamischen Rechts argumentierenden Richter erkennen ohne weiteres an, dass durch eine erzwungene Enthaltsamkeit die Gesundheit des frustrierten Ehepartners beeinträchtigt wird. Sogar Ajatollah Chomeini verbot die sexuelle Abstinenz zwischen Ehepartnern, wenn sie länger als vier Monate dauert und ohne Zustimmung der Frau erfolgt. Denn zur islamischen Religiosität gehört durchaus auch der sexuelle Genuss, solange dieser innerhalb der Ehe ausgelebt wird.

Dass sie auf die sexuellen Bedürfnisse der nachrevolutionären Generation eingehen müssen, ist den Politikern der Islamischen Republik klar. Selbst die konservativsten Köpfe kommen nicht umhin, junge Leute zu umgarnen, wenn sie die nächsten Wahlen gewinnen wollen, denn immerhin darf man im Iran schon im Alter von 16 Jahren wählen. Bei den Präsidentschaftswahlen 2005 überboten sich die Kandidaten daher fast darin, ihre liberalen Ansichten in Sachen Sex zu betonen. So gestand der »Großvater« der Revolution, Ex-Präsident Rafsandschani im Alter von 71 Jahren, dass er es mit dem vorehelichen Sex als Jugendlicher gehalten habe »wie alle Jugendlichen«. Es war nicht das erste Mal, dass Rafsandschani dafür plädierte, sexuelle Bedürfnisse nicht zu unterdrücken. »Nehmt zum Beispiel den sexuellen Instinkt, den uns Gott gegeben hat. Manche meinen, es sei gut, wenn wir uns der Befriedigung unserer Nöte enthalten und unsere sexuellen Wünsche unterdrücken. Nun, dem ist nicht so, es ist falsch. Es ist anti-islamisch«, erklärte er in einem Freitagsgebet Anfang der 90er-Jahre. Gänzlich aus der Fassung aber brachte der Geistliche seine Landsleute, als er Kriegswitwen dazu aufforderte – ohne den Segen eines Mullahs! – eine zeitlich begrenzte Beziehung mit einem Verwandten oder Freund einzugehen: Die jungen Menschen könnten »sich in gegenseitigem Einverständnis mit einem privaten Vertrag arrangieren, um für einen oder zwei Monate zusammen zu sein«, empfahl Rafsandschani.

Was der Theologe da ansprach, nennt sich »Zeit-Ehe« (sigheh), ein altes Konzept im schiitischen Islam: eine befristete, vertraglich geregelte Beziehung zwischen Männern und Frauen. Eine Ehe auf Zeit kann für wenige Stunden geschlossen werden, aber auch für 99 Jahre. Ursprünglich war das Modell eine von mehreren Formen der Ehe im vorislamischen Arabien, die der zweite Kalif, Omar, jedoch für außergesetzlich erklärte. Da die Schiiten diesen Kalifen aber nie als rechtmäßigen Nachfolger Mohammeds anerkannten (siehe Kapitel 4), akzeptierten sie auch seine Annullierung der Zeitehe nicht. Ein Schiit kann also neben den ihm zugestandenen vier permanenten Ehefrauen eine unbegrenzte Zahl an Zeitehen eingehen. Der Schiitin allerdings steht nur ein Ehemann zu – mit oder ohne zeitliche Begrenzung.

In Verruf geraten ist das Konzept der Zeitehe allerdings, weil es im Gottesstaat auch als religiöser Deckmantel für die Prostitution herhält. Besonders in den Pilgerstätten Qom und Maschad bieten Frauen auf diese Weise legal sexuelle Dienste gegen Geld an. Entsprechend hoch sind die Vorurteile gegen diese Form der Ehe in der iranischen Gesellschaft.

Dies ist der Ruf, welcher der Ehe auf Zeit vorauseilt. Und entsprechend hoch sind die Vorbehalte gegen sie in der iranischen Gesellschaft. Trotzdem erfährt das Modell gerade eine Renaissance in den Diskussionen, gilt sie in den Augen vieler Politiker doch als Möglichkeit, außereheliche Beziehungen zwischen den Geschlechtern religiös zu rechtfertigen und zu legalisieren. Im Sommer 2007 schlug der iranische Innenminister Mostafa Pur-Mohammadi das Modell offen als Alternative für die vielen unverheirateten Jugendlichen im Iran vor. »Wir müssen uns auf Verstöße und deren Auswirkungen gefasst machen, wenn wir nicht auf die sexuellen Bedürfnisse junger Menschen reagieren«, warnte er während eines Vortrags in der heiligen Stadt Ghom. Der Islam biete Lösungen für alle menschlichen Probleme, und »die zeitliche Ehe ist eine Lösung für diese Art von Problemen«, sagte der Minister. »Wir müssen keine Angst haben, in einem vom göttlichen Willen regierten Land zeitlich begrenzte Ehen zu fördern.«

Ist die Zeitehe vielleicht die Lösung für iranische Jugendliche in den für permanente Eheschließungen ungünstigen Zeiten? Oder leistet sie dem Konkubinat Vorschub? Institutionalisiert sie gar die freie Liebe? Pur-Mohammadi bat die Theologen des Landes, seinen Vorschlag zu prüfen.

Mädchen aus gutem Hause wollen von solchen Ideen allerdings nichts wissen. »Das kommt überhaupt nicht in Frage! Unsere Politiker müssen religiös verblendet sein, überhaupt auf solche Ideen zu kommen«, findet die 22-jährige Shirin, die das Wochenende mit Freunden im Skigebiet Dizin im hinter Teheran liegenden Albors-Gebirge verbringt. Sie trägt einen quietsch-orangenen Daunenanorak, die Haare sind unter einer Mütze versteckt. Hier, zwei Autostunden von der Millionenmetropole entfernt, ist die Luft freier, findet Shirin, während sie die bunten Gestalten im Schnee und die weißen Berge um sich herum betrachtet. »Auf der Piste hat man gar nicht das Gefühl, im Iran zu sein. Das ist sehr erholsam.«

Das Skifahren ist eine der wenigen Aktivitäten, die die Islamische Republik auch in gemischtgeschlechtlicher Besetzung erlaubt. Eine willkommene Abwechslung aus der Alltagstristesse. »Wir dürfen uns ja normalerweise überhaupt nicht amüsieren: Es gibt keine Diskos, keine Bars, allenfalls eine Handvoll Cafés. In den Kinos werden nur Filme gezeigt, die die Regierung für unbedenklich hält. Was also sollen wir tun, wenn wir gerade nicht studieren?

Zu Hause sitzen und Däumchen drehen?«, beschwert sich die junge Frau. »Die sollten uns einfach nur so leben lassen wie wir wollen!«

Shirin gehört zu den Privilegierten, die sich kleine Eskapaden wie das Skifahren am Wochenende leisten können. Die Eltern gestatten ihr solche Ausflüge zusammen mit dem jüngeren Bruder Ali. »Es ist ihnen lieber, wir amüsieren uns hier oben, beim Sport, als auf irgendwelchen Partys«, weiß die 22-Jährige. Denn viele ihrer Altersgenossen leisten sich ganz andere Fluchten. Mangels öffentlicher Etablissements, in denen die Jugendlichen zusammen kommen können, trifft man sich im privaten Umfeld. Und dort fließt bei solchen Gelegenheiten meist reichlich Alkohol. Da die Jugendlichen nicht gelernt haben, damit umzugehen, schütten sie sich mit harten, selbstgebrannten Drinks zu; nicht selten landen sie mit Alkoholvergiftungen im Krankenhaus.

Auch andere Drogen sind leicht zu haben. Opium und Heroin aus dem Nachbarland Afghanistan, aber auch chemische Stoffe wie Crack und Ecstasy. Trotz aller Restriktionen hat die Islamische Republik ein riesiges Problem mit illegalen Rauschmitteln. Über zwei Millionen Iraner sind laut offiziellen Angaben drogenabhängig. Dazu zählen sowohl 800.000 Menschen, die gelegentlich Drogen konsumieren, als auch 1,2 Millionen Suchtkranke im fortgeschrittenen Stadium; das entspricht rund 1,4 Prozent der Gesamtbevölkerung. Die Vereinten Nationen gehen sogar von noch höheren Zahlen aus. Sie schätzen, dass 3,2 Millionen Iraner süchtig sind, mehrere Hunderttausend davon heroinabhängig. Laut einem UN-Bericht vom Juni 2008 nehmen bereits drei Prozent der 15 bis 16-Jährigen Drogen ein. Die Regierung gibt Millionen dafür aus, dieses Problem in den Griff zu bekommen. Mehr als 600 Behandlungszentren wurden im gesamten Land eröffnet. Allerdings bislang ohne durchschlagenden Erfolg.

Rauschmittel sind im Iran extrem billig. Aufgrund der geographischen Nähe Irans zum Drogenproduzenten Nummer Eins, Afghanistan, landen Unmengen des Stoffes zuerst im Gottesstaat. Allem voran Opium, das rund 70 Prozent des Konsums ausmacht und für sechs bis acht Euro pro Gramm zu haben ist. Noch billiger ist das an zweiter Stelle stehende Heroin. Vor einigen Jahren kam zudem die Einstiegsdroge Crack-Heroin in Mode, da viele sie für weniger gefährlich als gewöhnliches Heroin hielten. Tatsächlich wirkt sie jedoch zehn- bis zwölfmal zerstörerischer als das Original. Ein Gramm Crack-Heroin kostet in Teheran drei Euro – weniger als ein Cappucino in einem angesagten Café.

Aber nicht nur die Unterschicht ist von dem Problem betroffen. Crack, Heroin und Opium sind Fluchthelfer einer Generation, die ihr alltägliches Dasein als erdrückend erlebt. Vor allem Menschen zwischen 19 und 34 Jahren sind gefährdet. Die Frustration und Langeweile, mit der iranische Jugendliche in ihrem Alltag fertig werden müssen, treiben sie dem gefährlichen Vergnügen in die Arme. darunter insbesondere Männer, die die schwierige Wirtschaftslage Irans und die enorme Jugendarbeitslosigkeit psychisch stärker belastet. Denn ein Mann, der keine Arbeit findet und nicht zum Familieneinkommen beitragen kann, gilt als Versager. Viele junge Iraner fühlen sich von der ökonomischen Perspektivlosigkeit so in die Enge getrieben, dass sie nicht einmal mehr die Universität besuchen wollen, da sie die Ausbildung als Zeitverschwendung empfinden. Im »konkur«, dem alljährlichen Auswahltest, nach dem das Kontingent der begehrten staatlich finanzierten Studienplätze vergeben wird, schneiden sie im Vergleich zu ihren Konkurrentinnen immer schlechter ab.

»Es gibt nur zwei Möglichkeiten«, sagt Shirins Bruder Ali, ein 19-jähriger Elektrotechnik-Student, der mit seinem Snowboard unterwegs ist. »Entweder du nimmst all deinen Ehrgeiz zusammen, stürzt dich ins Studium und versuchst trotz aller Schwierigkeiten irgendwie deinen Weg zu machen. Oder du steckst den Kopf in den Sand. Ein Zwischending gibt es nicht, denn die Konkurrenz ist so hart, dass man nicht mit halber Kraft durchkommt. Entweder man gibt sich Mühe, oder man kann es gleich vergessen.«

Das Ziel, die Gesellschaft zu verändern, verfolgt diese Jugend nicht. Jedenfalls betrifft dies die allermeisten von ihnen. Zu anstrengend ist es schon, das eigene Leben zu meistern, sodass für große, idealistische Ziele keine Energie übrig bleibt. Die Zeiten, in denen an Teherans Universitäten kriegsähnliche Zustände herrschten wie etwa im Sommer 1999, sind vorbei. Die Jugend geht den Weg des geringsten Widerstandes und hat sich ins Private zurückgezogen.

Zur politischen Resignation kam es irgendwann im Sommer 2002, also während der Regierungszeit von Präsident Chatami, in den die junge Generation große Hoffnung gesetzt hatte. Aber schon mehrere Male hatte der Präsident die Jugendlichen angesichts ihres Protests im Stich gelassen. Viele ihrer Vertreter waren bereits für mehrere Jahre ins Gefängnis gewandert. Als der Islamwissenschaftler Aghadschari, der die Radikalen scharf angegriffen hatte, von einem Gericht zum Tode verurteilt wurde, blieb der Präsident stumm. Tahim-e Wahad, die größte Studentenorganisation Irans, richtete daraufhin einen letzten Appell. »Herr Präsident, brechen sie endlich ihr resignierendes Schweigen, schützen Sie die Studenten, gehen

Sie gegen die Gesetzgeber vor«, hieß es in einem öffentlichen Brief an Chatami. »Sollten Sie nicht in der Lage sein, dem Geschehen Einhalt zu gebieten, fordern wir Sie auf, einen mutigen Schritt zu wagen und Ihr Amt niederzulegen.«

Chatami trat nicht zurück. Er regierte, bis im Sommer 2005 der Hardliner Mahmud Ahmadinedschad unverhofft die Präsidentschaftswahlen gewann. Viele Jugendliche hatten sich nicht einmal mehr die Mühe gemacht, sich an diesen Wahlen zu beteiligen. Ihr Interesse an Politik war so gering wie noch nie. Und wer von den jungen Leuten doch zur Urne ging, der hatte oftmals ganz handfeste Interessen. Als Wahlversprechen stellte Ahmadinedschad Paaren, die heiraten wollten und eine Wohnung brauchten, günstige Kredite in Aussicht. Die vagen Beteuerungen der Gegenseite konnten damit nicht konkurrieren. Die Jugendlichen hatten den Glauben, die iranische Gesellschaft mittels Reformen verändern zu können, verloren.

In dieser Atmosphäre sind kritische Stimmen kaum hörbar. Was nicht bedeutet, dass sie gänzlich verstummt wären. Eine alternative Plattform bietet vor allem das Internet. Trotz Milliardeninvestitionen in die neueste Filtersoftware bietet das Netz ein Forum für den Ausdruck der eigenen Meinung. Hunderttausende Jugendliche stellen eigene Texte ins Netz. Bald wird auch Shirins Bruder Ali zu ihnen gehören, der gerade damit befasst ist, sich einen Blog einzurichten: »Ich will zumindest sagen, was ich denke. Wer weiß, vielleicht gibt es ja noch mehr Menschen, die meine Ansicht teilen.«

Die Bereitschaft, ja der Wunsch nach einer Beteiligung am gesellschaftlichen Prozess ist in der jungen Generation durchaus vorhanden. Es gibt viele junge Iraner, die darauf brennen, sich an einer Debatte über die Zukunft des

Landes zsu beteiligen. Und die islamische Regierung wäre gut beraten, dieses brachliegende Potenzial zu nutzen, anstatt es zu unterdrücken. Iran, daran dürfte es angesichts der Altersstruktur keinen Zweifel geben, braucht das Engagement seiner Jugend für die Gestaltung der Zukunft des Landes. Schon heute stellen die »Erben« der Revolution die Mehrheit im Gottesstaat.

Bald werden sie ihn verändern.

ZEITTAFEL

Um 1000 v. Chr.:	Die Stämme der Meder und Perser siedeln westlich von Täbris
Um 700:	Im iranischen Stammland Parsa entsteht die Dynastie der Achämeniden
635:	Die Meder erobern große Teile des Iran; die Perser werden ihre Vasallen
610-590:	Zarathustra begründet seine Religion
550:	Der Perser Kurosh II. (Kurosh der Große) erobert die medische Hauptstadt Ekbatana; Aufstieg der Achämeniden zu den Herrschern des frühesten Weltreiches der Geschichte
525:	Kambyses II. unterwirft Ägypten
522-486:	Unter der Herrschaft von Dariush I. wird die Ostgrenze des Perserreiches bis zum Industal ausgedehnt.
Um 438:	Persepolis wird nach acht Jahrzehnten Bauzeit fertiggestellt
333-323:	Alexander der Große erobert Ostrian und das Industal, Ende des persischen Großreiches
ab 323:	Makedonische Herrschaft über Iran
ab 205 n. Chr:	Sassaniden-Dynastie: Persien dehnt sich erneut zu einem Weltreich aus
531-579:	Unter Chosrau I. erreicht das Sassanidenreich seine größte Ausdehnung: von Mesopotamien bis zum Indus; Höhepunkt sassanidischer Kultur
632:	Tod des Propheten Mohammed in Medina. Arabien wird dem Islam unterworfen.
642:	Eroberung des persischen Reiches durch die Araber

651:	Ermordung des letzten Sassanidenkönigs Yazdegerd III.
656-661:	Ali, Vetter und Schwiegersohn des Propheten, ist Kalif.
661-749:	Dynastie der Umaijaden (Zentrum: Damaskus)
680:	Tod des schiitischen Imams Hussein in Kerbala, Religionsspaltung
749-1258	Kalifat der Abbasiden (Zentrum: Bagdad)
821-873	Tahiriden in Chorasan (erste autonome islamische Dynastie auf iranischen Boden)
867-903	Saffariden in Sistan (Herrschaft über fast ganz Iran)
892-999	Samaniden in Transoxanien und Chorasan (Zentrum: Buchara)
977-1186	Ghaznawiden-Dynastie in Chorasan, Afghanistan und Nordinidien
945-1055	Buyiden im Iran und Irak
1040-1195	Seldschuken-Herrschaft
1090-1256	Die ismailitische Sekte der Assassinen beherrscht die Festung Alamut
1200-1220	Chorezmschahs (Herrschaft über ganz Iran und Transoxanien)
1219-1224	Die Mongolen unter Dschingis Khan zerstören Transoxanien und Iran
1256-1335	Herrschaft der Mongolischen Ilchane in Iran
1258	Sturz des Kalifats von Bagdad durch den Ilchan Hülegü
1295	Der Ichan Ghazan wird Muslim; der Islam avanciert erneut zum Herrschaftsprinzip
1405-1506	Herrschaft der Timuriden in Transoxanien und Iran
1396-1508	Ak Konyunlu (turkmenische Stammeskonförderation) in Ostanatolien und Iran
1501	Ismail I. erobert Tabriz und erhebt die Zwölfer-Schia zur Staatsreligion im Iran
1501-1722	Safawiden im Iran
1722	Einfall der afghanischen Galzay nach Iran;

	Rücktritt des letzten Safawidenschahs Sultan Hussein
1736-1796	Afghanenkönig Nader Schah und seine Nachkommen, die Afschariden, regieren Iran
1750-1794	Südiran unter der iranischen Dynastie der Zand (Zentrum: Schiraz)
1779-1925	Kadscharen-Herrschaft im Iran (Zentrum: Teheran)
1801-1813	Erster russisch-iranischer Krieg; 1813 Vertrag von Golestan: Iran verliert große Gebiete des Kaukasus an Russland
1826-1828	Zweiter russisch-iranischer Krieg; 1828 Vertrag von Torkmantschai: Weitere Gebietsverluste im Kaukasus legen die heutige Grenze zu Russland fest
1857	Naser al-Din Schah Kadschar verpflichtet sich zur Anerkennung der Unabhängikeit Afghanistans
1872	Aufteilung der Provinz Sistan (Beludschistan) zwischen Iran und Afghanistan
1879	Aufstellung der Kosakenbrigade
1906	Konstitutionelle Revolution; erste Parlamentswahl; Unterzeichnung der Verfassung einer konstitutionellen Monarchie
1925-1979	Dynastie der Pahlavi: Reza Schah (1925-1941); Mohammed Reza Schah (1941-1979)
1951-1953	Mohammed Mossadegh versucht, die iranische Ölindustrie zu verstaatlichen
1963	»Weiße« Revolution des Schah; Ajatollah Ruhola Chomeini ruft zum Widerstand gegen die Reformen auf; der Schah lässt die Proteste niederschlagen
1971	Feiern zum 2500-jährigen Bestehen der iranischen Monarchie in Persepolis
1979	Islamische Revolution und Sturz des Schah; 1. Feburar: Rückkehr von Ajatollah Chomeini nach Iran; 12. Februar: Der Schah dankt ab; 1. April 1979 offizielle Ausrufung der Islmi-

	mischen Republik; 2./3. Dezember Annahme der Verfassung durch eine Volksabstimmung
1980-1988	Irakisch-iranischer Krieg
1989	Tod Ajatollah Chomeinis, Revision der Verfassung
1989-1997	Regierung von Präsident Rafsandschani
1997-2005	Ära der Reformen unter Präsident Mohammed Chatami
2005	Der konservative Hardliner Mahmud Ahmadinedschad wird Staatspräsident
2009	Ahmadineschad stellt sich zur Wiederwahl

LITERATUR

Aminrazavi, Mahdi: The Wine of Wisdom. The Life, Poetry and Philosophy of Omar Khayyam. Oxford 2005
Aslan, Reza: Kein Gott außer Gott. Der Glaube der Muslime von Muhammad bis zur Gegenwart. München 2007
Buchta, Wilfried: Schiiten. München 2004
Buchta, Wilfried: Who Rules Iran? The Structure of Power in the Islamic Republic. Washington 2000
De Bellaigue, Christopher: Im Rosengarten der Märtyrer. München 2007
Ebadi, Shirin: Mein Iran. Die Autobiographie der Friedensnobelpreisträgerin. München und Zürich 2006
Floor, Willem: A Social History of Sexual Relations in Iran. Washington 2008
Gronke, Monika: Geschichte Irans. München 2003
Hafis: Gedichte aus dem Diwan. Ditzingen 2003
Halm, Heinz: Die Schiiten. München 2005
Holland, Tom: Persisches Feuer. Das erste Weltreich und der Kampf um den Westen. Stuttgart 2005
Khomeini, Imam: Wilayat Faqih. Teheran o.J.
Krämer, Gudrun: Geschichte des Islam. München 2005
Küng, Hans: Der Islam. Geschichte, Gegenwart, Zukunft. München 2004
Mottahedeh, Roy: Der Mantel des Propheten oder Das Leben eines persischen Mullah zwischen Religion und Politik. München 1987
Nirumand, Bahman: Iran. Die drohende Katastrophe. 2006
Perthes, Volker: Iran – Eine politische Herausforderung. Frankfurt 2008
Raddatz, Hans Peter: Iran. Persische Hochkultur und irrationale Macht. München 2006
Ruthven, Malise: Der Islam. Eine kurze Einführung. Stuttgart 2000

Schimmel, Annemarie: Die Religion des Islam. Stuttgart 1990
Schimmel, Annemarie: Rumi. Ich bin Wind und Du bist Feuer. Leben und Werk des großen Mystikers. München 2003
Schweizer, Gerhard: Iran. Drehscheibe zwischen Ost und West. Stuttgart 2000
Strausberg, Michael: Zarathustra und seine Religion. München 2005
Weiss, Walter M. (Hg.): Orient Erlesen Iran. Klagenfurt 2003
Wiesehöfer, Josef: Das antike Persien. München 2005

NAMENSREGISTER

Ababian, Saeed 213
Abtin, Najmeh 207
Ahmadinedschad, Mahmud 7, 12, 25, 74f., 84, 86, 140, 180, 204, 206, 209, 216, 225
al-Din, Schah Nasser 149, 173
Ali Akbar, Imam 80
Ali Zain Abidin, Imam 85
Ali, Imam 119
Ali, Mirza Hussein (alias Baha'ullah) 149f.
Alizadeh, Ghazaleh 186
Amad, Al-e 118ff.
Ardeschir I. 47f.
Aref, Abul-Qasem 173
Artabankos IV. 47
Arzani, Soreh 202f.
Astyages 34ff.
Avicenna 65

Bani-Etemad, Rakhshan 188
Bani-Sadr, Abol-Hassan 205
Barzani, Masud 18
Bayzai, Bahram 179
Bazargan, Mehdi 124f., 135
Binoche, Juliette 182

Chamenei, Ali 67, 71, 132
Chatami, Mohammed 8, 137f., 179ff., 187, 200, 216, 224f.
Chatami, Reza 139
Chomeini, Ruhollah 18, 24, 31, 67ff., 85ff., 92, 94, 112ff.,
117f., 120ff., 151, 178f., 204, 212, 218
Chosrau II. 53f.

Dariush I. 38ff.
Dehkhoda, Ali Akbar 173

Ebadi, Shirin 33, 138, 194, 200, 202f.

Farah, Königin (Schabanu) 30, 32
Farokhzad, Forough 183ff., 189
Fathi, Leila 194
Firdausi, Abol-Ghassem 24, 164f., 176
Fitzgerald, Edward 170
Forouhar, Parastou 136
Forouhar, Parvaneh 135
Forouhar. Dariush 135f.

Ganji, Akbar 139
Ghawidel, Akrahm 193
Ghazali, Ahmad 168
Ghobadi, Baham 20
Goethe, Johann Wolfgang von 164, 166f.
Gordian III. 48f.

Hafis 10, 164ff., 170, 174
Haik Hovsepian Mehr 147
Harpagus 35

Hasan Askari, Imam 86
Hasan, Imam 79
Hedayat, Sadegh 176
Heine, Heinrich 164
Herodot 34f., 40, 157f.
Hussein, Saddam 19, 68f., 71, 73, 140
Husseini, Homa 207

ibn Abih, Ziad 60
Ismail 22, 90

Jabal Ameli, Mohammed Said 208
Justinian 53

Kaani, Habibollah 173
Kabir, Amir 173
Kambysis I. 34ff.
Karimi, Niki 188
Kavadh II. 53
Kennedy, John F. 110
Khayyam, Omar 65, 170f.
Khoshjamal Fekri, Sara 207
Kiarostami, Abbas 179, 184
Knox D'Arcay, William 99
Kurosh 23, 31ff., 47, 54, 65, 142

Larijani, Mohammed Jawad Ardeshir 218

Mahdi, Imam 75, 86ff., 91, 124ff.
Mahmud, Afghanenkönig 163
Makhmalbaf, Hana 188ff., 210, 213
Makhmalbaf, Mohsen 179, 188, 213

Makhmalbaf, Samira 188ff., 210, 213
Mehrjui, Dariush 20, 176ff.
Mesbah Yasdi, Mohammed Taqi 74, 87
Meshkini, Marzieh 188
Milani, Tahmineh 188
Mohammadi, Mahnaz 188
Mohammed, Ali 76ff.
Mohammed, Prophet 13, 76ff., 125f., 144, 220
Montazeri, Hussein Ali 133
Mohammed Mossadegh 100ff.
Motamed, Maurice 140
Muawiya 79

Nezami 20, 176

Pahlavi, Mohammed Reza 23, 30ff., 47f., 54, 65, 98, 101, 104, 109, 111
Pahlavi, Schah Reza 14, 16, 22f., 84, 93ff., 112, 118, 120, 122ff., 132, 135, 140
Parsipur, Shahrnush 185
Pourmand, Hamid 147
Pur-Mohammadi, Mostafa 220f.

Qasim 80
Qavam, Ahmad 104

Rafsandschani, Haschemi Ali Akbar 55, 209, 217
Rezaie, Nahid 188
Roosevelt, Kermit 105
Roosevelt, Theodore 105

Rückert, Friedrich 167
Rumi, Dschelalladin 20, 164, 168

Sackville-West, Vita 95
Sadi 174
Saedi, Gholam Hossein 20, 176
Safar Harrandi, Mohammed Hussein 182
Safi-Golpaygani, Lotfollah 162
Sanei 133, 171
Schapur I. 48ff.
Schariati, Ali 118ff.
Schariatmaderi, Hussein 132
Schemr, General 81
Schimmel, Annemarie 172f.
Seddigh, Laleh 12f.
Sepanta, Abdol Hussein 176
Smbat, Sardarian 146
Sobhani, Dschafar 208
Sorush, Abdokarim 134

Tabrisi, Kamal 180
Tabrizi, Schamseddin 20, 168
Talabani, Dschalal 18
Tourani, Ghorban 147
Tulfah, Khairallah 68

Umar 76

Valerian 48ff.

Yashyaei, Haroun 142
Yazdegerd III. 54
Yazid 80ff.
Yuschidsch, Nima 174

Zandi-Haqiqi, Mona 188
Zarathustra, Prophet 45f., 51, 140, 153ff., 159f.

Quo vadis, Israel?

Igal Avidan
ISRAEL
EIN STAAT SUCHT SICH SELBST
214 Seiten. Geb. mit SU
ISBN 978-3-7205-3046-0

Der bekannte Journalist Igal Avidan bechreibt ein Land am Scheideweg. Entwickelt sich Israel zu einem verschlossenen Thora-Staat? Oder wird es als robuste Demokratie mit klar definierten Grenzen neu geboren? Auf der Grundlage zahlreicher Interviews mit Politikern, Wissenschaftlern, Literaten und Aktivisten zeichnet der Autor das authentische Bild einer zerrissenen Gesellschaft.

Diederichs
Wissen der Welt

Der geistige Schatz Afrikas

Maike und Stephan Schuhmacher
WENN DIE WURZELN SICH
UMARMEN
Die Weisheit Afrikas
178 S., gebunden mit
Schutzumschlag
ISBN 978-3-7205-3067-5

»Wenn in Afrika ein alter Mensch stirbt, dann verbrennt eine Bibliothek.« Die poetischen Aphorismen und Sentenzen zur Lebenskunst geben Einblick in die Gedankenwelt Afrikas. Sie zeugen von dichterischer Kraft, humaner Weisheit und Güte. Eine Quelle der Inspiration auf dem Weg zu mehr Achtsamkeit und Toleranz.

Diederichs
Wissen der Welt